Volker Müller-Benedict

Grundkurs Statistik in den Sozialwissenschaften

Volker Müller-Benedict

Grundkurs Statistik in den Sozialwissenschaften

Eine leicht verständliche, anwendungsorientierte Einführung in das sozialwissenschaftlich notwendige statistische Wissen

2., überarbeitete Auflage

Westdeutscher Verlag

Bibliografische Information Der Deutschen Bibliothek
Die Deutsche Bibliothek verzeichnet diese Publikation in der Deutschen
Nationalbibliografie; detaillierte bibliografische Daten sind im Internet über
<http://dnb.ddb.de> abrufbar.

1. Auflage März 2001
2., überarbeitete Auflage April 2003

Alle Rechte vorbehalten
© Westdeutscher Verlag GmbH, Wiesbaden 2003

Lektorat: Frank Engelhardt

Der Westdeutsche Verlag ist ein Unternehmen der
Fachverlagsgruppe BertelsmannSpringer.
www.westdeutscher-verlag.de

Das Werk einschließlich aller seiner Teile ist urheberrechtlich
geschützt. Jede Verwertung außerhalb der engen Grenzen des
Urheberrechtsgesetzes ist ohne Zustimmung des Verlags
unzulässig und strafbar. Das gilt insbesondere für Vervielfältigungen, Übersetzungen, Mikroverfilmungen und die Einspeicherung und Verarbeitung in elektronischen Systemen.

Die Wiedergabe von Gebrauchsnamen, Handelsnamen, Warenbezeichnungen
usw. in diesem Werk berechtigt auch ohne besondere Kennzeichnung nicht zu
der Annahme, dass solche Namen im Sinne der Warenzeichen- und Markenschutz-Gesetzgebung als frei zu betrachten wären und daher von jedermann
benutzt werden dürften.

Umschlaggestaltung: Horst Dieter Bürkle, Darmstadt
Druck und buchbinderische Verarbeitung: Wilhelm & Adam, Heusenstamm
Gedruckt auf säurefreiem und chlorfrei gebleichtem Papier
Printed in Germany

ISBN 3-531-33635-5

Inhaltsverzeichnis

Kapitel 1: Was ist Statistik? 17
   1.1 Die Wichtigkeit von Statistik 17
   1.2 Was ist Statistik nicht? 18
   1.3 Welche Funktion hat Statistik? 19
   1.4 Einteilung der Statistik 21
Kapitel 2: Sozialwissenschaftliche Datensammlungen 26
Kapitel 3: Skalenniveau 33
   3.1 Daten, Merkmale, Variable 33
   3.2 Skalenniveaus 35
Kapitel 4: Häufigkeiten 41
   4.1 Urlisten und Rohdaten 41
   4.2 Häufigkeitsverteilungen 42
   4.3 Kumulierte Häufigkeiten 47
   4.4 Grafische Darstellung der Häufigkeitsverteilung
       eines Merkmals 49
   4.5 Die Häufigkeitsverteilung zweier Merkmale 56
   4.6 Grafische Darstellung von bivariaten Verteilungen 59
Kapitel 5: Lageparameter 64
   5.1 Der Modus 65
   5.2 Der Median 67
   5.3 Der Mittelwert 71
   5.4 Verteilungsformen 78
   5.5 Transformationen 88
   5.6 Wachstumsraten 90
Kapitel 6: Streuungen 94
   6.1 Die Spannweite oder Variationsbreite 94
   6.2 Zentile, Quartile, Quartilsabstand 95
   6.3 Varianz, Standardabweichung, Variationskoeffizient 102
   6.4 Momente 108
   6.5 Ein Streuungswert für bivariable Verteilungen:
       die Kovarianz 109
   6.6 Ein Maß für die Heterogenität nominalskalierter
       Variable: Simpsons D 113
**Kapitel 7: Die Normalverteilung und andere theoretische
Verteilungen** 116
   7.1 Stichprobenverteilungen 119

7.2 Die Normalverteilung 124
7.3 Flächen unter der Normalverteilung 129
7.4 Die χ^2-Verteilung 136
7.5 Die Binomialverteilung 140
7.6 Die Übergänge in die Normalverteilung
   von χ^2 und B(n,p) 144
Kapitel 8: Wahrscheinlichkeiten **150**
8.1 Definition der Wahrscheinlichkeit 151
8.2 Eigenschaften der Wahrscheinlichkeit 155
8.3 Entsprechungen zwischen empirischen Verteilungen und
   Wahrscheinlichkeitsverteilungen 159
Kapitel 9: Konfidenzintervalle **164**
9.1 Umformulierung empirischer Daten als Ergebnisse
   von Zufallsexperimenten 164
9.2 Konfidenzintervalle 167
9.3 Konfidenzintervalle und Test auf Null 175
9.4 Die Berechnung von Konfidenzintervallen
   für Anteilswerte 177
9.5 Berechnung der nötigen Sample-Größe 179
9.6 Exkurs:
   Schätzung des Konfidenzintervall für eine Varianz 181
Kapitel 10: Nominalskalierte Zusammenhangsmaße **185**
10.1 Die Berechnung von Zusammenhangsmaßen 185
10.2 Die Prozentsatzdifferenz 189
10.3 Das Maß χ^2_{emp} 192
10.4 Auf χ^2_{emp} – basierende Maße 198
10.5 Maße mit PRE-Interpretation 201
Kapitel 11: Ordinalskalierte Zusammenhangsmaße **210**
11.1 Wie sollten Maße für ordinalskalierte Merkmale
   aussehen? 210
11.2 Relationen von Paaren und ihre Summen 214
11.3 Die Berechnung der Maße 219
11.4 Konfidenzintervalle und Signifikanz 222
11.5 Vergleich und Kritik der Maße 227
11.6 PRE-Interpretation der Maße 232
11.7 Monotonie und Nichtlinearität 235
Kapitel 12: Korrelation und Regression **241**
12.1 Die Beispiel-Daten 241

12.2 Die Korrelation r...245
12.3 Die Regressionsgerade..252
12.4 Der Determinationskoeffizient 256
12.5 Die Beziehung zwischen Korrelation r,
    Regressionskoeffizient b und R^2 262
12.6 Rang-Korrelation 263
12.7 Übersicht über alle Zusammenhangsmaße 267
12.8 Korrelation ist nicht Kausalität 271

Literatur..**274**
Lösungen zu den Übungsaufgaben................................**275**
Glossar...**281**

Abbildungsverzeichnis

Abbildung 4.1: Balkendiagramm „Konfessionszugehörigkeit"....51
Abbildung 4.2: Histogramm der Altersverteilung in 10-Jahres-Messwertklassen...................52
Abbildung 4.3: Altersverteilung in 10-Jahres-Klassen als Polygonzug...................52
Abbildung 4.4: Altersverteilung absolut...................53
Abbildung 4.5: Altersverteilung mit nur 3 Messklassen...............54
Abbildung 4.6: „Dichtefunktion" der Altersverteilung und relative Häufigkeit einer Messwertklasse...................54
Abbildung 4.7: absolute kumulierte Verteilungsfunktion des Alters 55
Abbildung 4.8: Gruppiertes Balkendiagramm...................60
Abbildung 4.9: Drei – dimensionales Säulendiagramm...............60
Abbildung 4.10: Punkte- bzw. Streuungsdiagramm einer bivariaten Verteilung: Fernsehanschlussdichte und Kinobesucher pro Jahr 1962 - 1986...................61
Abbildung 5.1: kumulierte Verteilung der Schulabschlüsse der unter 50-Jährigen...................69
Abbildung 5.2: Verschiedene Daten mit Mittelwert 5.4 78
Abbildung 5.3: Verteilungsformen 79
Abbildung 5.4: Lehrerinnen-Anteil an Gymnasien in Rheinland-Pfalz (bis zur Aufhebung der getrennt-geschlechtlichen Schulen (ca. 1970) bimodal) 80
Abbildung 5.5: Residuen (Mittelwert = 0-Linie)...................81
Abbildung 5.6: Kinderzahl...................82
Abbildung 5.7: Wichtigkeit des Ziels, „das Leben zu genießen", für Jugendliche 83
Abbildung 5.8: U-förmige Verteilung des Umweltschutzverhaltens 84
Abbildung 5.9: Einkommensverteilung in einer Firma als Piktogramm 87
Abbildung 5.10: Dauer der Arbeitslosigkeit, absolut und logarithmiert. 89
Abbildung 6.1: kumulierte Altersverteilung mit C_{10} und C_{90} 95

Abbildung 6.2: Histogramm der Altersverteilung (1 „Stäbchen" = Häufigkeit eines Jahrgangs) 96
Abbildung 6.3: „Boxplot" mit x_{min}, Q_1, Z, Q_3, x_{max} 97
Abbildung 6.4: SPSS - Boxplot der Einkommensverteilung für Männer und Frauen Erläuterung mit Berufsangabe für Ausreißer- und Extremwerte (Stichprobe von 8% aus ALLBUS 94). 101
Abbildung 6.5: Nettoeinkommen von Männern und Frauen 102
Abbildung 6.6: Einkommensverteilung Männer mit Mittelwert und Standardabweichung 106
Abbildung 6.7: Streudiagramm mit Quadranten 110
Abbildung 6.8: Streudiagramm Einkommen - Berufsprestige 113
Abbildung 7.1: Quetelets Ermittlung der Größe von Rekruten . 118
Abbildung 7.2: Verteilung von Mittelwerten von 90 Stichproben, für Jungen (StdAbw = 0,18) und Mädchen (StdAbw = 0,21) 121
Abbildung 7.3: Häufigkeitsverteilung und theoretische Verteilung eines Parameters 123
Abbildung 7.4: Flächenstücke unter einer theoretischen Verteilung 124
Abbildung 7.5: Grafik und Funktion der Normalverteilung auf dem 10-Mark-Schein 125
Abbildung 7.6: Verschiedene Gestalten der Normalverteilung . 127
Abbildung 7.7: Normalverteilung mit Flächenangaben der +- 1, 2 oder 3 σ - Bereiche 129
Abbildung 7.9: Verschiedene Gestalten der χ^2 -Verteilung 137
Abbildung 7.10: Verschiedene Gestalten der Binomialverteilung 0141
Abbildung 7.11: Approximation der Binomialverteilung durch die Normalverteilung 147
Abbildung 8.1: Anteil von „Zahl" beim Münzwurf 152
Abbildung 8.2: Zerlegung einer Menge, E = Ereignisraum, A_i = Elementar-Ereignisse 153
Abbildung 8.3: Das Galton-Brett 156
Abbildung 9.1: Wahrscheinlichkeitsverteilung bei 2- und 3- maligem Würfeln 165

Abbildung 9.2: Verschiedene mögliche Konfidenzintervalle um
einen wahren Parameter 169
Abbildung 9.3: Links-Rechts-Selbsteinschätzungsskala aus dem
ALLBUS...171
Abbildung 9.4: Test und Konfidenzintervall: nur unten sind 8 und
μ signifikant unterschiedlich 175
Abbildung 11.1: Mögliche Lagen von Paaren in Bezug auf
ordinale Ordnungsrelationen 217
Abbildung 12.1: Streudiagramm Ausbildungsdauer vs.
durchschnittliche subjektive Schichteinstufung..................245
Abbildung 12.2: Streudiagramm der standardisierten Variablen mit
dem Rechteck zum Fall i 247
Abbildung 12.3: Punktwolken im Streudiagramm für verschiedene
Werte von r 250
Abbildung 12.4a: Mittelwert als Referenz für die Residuen 253
Abbildung 12.4b: Regressionsgerade als Referenz für die
Residuen 254
Abbildung 12.5: Residuenzerlegung 257
Abbildung 12.6: Streudiagramm und Regressionsgerade von
Ausbildungsjahren und subjektiver Schichteinstufung.......261

Tabellenverzeichnis

Tabelle 2.1: Einige sozialwissenschaftliche Trenddatenbestände 28
Tabelle 2.2: Standard-Demografie (ALLBUS)............................31
Tabelle 2.3: Ausschnitt aus dem Eurobarometer........................32
Tabelle 3.1: Begriffe zur Beschreibung von Forschungsobjekten 33
Tabelle 3.2: Beispiel einer Rohdaten-Matrix..............................34
Tabelle 3.3: Aufbau einer Matrix 34
Tabelle 3.4: Datenmatrix des ALLBUS 1994 in SPSS (Ausschnitt) 35
Tabelle 3.5: Die unterschiedlichen Skalentypen.........................38
Tabelle 4.1: Beispiele für Rohdaten, ihre Fälle, Merkmale und Ausprägungen........................41
Tabelle 4.2: Häufigkeitstabelle in SPSS.....................................49
Tabelle 4.3: Weiter unterteilte Kreuztabelle...............................61
Tabelle 5.1: Religionszugehörigkeit in ländlichen Gebieten und Großstädten........................65
Tabelle 5.2: Altersverteilung in zwei verschiedenen Messklassen......................66
Tabelle 5.3: Allgemeiner Schulabschluss mit Alter >= 50..........67
Tabelle 5.4 Allgemeiner Schulabschluss mit Alter < 50 68
Tabelle 5.5: Mittelwerte auf einer 7er-Skala 72
Tabelle 5.6: SPSS-Ausgabe von Lageparametern 73
Tabelle 5.7: Beschreibende Merkmale von Häufigkeitsverteilungen......................85
Tabelle 5.8: Beziehungen zwischen Lageparametern und Verteilungsform......................86
Tabelle 5.9 : Abiturientenzahlen in der Bundesrepublik (mit 1980 = 100) 91
Tabelle 6.1: Schulabschluss Männer und Frauen (ALLBUS 1994) 98
Tabelle 6.2: Quartile und Median der Altersverteilung 100
Tabelle 6.3: Lage- und Streuungsparameter der Einkommensverteilung (ohne Einkommen = 0).................105
Tabelle 6.4: Ethnische Verteilung in den USA.........................115
Tabelle 7.1: „Wichtigkeit von Rücksicht nehmen" für Mädchen und Jungen........................119

Tabelle 7.2: Ausschnitt aus einer Tabellierung der
　　Standardnormalverteilung 131
Tabelle 7.3: Vertrauen in das Gesundheitswesen 135
Tabelle 7.4: Ausschnitt aus der Tabelle der χ^2 –Verteilung 139
Tabelle 7.5: Ausschnitt aus der Tabelle der
　　Binomialverteilung 142
Tabelle 7.6: Theoretische und Stichproben-Verteilung von 3
　　wichtigen Parametern 144
Tabelle 8.1: Gegenüberstellung empirischer und theoretischer
　　Begriffe 162
Tabelle 9.1: Links-Rechts-Selbsteinstufung 1994 171
Tabelle 9.2: Links-Recht-Selbsteinstufung 1996 176
Tabelle 10.1: Parameter und Fragestellung der zugehörigen
　　statistischen Analyse 186
Fernsehgebrauch und Geschlecht 188
Tabelle 10.2: Fünf Verfahren zur Feststellung von statistischem
　　Zusammenhang 189
Tabelle 10.3: Notation einer Vierfeldertafel 190
Tabelle 10.4: Fernsehgebrauch und Geschlecht in Prozent 191
Tabelle 10.5: Eine Kontingenztafel (Kreuztabelle), sowohl mit f =
　　absolute, als auch mit p = relative Häufigkeiten möglich ... 193
Tabelle 10.6: Eigenschaften von Zusammenhangsmaßen 198
Tabelle 10.7: SPSS-Ausgabe nominalskalierter
　　Zusammenhangsmaße 206
Tabelle 10.8: Übersicht über die Zusammenhangs-Maße von
　　nominalskalierten Variablen 208
Tabelle 11.1: Mögliche Relationen von Paaren von
　　Untersuchungsfällen 216
Tabelle 11.2a: Zusammenhangsmaße für die Beziehung zwischen
　　Schulabschluss und politischem Interesse (mit SPSS) 225
Tabelle 11.2b: wie oben, nur nach Dichotomisierung 231
Tabelle 11.3: Zusammenhang zwischen Alter und Zustimmung
　　zum „Hausfrauen-Dasein" bei Frauen 238
Tabelle 11.4: Zusammenhang zwischen Alter und Zustimmung
　　zum „Hausfrauen-Dasein" bei Frauen mit mindestens
　　Fachhochschulreife 239

Tabelle 12.1: Subjektive Schichteinstufung und Anzahl der
    schulischen Ausbildungsjahre 242
Tabelle 12.2: Ausbildungsdauer und durchschnittliche subjektive
    Schichteinstufung und daraus berechnete Werte 244
Tabelle 12.3: „Zufallshöchstwerte" von r 251
Tabelle 12.4: Korrelationsausgabe in SPSS................................252
Tabelle 12.5: Berechnung der nicht erklärten SAQ....................259
Tabelle 12.6: Rangplatzdifferenzen..264
Tabelle 12.7: Rangreihen von zwei verschiedenen Gutachtern ..265
Tabelle 12.8: Übersicht über die Zusammenhangsmaße.............268

Vorwort

Dieses Buch ist aus mehrjährigen Vorlesungen für Studierende der sozialwissenschaftlichen Fakultät entstanden. Seine Konzeption und Schwerpunkte wollen den Problemen und Anforderungen dieser Gruppe von Studierenden Rechnung tragen. Zu den Problemen und Anforderungen gehören insbesondere:
- wenig mathematische Vorkenntnisse und wenig Motivation, sich auf strenge mathematische Formulierungen und Beweise einzulassen,
- Statistik nicht als Methodenlehre anzusehen, sondern als eine Möglichkeit, sozialwissenschaftliche Daten zu interpretieren und zu verstehen,
- die auch für Sozialwissenschaftler unabdingbare Qualifikation, Daten mit einem EDV-Programm auswerten zu können oder zumindest den von einem solchen Programm produzierten Output, z.B. in wissenschaftlichen Publikationen, lesen zu können,
- die mittlerweile ebenso für Sozialwissenschaftler unabdingbare Qualifikation, Ergebnisse der Umfrage- und Marktforschung substantiell auch statistisch kritisieren zu können.

Aus Punkt 4 ist der Umfang der hier präsentierten Methoden abgeleitet: da in vielen sozialwissenschaftlichen Studiengängen nur Statistik I (und nicht auch noch multivariate Statistik = Statistik II) verlangt wird, sind hier auch Wahrscheinlichkeits- und Schätztheorie insoweit aufgenommen, dass Konfidenzintervalle und damit die Frage der Repräsentativität und Signifikanz von deskriptiven statistischen Werten behandelt werden können. Von Punkt 2. und 3. zusammen stammt die Entscheidung, mit einem ALLBUS-Datensatz als Grundlage der Beispiele und mit dem mittlerweile auch in der Wirtschaft weit verbreiteten Statistik-Programm SPSS als Grundlage für EDV-Outputs zu arbeiten.

Punkt 1 führt dazu, dass in diesem Buch auf Beweise weitgehend verzichtet wird und „höhere" mathematische Symbole in Exkursen erklärt werden, und dass der Ausdruck umfangreicher statistischer Tabellen unterbleibt. Um Statistik zu verstehen, muss man diese Tabellen einmal kennen gelernt haben, den praktischen Umgang damit nehmen uns heute die EDV-Programme ab.

Ich hoffe, dass mit diesen Entscheidungen die Attraktivität dieses Buches für Studierende der Sozialwissenschaften erhöht werden kann, ohne dass die inhaltliche statistische Substanz zu sehr verloren geht.

Bedanken möchte ich mich vor allem und ganz herzlich bei meiner Kollegin Elisabeth Klaus, mit der zusammen das Projekt der Statistik-Vorlesung begonnen hat und die eine ganze Reihe der Grafiken und Ideen in diesem Buch beigesteuert hat. Weiter möchte ich mich bei meinen studentischen Tutoren Mirco Arnhold, Christian Klees, Sascha Münnich, Carina Siefken, Ravena Pennig und Matthias Glebe bedanken, die den Text korrigiert haben, und ebenso bei den Teilnehmerinnen und Teilnehmern meiner Vorlesung, die mich immer wieder auf neue Fehler aufmerksam machen.

Kapitel 1: Was ist Statistik?

1.1 Die Wichtigkeit von Statistik

Vor einigen Jahren haben viele in einer Gefahr geschwebt, von der sie vermutlich nichts gemerkt haben, weil es eine der typischen Gefahren war, die den schlechten Ruf der Statistik begründen:

> 25.7.92, Kölner Stadtanzeiger: „Im vergangenen Jahr erkrankten 115.000 Menschen an der Lebensmittelvergiftung durch Salmonellen".
> 15.9.92, Westdeutsche Allgemeine: „Jedes fünfte Test-Ei enthielt Salmonellen... 200 Eier hatte die Universität Bochum untersucht".
> 29.10.92, Rheinische Post: „Eine bundesweite Analyse von 6000 Proben ergab... in einem Fall Salmonellen in dem Dotter"
> Ausgabe 6/1993, Der Spiegel: Titelgeschichte: „Die Hühner schlagen zurück." „In den alten Bundsländern hat sich von 1985 – 1992 die Zahl der amtlich registrierten Salmonellen-Vergiftungen nahezu versechsfacht, von rund 35.000 auf 200.000. Bei mehr als 90% aller Infektionen... wird die wahre Ursache vom Arzt nicht erkannt... Die wirkliche Zahl der Salmonellen-Opfer ist demnach seit 1985 von 300.000 auf zwei Millionen gestiegen".
> „Hamburgs Gesundheitsbehörde rechnet damit, dass möglicherweise jeder zehnte Bürger im Laufe des Jahres an einer Salmonellose erkrankt". Das bedeutet bei 80 Mill. Einwohnern etwa 8 Millionen Erkrankte. (Ketteler 1997:40-42)

Wenn man diese Zeitungsmeldungen zusammennimmt, lag die Chance, an Salmonellen zu erkranken, in den Jahren 1992/93 zwischen 0,13% und 10%. Nach diesen Zahlensalat scheint die Frage berechtigt, ob es überhaupt möglich ist, die verschiedenen Untersuchungen und ihre Ergebnisse zu vergleichen. Liegt hier nicht ein Beispiel dafür vor, dass mit Statistik alles bewiesen werden kann?

Das Ziel dieses Buches ist zu vermitteln, was Statistik im Prinzip leisten kann, wo ihre Grenzen liegen, und wie sie sinnvoll eingesetzt wird. Damit sollte man am Ende dieses Buches einschätzen können, ob überhaupt, wo und welche statistischen Fehler in diesen Meldungen liegen. Dass ein solches Wissen heutzutage recht nützlich ist, zeigt der Blick auf nicht nur diese Zeitungsmeldungen. Aber auch die meisten sozialwissenschaftlichen Artikel sind heutzutage nicht ohne statistische Grundkenntnis lesbar. Wesentliche Erkenntnisfortschritte auch in den Sozialwissenschaften sind den formalen und statistischen Methoden zuzurechnen.

Viele Studierende haben sich aber vielleicht auch deshalb für die Sozialwissenschaften entschieden, weil sie keine große Begeisterung für Formeln und Mathematik aufbringen können. In diesem Buch wird deshalb versucht, insbesondere mathematische Ableitungen und Beweise weitgehend zu vermeiden. Formeln und ihre Anwendung und Umformung zu verstehen, ist jedoch unbedingt notwendig.

1.2 Was ist Statistik nicht?

Um einen ersten Eindruck davon zu gewinnen, wo die Grenzen von Statistik sind, sei zunächst einiges benannt, wofür Statistik *nicht* zuständig ist.
- Statistik ist keine Datensammlung. D.h. die Daten selbst, wie auch immer gesammelt, sind noch keine Statistik.
- Sie ist kein Verfahren, das beliebige Ergebnisse erzeugt. Im Gegenteil soll hier gerade deutlich werden, wie man aus Daten falsch abgeleitete Behauptungen erkennen kann.
- Sie ist ebenso keine Methode, wie man gute Messungen durchführt oder eine richtige Versuchsanordnung aufbaut, d.h. wie man Daten wissenschaftlich sammelt.

Es folgt ein Beispiel, das auch später noch Verwendung finden wird: Jugendliche wurden befragt: „In jeder Gesellschaft gibt es unterschiedliche Vorstellungen darüber, welche Eigenschaften und

Verhaltensweisen von Menschen wünschenswert sind und welche nicht. Sage mir bitte jetzt, wie wichtig für Dich die folgenden Eigenschaften sind. Nenne mir bitte eine Bewertung zwischen 7 und 1. 7 bedeutet dabei, dass es für Dich sehr wichtig ist, und 1, dass es überhaupt nicht wichtig ist. Wie wichtig ist für Dich persönlich, ‚sein Leben zu genießen'?" (Shell-Jugendstudie 1997:81).

Die meisten Jugendlichen kreuzten hier eine 7 = sehr wichtig an. Einige Forscher haben daraus gefolgert, dass die heutige Jugend eine Fun-Generation ist, die den Lebenssinn nur noch darin sieht, Spaß zu haben. Ob diese Folgerung richtig ist oder nicht, dazu kann Statistik nichts beitragen. Statistik beginnt erst dann, wenn solche Befragungen durchgeführt worden sind. Die Konzeption von Befragungen und der Sinn und Unsinn von solchen Fragen kann nicht der Statistik angelastet werden, sondern fällt in den Bereich der empirischen Sozialforschung.

1.3 Welche Funktion hat Statistik?

Die Frage, was nun Statistik ist, kann vielleicht dadurch beantwortet werden, welche *Funktionen* sie erfüllt. Zunächst kann man feststellen, dass Statistik eine von einer speziellen Anwendung unabhängige Wissenschaft ist; sie ist rein logisch begründet. Das ist der Grund, warum die Statistik nur dann für falsche Erkenntnisse verantwortlich gemacht werden kann, wenn die statistischen Berechnungen logisch falsch durchgeführt worden sind.

Statistik hat deshalb fachübergreifende Bedeutung, weil sie für alle Wissenschaften, die sich mit realen Erscheinungen befassen, also alle außer Theologie, Philosophie und Mathematik, das Hilfsmittel ist, um zwei wichtige Probleme in den Griff zu bekommen. Alle diese Wissenschaften haben nämlich bei der Erfassung der Realität mit zwei zentralen Schwierigkeiten zu kämpfen:

1. Wenn man dasselbe Merkmal an vielen Untersuchungsobjekten beobachtet, ist es meist im Detail unterschiedlich, weil es in der Realität fast nie identische Objekte gibt. Will man etwa mit den Antworten der Jugendlichen auf die obige Frage feststellen, ob Mädchen oder Jungen genusssüchtiger sind, so be-

obachtet man sowohl bei Mädchen als auch bei Jungen Antworten von gar nicht wichtig bis sehr wichtig. Das Merkmal, wie wichtig jemandem der Lebensgenuss ist, ist also sowohl bei Mädchen als auch bei Jungen sehr variabel. Man benötigt also ein Instrument, um diese Variabilität in einer Weise zu beschreiben, die es ermöglicht, Unterschiede dieses Merkmals trotz seiner Variabilität festzustellen. Dieses Instrument muss also irgendwie eine *geeignete Zusammenfassung aller Beobachtungen* zur Verfügung stellen.

2. Aus Zeitmangel kann man nicht alle Objekte, über die man wissenschaftliche Aussagen machen will, beobachten. Eine Wissenschaftlerin, die eine allgemeine Behauptung aufstellen will, ist also gezwungen, diese Behauptung mit einer kleineren Anzahl von Beobachtungen zu begründen, als die Gesamtheit darstellt, auf die sich ihre Behauptung bezieht. Viele haben schon selbst Behauptungen aufgestellt über „die Männer" oder „die Deutschen". Sie mussten sich dabei auf die Kenntnis der wenigen Menschen mit diesen Eigenschaften, die sie selbst kennen, stützen. Deshalb weiß jeder von der Unsicherheit solcher Verallgemeinerungen.

Das wissenschaftliche Verfahren für eine solche Verallgemeinerung heißt *„Induktion"*. Die Philosophie hat nachgewiesen, dass Induktionsschlüsse in bezug auf reale Objekte logisch gesehen generell falsch sind. Für die Wissenschaft stellt sich deshalb das Problem, ein Instrument zu benötigen, das diesen Schluss von einigen Beobachtungen auf alle möglichen Objekte absichern kann. Denn nur dann, wenn eine induktive Verallgemeinerung nach einem wissenschaftlichen, nachprüfbaren Verfahren erfolgen kann, das einige Sicherheit bietet, können empirische Beobachtungen zum Beweis oder zur Widerlegung von Hypothesen verwendet werden. Man benötigt also ein Verfahren, das erstens vorschreibt, wie die Merkmale, die an *einigen* Objekten beobachtet worden sind, für *alle* Objekte geschätzt werden sollen und das zweitens die Unsicherheit, mit der diese Schätzung behaftet ist, auf einen Begriff bringt.

Die Statistik stellt nun genau für diese zwei Probleme Lösungen bereit.

1.4 Einteilung der Statistik

Welche Bereiche der Statistik werden in diesem einführenden Buch behandelt? Die Statistik wird in zwei große Bereiche eingeteilt, die jeweils eines dieser beiden Probleme bearbeiten:
1. die deskriptive Statistik
2. die Inferenz-Statistik.

Die *deskriptive* Statistik behandelt das Problem der *Zusammenfassung* von Beobachtungen. Dabei werden vor allem folgende Methoden verwendet: die Ordnung aller Beobachtungen und die Darstellung dieser Ordnung in Tabellen, die Darstellung aller Beobachtungen in Form von Grafiken, und die Berechnung von Kennzahlen (Parametern), die die Gesamtheit aller Beobachtungen kennzeichnen. Diese Kennzahlen sollten einfach zu berechnen sein, eine anschauliche Bedeutung haben und in einer noch näher zu bestimmenden Weise optimal sein. Ein Beispiel für eine solche Kennzahl ist der Durchschnitt aus allen Beobachtungen. So kann man das Problem, ob Mädchen oder Jungen genusssüchtiger sind, dadurch mit Statistik lösen, dass der Durchschnitt der Antworten auf die obige Frage sowohl für Mädchen als auch für Jungen getrennt berechnet wird und die beiden Werte verglichen werden. Die Antwort ist, dass hier nur ein sehr geringer Unterschied besteht.

Die *Inferenz-Statistik* behandelt das Problem der Verallgemeinerung von Beobachtungen. Die wesentliche Grundlage dafür ist die Wahrscheinlichkeitstheorie. Der zentrale Punkt ist, dass mit dieser Theorie Wahrscheinlichkeiten für die Richtigkeit von Schätzungen angegeben werden können. Wenn man aus einigen Beobachtungen Aussagen über die Allgemeinheit treffen will, kann man angeben, mit welcher Wahrscheinlichkeit diese Verallgemeinerung richtig ist. Durch diesen Trick wird erreicht, dass die *logische Unmöglichkeit, Sicherheit bei induktiven Schlüssen* zu erreichen, nicht grundsätzlich Verallgemeinerungen verhindert.

Eine induktive Schätzung bleibt zwar grundsätzlich unsicher, aber man kann nun versuchen, eine möglichst hohe Wahrscheinlichkeit dieses Schlusses zu erreichen und damit eine möglichst sichere Verallgemeinerung zu treffen. So kann man im obigen Beispiel angeben, dass sich Mädchen und Jungen mit 99,9%iger Sicherheit *nicht* in der Frage des Lebensgenusses unterscheiden. Bei anderen Fragen, etwa danach, wie wichtig es ist, anderen zu helfen oder auf andere Rücksicht zu nehmen, *unterscheiden sich* Mädchen und Jungen dagegen mit 99,9%iger Sicherheit. Diese Methodik der Statistik bedeutet einen großen Fortschritt für die Möglichkeit der Verallgemeinerung von Beobachtungen. Erst mit dieser Methode macht es überhaupt Sinn, Stichproben zu nehmen, um daraus Rückschlüsse auf die Allgemeinheit zu ziehen.

Die Objekte, die die empirische Sozialwissenschaft beobachtet, sind in den meisten Fällen Menschen und ihre sozialen Verhaltensweisen. Erst seit der Mitte des 20. Jahrhunderts haben sich die statistischen Methoden auch in den Sozialwissenschaften durchgesetzt. Vorher herrschte die Meinung vor, dass es gänzlich unmöglich sei, allgemeine Aussagen über Menschen auf statistischer Basis treffen zu können. So schreibt der französische Sozialforscher LePlay 1855: „Noch weniger glücklich sind die Statistiker bei solchen Untersuchungen gewesen, die sich speziell auf die innere Natur des Menschen beziehen, ... auf den Vergleich der moralischen und intellektuellen Eigenschaften und allgemeiner, auf die Elemente, die man betrachten muss, wenn man die Lage der arbeitenden Bevölkerung ermitteln will. Die Ursachen dieser Unfähigkeit sind klar: Die offiziellen Resultate, die sich auf die Gesamtheit eines Landes erstrecken, beziehen sich auf gewisse Punkte, welche die Staatsgewalt interessieren, abstrahieren aber von allen Punkten, die diese Frage nur berühren; sie rechnen weder mit der besonderen Natur des Individuums, noch mit dem Milieu, in dem es lebt; ...Zusammengefasst, die Methode der Statistiker ist nicht die der Beobachtung direkter Tatsachen;..." (zitiert nach Kern: 53).

Die Gründe dafür, die LePlay hier nennt und die auch heute noch oft genannt werden, lassen sich auf zwei wesentliche Tatsachen bündeln. Es ist 1. die Vielfältigkeit und Einmaligkeit menschlicher Verhaltensweisen. Und 2. das Phänomen, dass soziale Beziehungen nicht wie etwa in der Physik auf mechanischen Kräften, sondern auf Kommunikation beruhen. Diese Tatsachen bringen für die Datenerhebung sozialer Daten große Probleme mit sich. Diese Probleme konnten erst mit Hilfe der Ergebnisse der modernen Statistik behandelt werden. Am obigen Beispiel kann man sehen, wie diese Probleme heute angegangen werden. Die Vielfältigkeit und Einmaligkeit der individuellen Lebenseinstellung der heutigen Jugendlichen wird eingeebnet, indem allen dieselbe Frage gestellt wird. Die komplexe soziale Verhaltensweise „Lebenseinstellung" wird auf eine Reihe spezieller Fragen reduziert. Das ist einerseits eine erhebliche Reduktion des Problems. Andrerseits gewinnt man dadurch die Möglichkeit, eben diese statistischen Methoden anzuwenden, die es ermöglichen, nur 2000 Jugendliche zu befragen und die Resultate auf alle Jugendlichen in Deutschland zu verallgemeinern.

Ein weiteres Kriterium, nach denen die Statistik eingeteilt wird, ist die Unterscheidung in *univariate* und *multivariate* Verfahren. In der Frage des Beispiels, ob ein Unterschied zwischen Mädchen und Jungen in der Wichtigkeit des Lebensgenusses besteht, sind schon zwei Merkmale der Personen beteiligt: das Merkmal Geschlecht und das Merkmal „wie wichtig findet es diese Person, das Leben zu genießen?". Wenn man mehrere Merkmale zusammen untersucht, kann man Zusammenhänge zwischen Merkmalen feststellen. Eine weitere Hauptaufgabe der Statistik ist, solche Zusammenhänge zwischen Merkmalen zu beschreiben und zwar wieder a) deskriptiv in der Form von Tabellen, Grafiken und Kennzahlen, und b) mit Inferenz-Statistik zu bestimmen, ob diese Zusammenhänge verallgemeinerbar sind. Sind mehr als zwei Merkmale zusammen zu untersuchen, spricht man von „multivariater Statistik". Bei drei und mehr Variablen tauchen spezielle Probleme auf, die die statistische Behandlung besonders erschweren.

Damit kann schon etwas genauer angegeben werden, wann und warum Statistik bei der Erforschung eines sozialen Problems eingesetzt wird. Sie kommt zur Anwendung, wenn die Daten erhoben oder die Beobachtungen gemacht worden sind, in der Phase

der Auswertung der Daten. Sie dient als Hilfsmittel für zwei Zwecke:
1. zur Durchdringung der gesammelten Daten mit Hilfe der Zusammenfassung der darin enthaltenen Informationen.
2. zur Hilfe bei der Verallgemeinerung der erhaltenen Aussagen.

Obwohl Statistik eine Hilfswissenschaft ist, ist sie notwendig. Denn erstens ist es unmöglich, größere Datenbestände und komplexere Beziehungen zwischen mehreren Merkmalen rein verbal zu beschreiben. Die Alltags-Sprache ist dafür nicht konzipiert, sie ist zu vieldeutig, hat zu wenig logische Wendungen und ist zu wenig komplex.

Die zweite Funktion der Statistik, den Induktionsschluss zu ermöglichen, ist aber die eigentliche, gerade für die Sozialwissenschaften besonders wichtige Leistung. Denn insbesondere in den Sozialwissenschaften kommt es oft vor, dass interessante Phänomene nicht wiederholbar sind. Man kann dabei an Prozesse denken wie die Erziehung eines Menschen, die ein etwa 20 Jahre währendes nicht wiederholbares Experiment darstellt, das die sozialen Verhaltensweisen eines Erwachsenen bestimmt. Oder daran, dass sich jede Person wegen des Lerneffektes in der gleichen Situation zum zweiten Mal anders verhält. Deshalb kann eine Forscherin einen sozialen Prozess nicht wie in der Physik beliebig oft wiederholen, bis sie das genaue Ergebnis herausbekommen hat. Um etwa die Resultate von Erziehungsprozessen zu untersuchen, geht man deshalb so vor, dass man denselben Erziehungsprozess an unterschiedlichen Personen untersucht. „Wir haben es hier also mit zwei Alternativen zu tun: entweder ‚an einem Objekt mehrmals' oder ‚an verschiedenen Objekten einmal'" (Sixtl 1993:3) Beobachtungen machen. Mit Hilfe der Wahrscheinlichkeitsrechnung kann nun die zweite Vorgehensweise einen gleichrangigen Ersatz für die erste Methode darstellen, die eigentlich die klassische experimentelle Methode ist. Die Statistik wird deshalb besonders für die Sozialwissenschaften wegen ihres Problems der Unwiederholbarkeit vieler interessanter Phänomene wichtig.

In diesem Buch wird nur univariate und bivariate Statistik betrieben. Die multivariate Statistik gehört in den Kurs Statistik II. Ebenso wird hauptsächlich deskriptive Statistik vermittelt. Da jedoch die Möglichkeit der Verallgemeinerung empirischer Beobachtungen ganz grundlegend für alle Wissenschaft ist, wird ebenfalls in die Grundzüge der Inferenz-Statistik eingeführt. Das bedeutet aber, dass elementare Anfänge der Wahrscheinlichkeitstheorie behandelt werden müssen. Dieses Gebiet wird aber auf den Teil der sog. Konfidenzintervalle beschränkt. Auch die Test-Theorie, die das statistische Testen von Hypothesen beinhaltet, wird im wesentlichen Teil von Statistik II sein und in diesem Buch nur ganz kurz angerissen werden können.

Kapitel 2: Sozialwissenschaftliche Datensammlungen

Wenn ein soziales Problem erforscht werden soll, werden Daten über dieses Problem erhoben. Sehr nützlich für die Erforschung ist es, wenn z.B. Daten aus früheren oder parallelen Forschungen zum selben Problem vorhanden sind. Dann können diese Daten mit den eigenen verglichen werden und daraus die eigenen Ergebnisse besser eingeschätzt werden. Neben den speziellen Daten eines Forschungsprojekts gibt es darüber hinaus soziale Umstände, die in fast jedem sozialwissenschaftlichen Forschungszusammenhang eine Rolle spielen und deshalb in fast jedem Projekt benötigt werden. Dazu gehören z.B. die Berufstätigkeit und das Einkommen, die soziale Schichtung, das politische Verständnis, die Familiensituation usw. Es ist deshalb ebenfalls sehr nützlich, wenn über diese übergreifenden sozialen Fragen regelmäßig aktuelle Daten vorhanden sind und bei einer zentralen Stelle gelagert werden.

Das einzige große öffentlich zugängliche Archiv für Daten der Sozialforschung in der Bundesrepublik ist das „ZA - Zentralarchiv für Empirische Sozialforschung an der Universität zu Köln". Es wurde 1960 u.a. von Erwin Scheuch und Günther Schmölders gegründet. Das ZA ist Mitglied in der 1986 gegründeten „GESIS – Gesellschaft sozialwissenschaftlicher Infrastruktureinrichtungen e.V." (www.social-science-gesis.de), deren Träger Bund und Länder sind. Neben dem ZA sind in der GESIS das „IZ – Informationszetrum Sozialwissenschaften" aus Bonn, das u.a. die für Literatur-Recherche sehr nützliche CD-Rom „WISO 3" zur CD-Rom-Recherche herstellt, und das „ZUMA- Zentrum für Meinungen, Umfragen und Analysen" in Mannheim Mitglieder. Eine vergleichbar wichtige sozialwissenschaftliche Datenbank außerhalb der GESIS existiert nur noch in Berlin, nämlich die Unterabteilung „SOEP- Sozio-ökonomisches Panel" (www.diw-berlin.de/soep/) des DIW- Deutschen Instituts für Wirtschaft.

Einzelne Forschergruppen können heute nur selten Daten in einem solchen Umfang erheben, dass die daraus gewonnenen Ergebnisse Rückschlüsse auf ganz Deutschland zulassen. Deshalb ist eine weitere Hauptaufgabe dieser Institute, regelmäßig Umfragen zu sozialwissenschaftlich relevanten Tatbeständen durchzuführen, die für ganz Deutschland repräsentativ sind und von allen interessierten SozialwissenschaftlerInnen genutzt werden können. Auf diese Weise können auch Studierende in die Lage kommen, mit qualitativ hochwertigen und repräsentativen Daten zu arbeiten, für deren Erhebung und Bereitstellung ein Forschungsprojekt Jahre benötigt hätte.

Einige der wichtigsten und regelmäßig erhobenen Datenbestände dieser Institute sind die folgenden:

- ALLBUS – Allgemeine Bevölkerungsumfrage Sozialwissenschaften. Seit 1980 wird diese Umfrage in Zwei-Jahres-Abständen erhoben. Auftraggeber ist ZUMA. Befragt werden im Schnitt 3000-3500 Personen aus allen Bundesländern.
- Politbarometer. Das „Politbarometer" ist vielleicht aus dem ZDF bekannt. Durchgeführt wird es in etwa monatlichen Abständen von der Forschungsgruppe Wahlen e.V. in Mannheim. Befragt werden 1300-1400 Personen, seit 1988 mit telefonischen Befragungen.
- Eurobarometer. Auftraggeber ist das Direktorat für Information der EU-Kommission. Ziel der Befragung ist der Vergleich der sozialen Bedingungen in den verschiedenen EU-Ländern. Deshalb werden dieselben Fragen in allen EU-Ländern gestellt. Befragt werden 1000 Einwohner pro Land. Erhebungszeiten seit 1973 halbjährlich jeden Frühling und Herbst.
- Shell – Jugendstudien. Auftraggeber sind das Deutsche Jugendinstitut und die Shell AG. Befragt werden ca. 2500 Jugendliche von 12 – 24 Jahren zu ihren Zukunftserwartungen. Bisher wurde die Befragung 1981, 1986, 1992, 1997 und 2002 durchgeführt.

Mit diesen und weiteren regelmäßigen Befragungen ist im Prinzip ein Projekt eingerichtet worden, das den Namen „Dauerbeobachtung der Gesellschaft" verdient, wie es auch von ZUMA selbst genannt wird. In diesen Erhebungen werden soziale und politische

Kernbereiche der Gesellschaft ständig erfasst und die Ergebnisse sowohl zur Verfügung gestellt, als auch in verschiedenen Veröffentlichungen statistisch ausgewertet publiziert. Die bekannteste Publikation ist vielleicht das jährlich erscheinende Buch „Datenreport", das das Statistische Bundesamt herausgibt. Es beruht in den sozialstatistischen Teilen auf der Zusammenarbeit des Statistischen Bundesamtes mit ZUMA und dem Wissenschaftszentrum Berlin (www.wz-berlin.de).

Tabelle 2.1: Einige sozialwissenschaftliche Trenddatenbestände

	Erhoben von	**Seit**	**Wiederholung**	**Befragte**	**Design**
ALLBUS	ZUMA	1980	2-jährig	3500	Trend/Querschnitt
Politbarometer	Forschungsgruppe Wahlen	1977	monatlich	1300	Trend/Panel
Eurobarometer	EG-Kommission	1973	halbjährlich	1000 pro Land	Trend/Querschnitt
Jugendstudie	Shell, Deutsches Jugendinstitut	1981	5-, oder 3- jährig	2500	Querschnitt

Der Vorteil, den regelmäßige Wiederholungen von Umfragen bieten, ist die Möglichkeit, die Veränderung bestimmter sozialer Gegebenheiten im Zeitverlauf zu verfolgen. Jede einzelne dieser Erhebungen zu einem bestimmten Zeitpunkt stellt eine sog. „Querschnittsanalyse" dar: ein Querschnitt durch die soziale Lage der Bevölkerung zu dem Erhebungszeitpunkt. Verfolgt man eine bestimmte Fragestellung in ihrer Veränderung im Zeitverlauf, so spricht man von einer „Längsschnitt- bzw. Trendanalyse".

Alle obigen Umfragen sind im Prinzip als Trenddatensätze aufgebaut, beinhalten aber zu speziellen Problemen auch immer

Fragen, die nur zu einem Zeitpunkt. d.h. in einem speziellen Jahr gestellt wurden.

Ein wesentlicher Unterschied in der Anlage von regelmäßig stattfindenden Umfragen ist der Umstand, ob dieselben Personen befragt werden oder jeweils andere. Werden immer dieselben Personen befragt, spricht man von „Panel"-Daten bzw. einer „Panel"-Analyse. Panel-Erhebungen bringen beträchtliche empirische und methodische Probleme mit sich. Alle anderen Studien befragen jeweils andere ausgewählte Personen, so dass jede Studie zu jedem Zeitpunkt eine Querschnittsanalyse darstellt.

Die Frage stellt sich sofort, ob etwa die Einkommenswerte aus der Studie des vorigen Jahres mit den Einkommenswerten aus der Studie heute verglichen werden können, wenn doch ganz verschiedene Personen befragt worden sind. Genau diese Frage kann wiederum mit den Methoden der Inferenz-Statistik beantwortet werden. Von einer repräsentativen Studie erwartet man weiter, dass ihre Ergebnisse ohne große Fehler auf das gesamte Erhebungsgebiet, also die ehemalige oder jetzige Bundesrepublik, übertragen werden können. Die Frage, wie viele Personen man befragen muss, damit man einen solchen induktiven Schluss auf das Gesamtgebiet machen kann, wird wiederum durch die Inferenz-Statistik beantwortet. Man sieht hier die Antwort: die Erhebungen haben Größen von mind. 1300 bis zu 3500. Man kann aber auch schnell die Grenzen dieser Zahlen ausrechnen: wenn man etwa von 100.000 gewaltbereiten Rechtsextremen unter 60 Millionen Erwachsenen in der BRD ausgeht, werden bei 3000 Befragten etwa 5 solche Rechtsextreme in die Stichprobe gelangen. Mit dieser Anzahl Daten kann also keine Untersuchung über Teilgruppen dieser Größenordnung mehr durchgeführt werden.

Die Themenspektren dieser Befragungen sind einerseits unterschiedlich je nach dem Interesse der Auftraggeber, andererseits auch ähnlich bis hin zu gleichlautenden Fragen in den Bereichen, die die sozio-demografischen Grundlagen der Befragten darstellen. Die spezifischen Schwerpunkte der 5 hier dargestellten Erhebungen sind die folgenden:

Der ALLBUS verfolgt das allgemeine Ziel, den sozialen Wandel in der BRD zu erfassen. Dazu werden sowohl soziale

Merkmale breit erfasst, die die materielle Stellung der Befragten kennzeichnen, wie Berufsausübung, Mitgliedschaften, materielle Versorgung mit Gütern, als auch solche Merkmale, die die sozialen Einstellungen und Werte, Meinungen, Hoffnungen und Ängste beinhalten, wie Lebenszufriedenheit, Umweltsorgen, Kriminalitätsfurcht oder Demonstrationsbereitschaft.

Die Politbarometer verfolgen das Ziel, die kurzfristigen Veränderungen der politischen Einstellungen in der BRD lückenlos zu erfassen. Die Sonntagsfrage und die Beliebtheitskalometer für die Spitzenpolitiker sind dafür typische Fragen. Im weiteren wird das politische Verständnis auch tiefer hinterfragt, um etwa die Verankerung demokratischen Gedankenguts oder das Verständnis für die europäische Einigung in der Bevölkerung zu erfassen.

Die Eurobarometer sind vor allem am Vergleich der Lebensumstände in den Ländern der EU interessiert. Dabei stehen bei jeder Erhebung andere Themen im Vordergrund: mal die politischen Einstellungen, mal die Gesundheitsversorgung, mal die Arbeitsbedingungen usw. Die Fragen werden zunächst zweisprachig englisch-französisch konzipiert und dann in jede Landessprache übersetzt.

Die Jugendstudien richten ihr Interesse auf die Einstellungen von Jugendlichen und ihre Lage in ihren Familien. Die Zukunftshoffnungen und das zu erwartende Engagement sowie die Probleme der Jugendlichen sollen erfasst werden, um festzustellen, inwieweit die heutige Erwachsenenwelt und ihr Nachwuchs voneinander entfernt sind, z.B. in der Studie von 1997, inwieweit Jugendliche noch politisches Engagement besitzen oder vermehrt an sich selbst interessiert sind.

Die Fragen, die in fast allen Untersuchungen vorkommen, sind z.B. die nach dem Geschlecht, dem Alter, der Konfession, dem Einkommen, dem Familienstand, dem Bildungsstand, dem Beruf. Man spricht von der sog. Standard-Demographie. Diese Merkmale sind u.a. deshalb in fast jeder dieser Umfragen enthalten, weil sie wesentliche Unterscheidungsmerkmale der sozialen Struktur unserer Gesellschaft darstellen. Es lässt sich erwarten, dass Personen aus unterschiedlichen Bereichen in dieser sozial-demografischen Struktur in allen anderen zu untersuchenden Bereichen ebenfalls

Unterschiede aufweisen. So kann man annehmen, dass sich Männer und Frauen z.b. in ihren Meinungen zu speziellen sozialen und politischen Fragen unterscheiden, oder dass sich Städter und Dorfbewohner in vielen Bereichen ihres Lebensstils unterscheiden. Ebenso ist zu erwarten, dass sich die soziodemografische Struktur insgesamt im Vergleich der europäischen Länder unterscheidet und so mit unterschiedlichen kulturellen Verhältnissen verbunden ist.

Tabelle 2.2: Standard-Demografie (ALLBUS)

Standard-Demografie (ALLBUS)
Geschlecht
Geburtsmonat, -jahr und Alter
Familienstand
Schulbildung
Ausbildungsabschluß
Beruf und Berufsstellung
Einkommen
Haushaltsgröße
regionale Herkunft
Wohnungstyp
Wohnortsgröße und –typ
Konfession, Religiosität
Mitgliedschaft in Gewerkschaft oder Partei
Wahlabsicht (Sonntagsfrage)
Beruf des Vaters/der Mutter

In allen diesen Massendatensätzen wird mit standardisierten Fragen gearbeitet. Das bedeutet, dass die Antwortmöglichkeiten auf die Fragen vorgegeben sind. Der einfachste Zugang zu diesen Daten besteht darin, sich die verschiedenen Antwortmöglichkeiten auf die einzelnen Fragen anzusehen und festzustellen, wie oft sie gegeben wurden. In dieser Weise sind auch in den sog. „Codebüchern", den Anleitungen zum Lesen der Datensätze im Computer, alle Fragen ausgewertet. In einigen Fällen stehen diese primären

Ergebnisse der Befragung auch im Internet zur Verfügung, so beim Eurobarometer und beim Sozio-ökonomischen Panel. Als Beispiel folgt ein Auszug aus dem Eurobarometer (im Internet: über die GESIS – Adresse zu erreichen)

Tabelle 2.3: Ausschnitt aus dem Eurobarometer

```
VAR 50   Q8 EU MEMBER - GOOD/BAD                    Loc 134
width 1
                         MD=0 or GE 4
Q.8 Generally speaking, do you think that (OUR COUNTRY'S)
membership of the European Union is ...? (READ OUT)

 9556  1. A good thing    4023  2. Neither good nor bad
 2616  3. A bad thing       23  0. NA      948  4. DK

     F    B   NL   D-W    I    L   DK   IRL   GB  NIRL  GR
 1  541  701  807  623  773  400  538  784  442  191  632
 2  296  231  121  241  154   60  224  119  287   69  235
 3  126   91   59  119   57   25  220   47  258   16   92
 0    0    2    0    7    0    0    2    0    0    0    0
 4   39   31   23   65   73   14   16   50   79   29   47
    ----:----:----:----:----:----:----:----:----:----:
     E    P   D-E   N   FIN   S    A
 1  445  456  540  384  490  398  411
 2  292  340  350  190  291  210  313
 3  216  132   67  352  182  338  219
 0    0    0    6    5    0    1    0
 4   47   72   86   69   67   70   71
    ----:----:----:----:----:----:----:
```

Kapitel 3: Skalenniveau

3.1 Daten, Merkmale, Variable

Statistische Auswertung baut auf Daten auf, die aus Beobachtungen gewonnen werden. Man kann auch dazu sagen, dass sie auf „Messungen" beruht. Als erstes müssen deshalb einige Begriffe definiert werden, mit denen der Messvorgang und die Daten weiter genauer beschreibbar sind.

Eine Beobachtung oder ein Mess-Vorgang bringt drei Dinge zusammen: man ordnet einem Objekt bzgl. einer Eigenschaft ein bestimmtes Adjektiv oder einen bestimmten Wert zu, z.B. „Meine Freundin hat blaue Augen". Beobachtetes Objekt ist die Freundin, Eigenschaft sind ihre Augen, und der Wert ist blau. Jedes wissenschaftliche Datum ist durch diese drei Dimensionen gekennzeichnet, für die leider mehrere Bezeichnungen gebräuchlich sind. Welche Bezeichnung genommen wird, ist eigentlich gleich; sie hängt jedoch auch von dem Zusammenhang ab, in dem die Daten verwendet werden.

Tabelle 3.1: Begriffe zur Beschreibung von Forschungsobjekten

Alltagssprache	Wissenschaft	Statistik, Datenauswertung
Objekt	Untersuchungseinheit, Merkmalsträger	Fälle („cases")
Eigenschaft	Merkmal	Variable („variables")
bestimmte Eigenschaft	Ausprägung des Merkmals	Wert („values")

Alle diese Begriffe werden häufig benutzt, es ist wichtig zu wissen, dass sie z.T. dasselbe bezeichnen. Die einzige Schwierigkeit besteht in der Alltagssprache, in der es keine klare Unterscheidung zwischen Merkmalen und ihren Ausprägungen gibt: „blaue Augen" wird direkt als Eigenschaft angesehen, da das Merkmal „Augen" bei einem Objekt „Mensch" im Alltag nicht als besonders erwähnenswert erscheint; es wird erst dadurch zum Merkmal, dass die Augenfarbe von einem Forscher als beobachtenswertes Merkmal von Menschen zum Forschungsgegenstand erhoben wird.

Die drei Dimensionen von Beobachtungen lassen sich gut in einer Tabelle darstellen. Die folgende Tabelle erfasst die Merkmale Augenfarbe und Geschwisterzahl für eine Reihe von namentlich unterschiedenen Personen:

Tabelle 3.2: Beispiel einer Rohdaten-Matrix

	Augen	Geschwister
Müller	braun	keine
Meier	blau	2
Schulze	grün	3
Schmidt	braun	1
...	...	....

Eine solche Tabelle wird oft auch Matrix genannt. Eine Matrix ist ein zweidimensionales Zahlenschema. Jedes Element x des Schemas lässt sich durch die zwei Angaben „Zeile", „Spalte", die als Index geschrieben werden, in der Matrix lokalisieren: x_{ij} ist das Element in der i-ten Zeile und der j-ten Spalte.

Tabelle 3.3: Aufbau einer Matrix

x_{11}	x_{12}	x_{13}	x_{14}	...
x_{21}	x_{22}	x_{23}	x_{24}	...
x_{31}	x_{32}	x_{33}	x_{34}	...
...	...	...	...	...

In genau dieser Weise ist auch grundsätzlich die „Datenmatrix" in fast allen EDV-Auswertungsprogrammen aufgebaut. Sie heißt auch „Rohdatenmatrix". In einer Rohdatenmatrix bilden die Fälle die Zeilen und die Variablen die Spalten der Matrix. Als Beispiel ist in Tabelle 3.4 eine Rohdatenmatrix des ALLBUS 1994 im Statistik – Programm SPSS dargestellt.

Tabelle 3.4: Datenmatrix des ALLBUS 1994 in SPSS (Ausschnitt)

	v1	v2	v3	v4	v5	v6	v7	v8	v9	v10	v11	v12	v13	v14	v15
1	2140	4	1	7	6	6	6	6	6	5	5	1	1	3	1
2	2140	6	1	7	7	7	7	7	1	7	4	4	2	1	2
3	2140	7	1	7	6	7	7	4	2	6	4	1	1	2	2
4	2140	8	1	7	7	6	4	4	3	3	6	1	1	2	2
5	2140	9	1	7	5	5	6	4	3	3	5	1	1	3	3
6	2140	10	1	7	4	5	5	5	1	4	3	1	1	1	2
7	2140	11	1	7	6	5	5	6	7	5	6	2	1	3	1
8	2140	12	1	7	4	6	7	7	6	6	6	1	1	3	1
9	2140	13	1	7	6	6	4	3	1	5	1	1	3	1	2
10	2140	14	1	7	5	5	6	6	6	3	5	1	1	1	2
11	2140	15	1	7	5	5	6	4	4	4	5	1	1	2	2
12	2140	16	1	7	4	5	6	4	6	3	5	1	1	2	2
13	2140	17	1	7	5	3	6	7	7	6	7	1	1	2	2
14	2140	18	1	7	4	4	5	6	3	4	2	1	2	2	2
15	2140	19	1	7	5	6	6	4	6	5	6	1	1	3	3
16	2140	20	1	5	5	2	2	3	1	4	3	2	2	1	1

Wie man sehen kann, werden die Merkmale, hier die Fragen des ALLBUS - Fragebogens, mit V1, V2, V3, usw. (in den Spaltenköpfen) bezeichnet. Die Fälle, die befragten Personen, werden durchnummeriert (Zeilenanfänge).

3.2 Skalenniveaus

Es gibt nun Unterschiede in den möglichen Eigenschaften von sozialwissenschaftlichen Objekten, wie man am Beispiel oben schon sehen kann: in der ersten Spalte stehen Worte, in der zweiten Zahlen. Sie sind deshalb sehr wesentlich, weil sie bestimmen, welche statistischen Methoden anzuwenden sind. Diese Unterschiede durchziehen deshalb das gesamte Buch.

Man unterscheidet zunächst qualitative und quantitative Merkmale. Das bedeutet, dass ihre Ausprägungen qualitativ oder quantitativ sind. Quantitativ sind Ausprägungen dann, wenn sie in irgendeiner Weise Zahlen sind. Zum Beispiel: die Anzahl der Leser dieses Buches, die Anzahl der Kinder in einer Familie, das Alter in Jahren, das Einkommen, die Punktezahlen, die jemand in der Abschlussklausur erzielt usw. Qualitativ sind Ausprägungen, die keine Zahlen darstellen. Zum Beispiel das gewählte Studienfach, die Konfession, der Schulabschluss, die Haarfarbe, die bevorzugte Musikrichtung usw.

Es ist nun allerdings möglich, qualitativen Merkmalen Zahlen zuzuordnen, indem man einfach eine Vorschrift entwickelt. Man kann etwa bestimmen: männlich = 1, weiblich = 2. Oder katholisch = 1, evangelisch = 2, andere Religion = 3, keine Religion = 4. Dieser Vorgang heißt „Codierung".

> *Definition*: „**Messen**" eines qualitativen Merkmals besteht in seiner „**Codierung**" (= Zuordnung von Zahlen).

Eine weitere Unterteilung ist die in *„diskrete"* und *„stetige"* (auch *„kontinuierliche"*) Merkmale. Ein diskretes Merkmal besitzt nur endlich viele oder höchstens abzählbar viele Ausprägungen. Beispiel ist wieder die Kinderzahl einer Frau, die Berufe, die es gibt (man kann sie abzählen, da jede Person nur ein paar haben kann und es endlich viele Menschen gibt), das Geschlecht, die Augenzahl beim Würfeln mit einem oder mehreren Würfeln usw. Das Geschlecht besitzt nur zwei Ausprägungen. Solche Merkmale heißen auch *dichotom*. Dichotome Variable spielen in einigen statistischen Verfahren eine besondere Rolle.

Ein stetiges Merkmal kann im Prinzip unendlich viele Ausprägungen annehmen. Es kann dabei auch insgesamt beschränkt sein, wenn nur zwischen diesen Grenzen beliebig viele Werte möglich sind. Beispiele wären die Körpergröße, das Einkommen, die Dauer einer Ehe, die Zahl der Studierenden in der Bundesrepublik etc.

Am letzten Beispiel sieht man, dass die Übergänge fließend sind: man könnte auch den Standpunkt vertreten, dass die Zahl der Studierenden ein diskretes Merkmal ist, weil es nur endlich viele sein können. Es sind aber so viele, nämlich 1,8 Millionen, dass hier sehr feine Unterteilungen möglich sind.

Es bestehen folgende Beziehungen zwischen diesen Unterscheidungen: im Allgemeinen sind qualitative Merkmale diskret und quantitative Merkmale stetig. Es gibt aber für beide Beziehungen Gegenbeispiele: Farben sind qualitativ, können aber durch die Angabe der physikalischen Frequenz des Lichts stetig beschrieben werden, und die Kinderzahl etwa ist ein quantitatives Merkmal, das jedoch diskret ist.

Wie am Beispiel der Konfession gezeigt wurde, kann man qualitativen Merkmalen Zahlen zuordnen: evangelisch = 1, katholisch = 2. Mit Zahlen kann man nun alle möglichen mathematischen Operationen durchführen, z.B. addieren 1 + 2 = 3. Offenbar macht diese Operation für die codierte Konfession keinen Sinn, denn das würde bedeuten.

katholisch + evangelisch = sonstige Religion

Wenn man Daten Zahlen zuordnet, muss man also darauf achten, welche Operationen mit diesen Daten möglich sind. Der Begriff, der einen Zahlenbereich zusammen mit einer solchen Einschränkung der Möglichkeiten des Rechnens mit Zahlen bezeichnet, ist „Skala".

> *Definition*: Eine **Skala** ist eine Codierung, die die Eigenschaften des Merkmals berücksichtigt.

Je nach der Art der Relation, in der Zahlen stehen können, unterscheidet man vier verschiedene Typen von Skalen: Nominalskala, Ordinalskala, Intervallskala und Rationalskala. Die Unterschiede bestehen in den möglichen Interpretationen der Daten, sowohl sprachlich als auch mathematisch. Daraus ergeben sich ebenfalls Hinweise, ob und wie man die Codierung der Daten verändern darf, die sog. „erlaubten Transformationen" bzw. „erlaubte Umcodierungen" (s. Tabelle 3.5).

Die Skalentypen heißen auch Messniveaus. Die Messniveaus sind ebenfalls wie eine Ordinalskala geordnet: Nominalskala ist das niedrigste, Rationalskala das höchste Skalenniveau. Das bedeutet, ein Merkmal, das intervallskaliert ist, ist auch automatisch ordinal- und nominalskaliert, aber ein Merkmal, das ordinalskaliert ist, ist generell nicht intervallskaliert. Wenn man ein Merkmal hat, muss man also zunächst das maximal mögliche Messniveau für diese Variable bestimmen, bevor man anfängt, damit statistisch zu rechnen.

Tabelle 3.5: Die unterschiedlichen Skalentypen

Skalentypen, Messniveaus	erlaubte Vergleiche von Ausprägungen	erlaubter Vergleich von Werten	erlaubte Umcodierungen	Beispiele
Nominalskala	Ausprägungen sind gleich oder verschieden	$a = b$? $a \neq b$?	eineindeutige Transformationen	Konfession, bevorzugte Musikrichtung, Nationalität
Ordinalskala	Ausprägungen sind größer, kleiner oder gleich	$a < b$? $a \leq b$? $a > b$? $a \geq b$? $a = b$?	monotone Transformationen	Schulabschluss, Bundesligatabelle, Uni-Ranking
Intervallskala	Differenzen von Ausprägungen sind vergleichbar	$a-b=c-d$?	lineare Transformationen $x' = bx + c$	Intelligenztest, Skala von 1 = „sehr wichtig" bis 7 = „unwichtig"
Rationalskala	Vergleich von Verhältnissen, Prozentanteilen	$a/b=c/d$?	proportionale Transformationen $x' = bx$	Einkommen, Ausbildungszeit, Ehedauer

Das Rationalskalenniveau ist vom Intervallskalenniveau dadurch unterschieden, dass die Zahl Null eine allgemeine inhaltliche Bedeutung hat. (0 = kein Einkommen, 0 = nicht verheiratet, 0 = keine Ausbildung). Ordinalskaliert bedeutet, die Ausprägungen besitzen eine konsistente Ordnung: wenn Ausprägung A vor Ausprägung B kommt, und Ausprägung B vor Ausprägung C kommt, dann muss Ausprägung A auch vor Ausprägung C kommen (das sog. Transitivitäts-Axiom). Beispiel: Hauptschule gilt als weniger wert wie Realschule, Realschule als weniger wie Abitur: dann muss Hauptschule auch weniger als Abitur wert sein. Nominalskalierte Daten kann man beliebig umcodieren. Beispiel Konfession: man kann genauso gut 1 = katholisch und 2 = evangelisch codieren.

In allen Naturwissenschaften und auch in der Ökonomie, in der sehr viele Variable in Geldeinheiten umgerechnet werden können, haben die meisten Merkmale, mit denen man es zu tun hat, Rationalskalenniveau. Nicht so in den Sozialwissenschaften, hier muss man immer erst feststellen, welchen Skalentyp die Merkmale haben, für die man sich interessiert. Da vom Skalentyp die erlaubten Rechenoperationen abhängen, ist einsichtig, dass davon auch die erlaubten statistischen Auswertungsmethoden abhängen.

Für praktische Arbeiten am Computer werden die Skalentypen noch weiter zusammengefasst in nur zwei Kategorien: Nominal- und ordinalskalierte Daten heißen nicht-metrische oder *kategoriale* Daten, intervall- und rationalskalierte Daten heißen *metrische* Daten.

Die Unterteilung der Skalentypen mag etwas technisch erscheinen. Sie ist jedoch eine immer noch zwischen Statistikern, Empirikern und Wissenschaftstheoretikern diskutierte Frage. Hinter ihr steht letztlich das Problem, ob alle sozialen Erfahrungen in Zahlen darstellbar sind. Im obigen Beispiel aus dem Jugendsurvey wird „Lebensgenuss" zu einer intervallskalierten Variablen gemacht, indem die Wichtigkeit des Lebensgenusses auf einer gleichmäßig unterteilten Skala von 1 bis 7 verortet wird. Damit wird z.B. unterstellt, dass jeder Jugendliche die Wichtigkeit von Lebensgenuss stufenlos einschätzen kann, und dass ein Unterschied in der Wichtigkeit von Lebensgenuss von Stufe 3 auf 4 genauso groß ist wie der von Stufe 6 auf 7.

Die Entscheidung, welches Messniveau für einen komplizierten sozialwissenschaftlichen Begriff wie etwa „Lebensgenuss" angemessen ist und wie er deshalb gemessen werden sollte, kann nicht aus dem Inhalt des Begriffs oder der Art der Messung abgeleitet werden. Das Messniveau kann im Prinzip empirisch ermittelt werden, wofür es aber wenig Verfahren gibt und was selten gemacht wird. Im Allgemeinen wird das Messniveau durch die Anschauung bestimmt. Diese Problematik ist jedoch Teil der empirischen Sozialforschung. Hier in diesem Buch wird davon ausgegangen, dass diese Probleme geklärt sind und das Skalenniveau der Daten den dahinterstehenden Eigenschaften der Personen angemessen ist.

Weitere Literatur zu diesem Kapitel: Clauß u.a. 1995^2: 16-21, Hochstädter: 13-21, Krämer, Kühnel/Krebs: 28-36

Übungsaufgaben:
1. Bestimmen Sie für folgende Merkmale das Skalenniveau: a) Konfession (Auspr.: evangelisch / katholisch / andere), b) Temperaturwert auf der Celsius-Skala, c) Postleitzahlen, d) Schulnote (Auspr.: 1 - 6), e) Schuhgröße, f) Entfernung in km, g) Geschlecht, h) Zahl der in einem Haushalt lebenden Personen
2. Geben Sie zu jedem der folgenden Merkmale je zwei unterschiedliche *Möglichkeiten von Ausprägungen* an und charakterisieren Sie die jeweilige Art der Ausprägung (quantitativ/qualitativ, diskret/stetig).
   a.) Einkommenssituation, b) Vorbereitungsintensität für eine Prüfung, c) Gehgeschwindigkeit, d) Tabakkonsum

Kapitel 4: Häufigkeiten

4.1 Urlisten und Rohdaten

Am Anfang jeder Auswertung steht eine Liste von Daten, die im Forschungsprozess erhoben worden sind, die sog. „Urliste" oder die „Rohdaten".

> *Definition*: **Urliste** oder **Rohdaten** sind die auszuwertenden Daten in der Form, wie sie nach der Datenerhebung vorliegen. Dimensionen der Urliste sind die **Fälle einer Population (cases)**, **Merkmale (variables)** und die **Ausprägungen (values, Kategorien) der Merkmale.**

Tabelle 4.1: Beispiele für Rohdaten, ihre Fälle, Merkmale und Ausprägungen

Fälle in der Population	Merkmal	Ausprägungen
Ausgefüllte Fragebögen	Frage im Fragebogen	angekreuzte Antwort
mündl. interviewte Personen	Frage des Interviewers	Antwort des Befragten
Texte	Beurteilungskriterien: z.B. Inhalt, Länge, Stil	Art des Inhalt, Zahl der Worte, ...
Beobachtete Objekte, z.B. Menschen im Lokal	Beobachtete Aktivitäten, z.B. trinken, sich unterhalten	Intensität der Handlung, z.B. Anzahl Biere, Anzahl der Gesprächspartner, ...

Die Ausprägungen werden oft in Zahlen dargestellt, d.h. codiert. Aus den Urlisten werden die Daten in eine Tabelle in der Weise eingetragen, dass die Fälle untereinander und die Merkmale nebeneinander stehen. Dadurch wird die „Rohdatenmatrix" aufgespannt, die oben beschrieben wurde. Voraussetzung für statistische Auswertung ist: jeder Fall besitzt in bezug auf jedes Merkmal nur genau eine Ausprägung.

Um sich in den Rohdaten zurechtzufinden, werden meist folgende Bezeichnungen verwendet.

Bezeichnungen:
X bezeichnet ein Merkmal. Wenn das Merkmal kategorial ist, bezeichnet X_k die k-te Ausprägung des Merkmals. X_k = evangelisch bedeutet dann, dass „evangelisch" den Code k bekommen hat.

Mit x_i wird die Ausprägung des i-ten Falls bzgl. des Merkmals X bezeichnet. $x_i = X_k$ bedeutet also, dass der i-te Fall die k-te Ausprägung besitzt.

Beispiel: X = Konfession, X_1 = evangelisch, X_2 = katholisch; x_i = 2 heißt: Fall i ist katholisch.

Wenn das Merkmal stetig ist, schreibt man x_i = X, wobei X für den Wert des i-ten Falls steht.

Beispiel: X = Kinderzahl, x_i = 2, oder X = Einkommen, x_i = 4762,39 DM.

Die Gesamtzahl der Fälle eines Datensatzes wird mit N oder n bezeichnet.

4.2 Häufigkeitsverteilungen

Die Verfahren, die im folgenden dargestellt werden, stellen den Anfang jeder Art statistischer Auswertung dar. Sie verschaffen einen möglichst differenzierten Einblick darüber, wie ein bestimmtes Merkmal in einer Population verteilt ist. Verteilt sein heißt dabei, mit welcher Häufigkeit die Ausprägungen des Merkmals jeweils vorkommen.

Definition: Die Häufigkeits-Verteilung (auch kurz „**Verteilung**") eines Merkmals ist die Darstellung seiner Ausprägungen im Verhältnis ihres Auftretens in den Fällen.

Um eine Häufigkeits-Verteilung eines Merkmals X zu konstruieren, wird eine Tabelle angelegt, in der die einzelnen Ausprägungen und die Anzahl ihres Auftretens, d.h. die Zahl der Fälle mit dieser Ausprägung, festgehalten werden. Die absolute Häufigkeitsverteilung eines Merkmals bezeichnet man dann mit f(X). Die Häufigkeit der Ausprägung k eines kategorialen Merkmals X ist dann $f(X_k)$ (f für engl. frequency).

Beispiel: Die 20 Rohdaten bestehen aus den Codierungen der Antworten auf die Frage V377 des ALLBUS 1994: „sollten Paare schon vor der Heirat zusammenleben dürfen?", mit folgenden Werten:
1,2,2,5,2,1,4,2,2,3,1,1,3,2,2,4,1,1,2,2.

Die Häufigkeitstabelle besteht dann zunächst aus den ersten beiden Spalten der folgenden Tabelle:

Häufigkeitsverteilung V377

Zusammen.-leben ohne Heirat?	Absolute Häufigkeit f(X)	Relative Häufigkeit p(X)	Prozentuale Häufigk. Proz(X)
Stimme voll zu (Code 1)	6	6/20 = 0,3	30
Stimme zu (Code 2)	9	9/20 = 0,45	45
Weder noch (Code 3)	2	2/20 = 0,1	10
Stimme nicht zu (Code 4)	2	2/20 = 0,1	10
Stimme überhaupt nicht zu (Code 5)	1	1/20 = 0,05	5
Insgesamt	N = 20	1, 000	100,00

Dabei stellt sich eine erste Schwierigkeit ein: bei Merkmalen mit nominalem oder ordinalem Skalenniveau kann man die linke Spalte sofort hinschreiben, bei Maßzahlen mit metrischem Skalenniveau jedoch müssen Zusammenfassungen vorgenommen werden, um in der linken Spalte nicht genauso viele Ausprägungen wie Fälle zu erhalten. Für das Merkmal „Alter" derselben Personen z.B. müssen sinnvollerweise die metrischen Antworten zusammengefasst werden zu einer Handvoll Kategorien, den sog. Messwert-Klassen.

Seien die Rohdaten für das Lebensalter der oben befragten Personen die folgenden:
18,64,30,37,25,48,41,70,63,22,24,49,39,68,20,73,54,57,26,79.
Hier ist der Minimalwert der Angaben 18. Bildet man dann z.B. Messwertklassen von 10 Altersjahren, sieht die Häufigkeitsverteilung wie folgt aus:

Häufigkeitsverteilung „Lebensalter" (10-Jahres-Klassen)

Alter	Absolute Häufigkeit $f(Y)$	Relative Häufigkeit $p(X)$	Proz. Häufigkeit $Proz(X)$
18 - 28 Jahre	6	6/20 = 0,3	30,0
28 – 37 Jahre	2	2/20 = 0,1	10,0
38 - 47 Jahre	2	2/20 = 0,1	10,0
48 – 57 Jahre	4	4/20 = 0,2	20,0
58 – 67 Jahre	2	2/20 = 0,1	10,0
68 – 77 Jahre	3	3/20 = 0,15	15,0
78 – 87 Jahre	1	1/20 = 0,05	5,0
Insgesamt	N = 20	1,0	100,0

Wenn man jedoch nur 3 Klassen „Jüngere", „Lebensmitte" und „Ältere" bildet, die man forschungspragmatisch festgelegt hat, kann man zu folgender Häufigkeitstabelle kommen:

Häufigkeitsverteilung „Lebensalter" (3 Messwertklassen)

Alter	Absolute Häufigkeit f(Y)	Relative Häufigkeit p(Y)	Proz. Häufigkeit Proz(Y)
„Jüngere" (= unt. 28 Jahre)	6	6/20 = 0,3	30
„Lebensmitte" (= 28 – 59 Jahre)	8	8/20 = 0,4	40
„Ältere" (= über 59 Jahre)	6	6/20 = 0,3	30
Insgesamt	N = 20	1,000	100,0

Offenbar geht bei der Zusammenfassung von metrischen Variablen zu Messwertklassen ein gewisses Maß an Information, das die Daten beinhalten, verloren, das sich in der Beliebigkeit der Zusammenfassung ausdrückt. Dieser Verlust kann übrigens hochpolitisch sein: er macht z.B. in der Diskussion um die Zusammenfassung von Wahlkreisen bei Verkleinerungen des Parlaments die Brisanz aus. Liegen Daten nur in der Form von Messwert-Klassen vor, spricht man von „gruppierten Daten". Wenn in einer Veröffentlichung nur gruppierte Daten veröffentlicht sind, ist deshalb Vorsicht angebracht; es kann sich bei einer anderen Gruppierung ein sehr unterschiedliches Bild der Verteilung ergeben. Eine feinere Unterteilung ist übrigens immer vorzuziehen.

> *Definition.*: Bei einer Zusammenfassung von Ausprägungen zu Gruppen heißen diese **Messwertklassen** und die sich daraus ergebenden Daten **gruppierte Daten**.

Will man nun zwei verschiedene absolute Häufigkeitstabellen miteinander vergleichen, so scheitert das meist daran, dass die Gesamtzahl N der Fälle unterschiedlich groß ist. Deshalb werden die absoluten Häufigkeiten so umgerechnet, dass sie normiert sind. Dazu gibt es zwei weitere Möglichkeiten der Darstellung der Häufigkeiten: die relative und die prozentuale Häufigkeit. Die relative

Häufigkeit ist die absolute Häufigkeit geteilt durch die Gesamtzahl der Fälle und wird auch als „Anteil" bezeichnet, die prozentuale Häufigkeit ist die relative Häufigkeit _ 100. Wenn die Gesamtzahl der Fälle N ist, dann gilt:

> *Definition*: Sei f(X) die **absolute Häufigkeit** einer Merkmalsausprägung, dann ist
> $p(X) = f(X)/N$ die **relative Häufigkeit** (auch **Anteil**) und
> $Proz(X) = p(X) \cdot 100$ die **prozentuale Häufigkeit**.

In den beiden obigen Tabellen ist ebenfalls die relative und prozentuale Häufigkeit dargestellt. Um eine Kontrolle darüber zu haben, ob richtig gerechnet worden ist, sollten immer die Summen über die verschiedenen Häufigkeiten berechnet werden. Deshalb ist bei jeder Tabelle unbedingt immer eine „Insgesamt" – Zeile hinzuzufügen! Es gilt

$$\sum_{\text{alle } k} f(X_k) = N, \quad \sum_{\text{alle } k} p(X_k) = 1{,}0, \quad \sum_{\text{alle } k} Proz(X_k) = 100{,}0$$

> Exkurs:
> Definition des **Summenzeichens** am Beispiel
> Sei X ein Merkmal mit 4 Kategorien k, die mit „1", „2", „3" und „4" bezeichnet sind. Die Häufigkeitstabelle bestehe aus $f(1) = 3$, $f(2) = 7$, $f(3) = 4$, $f(4) = 6$. Anzahl Fälle sei $N = 20$
>
> $$\sum_{k=1,2,3,4} f(k) = f(1) + f(2) + f(3) + f(4) = 3 + 7 + 4 + 6 = 20 = N$$

Die Häufigkeitsverteilung enthält – für nicht-gruppierte Daten – die maximale statistische Information über dieses einzelne Merkmal, mehr kann man darüber nicht wissen. An Hand der Häufigkeitsverteilung kann man schon erste Vermutungen über die Daten anstellen. So sieht man an der Häufigkeitsverteilung oft, in welchem Bereich die meisten Ausprägungen liegen; weiter kann man erkennen, ob alle Ausprägungen etwa gleichviel angenommen werden oder ob im anderen Extremfall eine einzige Ausprägung fast alle Fälle umfasst.

Die Hauptaufgabe der Statistik kann man dahingehend beschreiben, die Häufigkeitsverteilungen von Merkmalen zu kennzeichnen und in Beziehung zu setzen:

Aufgaben der Statistik:
Die Häufigkeits-Verteilung durch möglichst wenige Kennzahlen, sog. Parameter, ausreichend zu beschreiben.
Die Häufigkeits-Verteilung mit bekannten mathematisch-theoretisch hergeleiteten Verteilungen zu vergleichen.
Die Häufigkeits-Verteilungen zweier oder mehrerer Merkmale – u.a. mit Hilfe ihrer Kennzahlen - daraufhin zu vergleichen, ob die Merkmale in irgendeiner Weise miteinander verkoppelt sind.

Deshalb ist die Häufigkeits-Verteilung als Tabelle oder Grafik Bestandteil jeder statistischen Auswertung, weil sie den ersten und umfassendsten Überblick über ein Merkmal verschafft.

4.3 Kumulierte Häufigkeiten

Die absoluten Häufigkeiten können noch in einer anderen Weise dargestellt werden, in der sog. kumulierten Häufigkeit.

Definition: Die **kumulierte Häufigkeitsverteilung F** gibt zu jedem Wert der Merkmalsausprägung an, wieviele Fälle kleiner oder gleich diesem Wert sind.

Man schreibt die kumulierte Verteilung mit großem F. So ergibt sich für einen Wert a eines diskreten Merkmals X:

$$F(a) = \sum_{X \leq a} f(X).$$

An der Definition wird deutlich, dass die kumulierte Häufigkeit für nominale Daten keinen Sinn hat, da dort die Relation „<" (kleiner) nicht definiert ist.

Zur Berechnung der kumulierten Häufigkeit des obigen ersten Beispiels führt man die Kumulation erst für die absoluten Zahlen durch und berechnet dann den relativen Wert.

Kumulierte Häufigkeitsverteilung V377

Zusammenleben ohne Heirat?	absolute Häufigkeit f(X)	kumulierte absolute Häufigkeit	Relative kumulierte Häufigkeit F(X)
Stimme voll zu (Code 1)	6	6	6/20 = 0,3
(Code 2)	9	6+9 = 15	15/20 = 0,75
Weder noch (Code 3)	2	15+ 2 = 17	17/20 = 0,85
(Code 4)	2	17+ 2 = 19	19/20 = 0,95
Stimme überh. nicht zu (5)	1	19+ 1 = 20	1,000
Insgesamt	N = 20		

Definition: Die Funktion F der **kumulierten relativen Häufigkeiten** heißt auch **Verteilungsfunktion** des Merkmals. Sie hat 2 Eigenschaften:
1. Ihre Werte liegen zwischen 0 und 1.
2. Sie wächst monoton von 0 auf 1.

Man beachte, dass der Begriff der Verteilung nunmehr zwei unterschiedliche Bedeutungen hat, die aber strikt miteinander zusammenhängen, nämlich einmal die Häufigkeitsverteilung und zum anderen die kumulierte Verteilungsfunktion. Genauer ist es so, dass der Zusammenhang zwischen beiden für metrische Variable genau der der Differentiation ist. Die Häufigkeitsverteilung ist die erste Ableitung der Verteilungsfunktion.

Tabelle 4.2 zeigt, wie Häufigkeitstabellen in der Statistik-Analyse von SPSS aussehen (V377 ALLBUS 94).

Tabelle 4.2: Häufigkeitstabelle in SPSS

ZUSAMMENLEBEN OHNE EHE IST IN ORDNUNG

		Häufigkeit	Prozent	Gültige Prozente	Kumulierte Prozente
Gültig	STIMME VOLL ZU	829	24,0	25,6	25,6
	STIMME ZU	1406	40,8	43,4	68,9
	WEDER NOCH	364	10,6	11,2	80,2
	STIMME NICHT ZU	434	12,6	13,4	93,6
	ST.GAR NICHT ZU	209	6,1	6,4	100,0
	Gesamt	3242	94,0	100,0	
Fehlend	KEIN ISSP	29	,8		
	KANN ICH NICHT SAGEN	166	4,8		
	KEINE ANGABE	13	,4		
	Gesamt	208	6,0		
Gesamt		3450	100,0		

Die Prozentuierung wird zweimal vorgenommen, einmal mit den „fehlenden Werten" (keine Angabe etc.) und einmal ohne. Wichtig zu wissen ist, dass SPSS keine Zusammenfassung in Messwertklassen bei intervallskalierten Daten vornimmt, sondern alle einzelnen Werte in der Tabelle aufführt.

4.4 Grafische Darstellung der Häufigkeitsverteilung eines Merkmals

Es bietet sich an, die Häufigkeits-Verteilung eines Merkmals grafisch darzustellen. Die grafische Darstellung von Verteilungen ist mittlerweile sehr weit verbreitet, insbesondere in den Medien. Dabei werden oft Fehler gemacht, die teilweise so groß sind, dass man an Manipulationen von Daten denken kann. Grafiken sind aber deshalb besonders gut geeignet, weil sie eine Menge von Informationen in einem Bild zusammenziehen können und so mit einer Grafik oft mehrere Tabellen oder eine Menge Text ersetzt werden können.

Um Fehler bei der grafischen Darstellung zu vermeiden, sollte man sich an einige Grundprinzipien halten. Die Grafiken sollten
- übersichtlich und verständlich sein,
- ausreichend gekennzeichnet sein,
- mathematisch genaue Umsetzung von Zahlen in grafische Objekte darstellen.

Die meisten Grafiken stellen in irgendeiner Weise Häufigkeitsverteilungen dar. Sie sind deshalb zweidimensional. Ihnen unterliegt also in den meisten Fällen ein Achsenkreuz mit zwei Achsen. Welche der beiden Dimensionen auf den Achsen dargestellt sind, sollte grundsätzlich gleich gehandhabt werden. Es gibt deshalb ein Grundprinzip dafür:
- die Ausprägungen des Merkmals stehen auf der Abszisse (horizontale Achse, X-Achse)
- die Häufigkeiten jeder Ausprägung stehen auf der Ordinate (vertikale Achse, Y-Achse)

Die Darstellungsformen unterscheiden sich nun genau nach den Unterschieden des Skalentyps der Daten. Kategoriale Daten haben andere Darstellungsformen als metrische Daten. Die einfachste Form bei den kategorialen Daten ist das Balkendiagramm.

> *Definition*: Ein **Balkendiagramm** ist eine Darstellung einer Häufigkeitsverteilung von kategorialen, insbesondere nominalen Daten in Säulenform, wobei sich die Säulen nicht berühren.

Das Balkendiagramm soll andeuten, dass es sich auf der Abszisse um Ausprägungen von Daten handelt, die nicht in irgendeiner Weise aneinander anschließen. Das ist z.B. bei Konfession der Fall. Deshalb sollte ein Spalt zwischen den Balken bestehen bleiben (s. Abb. 4.1; Konfession = Frage V321 in ALLBUS 94).

51

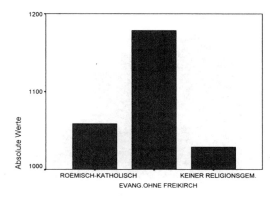

Abbildung 4.1: Balkendiagramm „Konfessionszugehörigkeit"

Definition: Ein **Histogramm** ist eine Darstellung einer Häufigkeitsverteilung von ordinalen oder gruppierten Daten in Säulenform, wobei die Säulen aneinander anschließen. Ein **Polygonzug** verbindet die Mitten eines Histogramms.

Im Fall der Antworten auf die Frage nach dem Zusammenleben ohne Trauschein jedoch schließen die Antworten aneinander an, so dass ein Histogramm angebracht ist. Ebenfalls stellt man bei gruppierten Daten, d.h. nach einer Messwertklassenbildung, bei der metrische Werte eingeteilt wurden, die Säulen direkt anschließend nebeneinander, um anzudeuten, dass der größte Wert der einen Säule und der kleinste Wert der nächsten Säule direkt aneinander anschließen. Als Beispiel das Histogramm der Altersverteilung in Abbildung 4.2 (V247 in ALLBUS 94).

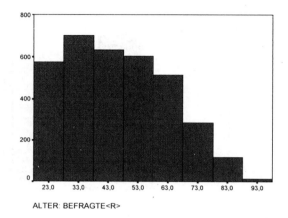

Abbildung 4.2: Histogramm der Altersverteilung in 10-Jahres-Messwertklassen

Um zu verdeutlichen, dass es sich um metrische Daten handelt, kann man ebenfalls einen sogenannten Polygonzug als Darstellungsform wählen. Das ist eine geschlossene Kurve, die jeweils die Mitte der Säulenspitzen verbindet.

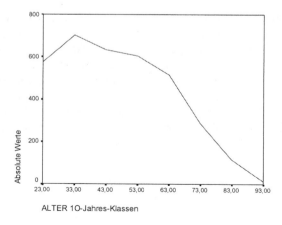

Abbildung 4.3: Altersverteilung in 10-Jahres-Klassen als Polygonzug

Ein Histogramm für ein metrisches Merkmal stellt die Daten der Urliste in etwas verfremdeter Form dar, wie sie vorliegen. Hier ist entscheidend, welche Breite die jeweilige Messklasse hat.

Im Fall der Altersverteilung kann man sogar die Rohdaten selbst darstellen und mit dem Histogramm vergleichen:

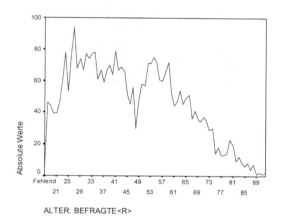

Abbildung 4.4: Altersverteilung absolut

Das Histogramm sieht im übrigen vollkommen gleich für alle drei Häufigkeits-Arten (absolut, relativ oder prozentual) aus, dadurch ändert sich nur die Bezeichnung (Skalierung) der y-Achse.

Unabhängig von der Messklasseneinteilung bleibt die Form der Kurve in etwa gleich und wirkt nur verschieden grob (s. Abbildungen 4.2 bis 4.6). Das lässt sich mathematisch dadurch erklären, dass die Fläche unter der Kurve immer gleich groß bleiben muss, da ja immer dieselbe absolute Anzahl von Fällen in verschiedener Weise aufgeteilt wird. In prozentualen Häufigkeiten gemessen, muss die Fläche unter den verschiedenen Messklasseneinteilungen immer 100%, bzw. in relativen Häufigkeiten gemessen, immer genau 1.0 ergeben. Bei Einteilung in Messwertklassen ungleicher Breite muss das im Histogramm berücksichtigt werden!

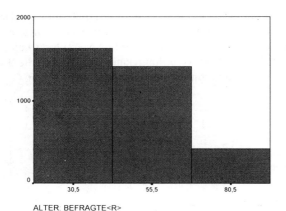

ALTER: BEFRAGTE<R>

Abbildung 4.5: Altersverteilung mit nur 3 Messklassen

Beim Alter handelt es sich hier immer noch um diskrete Daten, aber man kann sich vorstellen, dass das Alter noch feiner gemessen wird. Dann geht der Polygonzug über in eine stetige Funktion zwischen Ausprägungen und Häufigkeit.

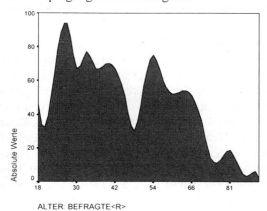

ALTER: BEFRAGTE<R>

Abbildung 4.6: „Dichtefunktion" der Altersverteilung und relative Häufigkeit einer Messwertklasse

Mit der Annahme von unendlich vielen Daten heißt eine solche Funktion „Dichtefunktion". Die Fläche unter einer solche Funktion ist dann ebenfalls = 100% bzw. als relative Häufigkeit gemessen = 1.0. Bei Vorhandensein einer solchen Funktion kann die relative Häufigkeit für eine beliebige Messwertklasse angegeben werden: es ist der Wert der Fläche unter der Dichtefunktion innerhalb der Grenzen der Messwertklasse.

Eine solche Dichtefunktion stellt praktisch nicht mehr einen Datensatz, der ja immer nur endlich sein kann, sondern ein dahinterliegendes Prinzip dar, wie jeder endliche Datensatz dieses Merkmals im Prinzip verteilt sein müsste. Dichtefunktionen spielen später deshalb eine Rolle für theoretische Verteilungen, die in der Inferenz-Statistik benötigt werden. (s.a. Kap. 7.1).

Die kumulierte Häufigkeit, die ja sowieso nur Sinn macht für mindestens ordinalskalierte Daten, zeichnet man immer als Funktion, d.h. als durchgehender Linienzug, also „Polygonzug". Bei metrischen Daten kann man dabei leicht alle einzelnen Fälle in der Darstellung berücksichtigen. Man zeichnet nicht mehr die kumulierten Häufigkeiten der einzelnen Messklassen, sondern einen Linienzug, der bei jedem vorkommenden Wert um so viel steigt, wie Fälle dafür stehen.

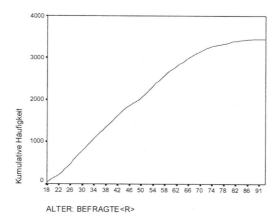

Abbildung 4.7: absolute kumulierte Verteilungsfunktion des Alters

Alle bis jetzt entwickelten Begriffe wie Häufigkeitsverteilung, Verteilungsfunktion, Dichtefunktion usw. werden später in ganz analoger Weise wieder verwendet, um nicht empirisch ermittelte Datensätze, sondern aus mathematischen Formeln theoretisch agbeleitete Verteilungen, insbesondere Wahrscheinlichkeitsverteilungen, zu beschreiben.

4.5 Die Häufigkeitsverteilung zweier Merkmale

Bisher wurden Darstellungen nur für ein Merkmal bzw. eine Variable behandelt, die sog. univariate Häufigkeitsverteilung. Bei empirischen Daten hat aber fast immer jeder Fall in der Population mehrere Merkmale: man stellt z.b. in Interviews den Befragten, d.h. den Fällen, mehrere Fragen, meist sogar einige hundert, oder beobachtet mehrere Aktivitäten gleichzeitig, oder hat für einen Text mehrere Auswertungskategorien. In welcher Weise wird die Häufigkeit zweier Merkmale gleichzeitig beschrieben? Als Beispiel diene die Frage nach dem Zusammenleben vor der Heirat, und die Einteilung der Befragten im Alter wie oben in die Kategorien „Junge", „Mitte" und „Ältere". Von diesen zwei kategorialen Merkmalen hat das eine 5 und das andere 3 Ausprägungen. Jeder Fall, d.h. jede Person ist damit in bezug auf diese beiden Merkmale durch eine von 15 Möglichkeiten charakterisiert, nämlich durch die Kombination von 5 möglichen Ausprägungen des ersten Merkmals mit 3 möglichen Ausprägungen des zweiten Merkmals, denn die Anzahl k der Kombinationen zweier Merkmale mit n und m Ausprägungen ist $k = n \cdot m$

Für die weitere Analyse muss man also den Wert von 15 absoluten Häufigkeiten auszählen. Man stellt diese so dar, dass die Ausprägungen des ersten Merkmals in der Horizontalen, das des zweiten Merkmals in der Vertikalen abzulesen sind. Das ist eine sog. Kreuztabelle:

Zusammenleben ohne Heirat?	„Junge" (18-27)	„Mitte" (28-59)	„Ältere" (≥ 60)	Summe
Stimme voll zu (1)	3	3	-	6
Stimme zu (2)	2	5	2	9
Weder noch (3)	1	-	1	2
Stimme nicht zu (4)	-	1	1	2
St.überh. nicht zu (5)	-	-	1	1
Summe	6	9	5	20

Jede der 15 Kombinationsmöglichkeiten beider Eigenschaften steht genau in einer Zelle innerhalb der Kreuztabelle. Dazu gibt es zwei Summenspalten, indem jeweils auf eines der beiden Merkmale aufsummiert wird. Diese Summenspalten heißen die „Randverteilungen" der Kreuztabelle. Offenbar ist die Randverteilung eines Merkmals in einer Kreuztabelle identisch mit seiner Häufigkeitsverteilung als univariates Merkmal.

> *Definition*: Die beiden **Randverteilungen** einer **Kreuztabelle** sind die Häufigkeitsverteilungen jedes der beiden Merkmale und stehen in den jeweiligen Summenspalten. Jede **Zelle** in der Kreuztabelle enthält die Anzahl der Fälle, die die jeweilige Ausprägung der beiden Merkmale besitzen, durch die die Zelle gebildet wird.

Eine solche Kreuztabelle bietet nun die Möglichkeit, das eine Merkmal im Hinblick auf die Ausprägungen des anderen Merkmals zu vergleichen. In jeder Zeile und Spalte steht nämlich auch eine Häufigkeitsverteilung, und zwar jeweils für eine bestimmte Ausprägung eines Merkmals. So kann man die Altersgruppen in bezug auf ihre Bewertung des Zusammenlebens ohne Trauschein vergleichen: wie man sieht, nimmt die Meinung „dagegen" um so mehr zu, je älter die Personen werden. Bivariate Verteilungen stellen damit Zusammenhänge zwischen den beiden Variablen dar.

Allerdings gibt es unter den Befragten auch mehr Junge und Mittlere als Alte. Um einen besseren Vergleich zu bekommen, kann man deshalb wieder die absoluten Zahlen relativieren bzw. prozentuieren.

Um relative oder prozentuale Häufigkeiten zu bilden, hat man bei einer Kreuztabelle drei Möglichkeiten: man kann auf die Gesamtsumme der Fälle oder auf eine der beiden Randverteilungen prozentuieren. In den letzten Fällen spricht man von Zeilen- oder Spaltenprozenten, je nachdem, ob die Summenspalte der Zeilen oder die Summenzeile der Spalten die jeweiligen 100% bilden.

Beispiel für Zeilenprozente: die bedingte prozentuale Verteilung der Altersgruppen unter der Bedingung voller Zustimmung zum Zusammenleben ohne Trauschein:

Zusammenleben ohne Heirat?	„Junge" (18-27)	„Mitte" (28-59)	„Ältere" (≥ 60)	Summe
Stimme voll zu (1)	50,0	50,0	0,0	100,0

Beispiel für Spaltenprozente: bedingte prozentuale Verteilung der Zustimmung zum Zusammenleben ohne Trauschein unter der Bedingung der Altersgruppe „Jüngere"

Zusammenleben ohne Heirat?	Alter „Junge" (18-27)
Stimme voll zu (1)	50,0
Stimme zu (2)	33,0
Weder noch (3)	17,0
Stimme nicht zu (4)	0,0
Stimme überhaupt nicht zu (5)	0,0
Summe	100,0

Definition: Die Verteilung eines Merkmals X unter der Bedingung, dass ein anderes Merkmal Y eine bestimmte Ausprägung hat, heißt **bedingte Verteilung von X unter Y**.

Der Vergleich der bedingten Verteilungen stellt den Zusammenhang der beiden Variablen her. Da in diesen Beispieldaten etwas wenig Fälle sind, folgen hier die Daten aus dem ALLBUS 1994 für dieselben Merkmale:

ZUSAMMENLEBEN OHNE EHE IST IN ORDNUNG * Alter trichotomisiert Kreuztabelle

% von Alter trichotomisiert

		Alter trichotomisiert			Gesamt
		bis 27	28-59	60 und mehr	
ZUSAMMENLEBEN OHNE EHE IST IN ORDNUNG	STIMME VOLL ZU	43,5%	26,4%	9,1%	25,5%
	STIMME ZU	43,3%	47,3%	32,4%	43,4%
	WEDER NOCH	5,9%	11,0%	16,0%	11,2%
	STIMME NICHT ZU	5,2%	10,6%	27,6%	13,4%
	ST.GAR NICHT ZU	2,1%	4,6%	15,0%	6,4%
Gesamt		100,0%	100,0%	100,0%	100,0%

Eine mögliche Interpretation der Tabelle ist, dass sich die Einstellung zu Heirat als Bedingung für Zusammenleben innerhalb der letzten zwei Generationen von „als allgemein üblich angesehen" zu „nicht notwendig" verändert hat.

Was geschieht nun, wenn es sich nicht um zwei kategoriale Merkmale, sondern um zwei metrische Merkmale handelt? Es ist klar, dass für zwei metrische Merkmale, die unendlich viele Werte annehmen können, eine solche Kreuztabelle nur wieder aufgestellt werden kann, wenn die Ausprägungen beider Merkmale in Messwert-Klassen eingeteilt werden, mit dem entsprechenden Informationsverlust. Die bivariate Häufigkeits-Verteilung von zwei metrischen Merkmalen wird deshalb im Allgemeinen nicht in einer Tabelle, sondern grafisch dargestellt.

4.6 Grafische Darstellung von bivariaten Verteilungen

Die Darstellung unterscheidet sich wieder zwischen kategorialen und metrischen Merkmalen. Die häufigsten Darstellungsarten sind *für kategoriale Daten:*
- (nur bei wenigen Ausprägungen) pro Balken weiter unterteiltes Balkendiagramm (s. Abb. 4.8),
- drei-dimensionales Balkendiagramm (auch „Säulendiagramm", s. Abb. 4.9),

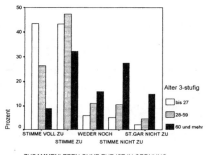

Abbildung 4.8: Gruppiertes Balkendiagramm

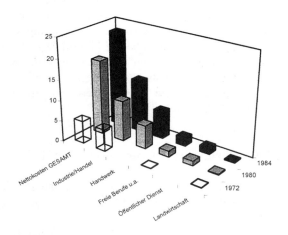

Abbildung 4.9: Drei – dimensionales Säulendiagramm

für metrische Daten:
- das Streuungs- bzw- Punkte –Diagramm (s. Abb. 4.10).

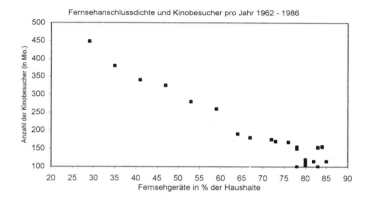

Abbildung 4.10: Punkte- bzw. Streuungsdiagramm einer bivariaten Verteilung: Fernsehanschlussdichte und Kinobesucher pro Jahr 1962 - 1986

Die gemeinsame Häufigkeitsverteilung von drei und mehr Merkmalen wird durch weitere Unterteilung der Tabellen erreicht. So kann man das obige interessante Ergebnis des Wandels bzgl. der Notwendigkeit von Heirat noch weiter differenzieren, indem man als drittes Merkmal zusätzlich das Geschlecht hinzunimmt. Wie man ein drittes Merkmal zusätzlich in der Tabelle unterbringt, dafür gibt es nun schon mehrere Möglichkeiten. Man kann entweder zwei getrennte Kreuztabellen schreiben, eine für Männer und die andere für Frauen. Bei Merkmalen mit sehr wenigen Kategorien, wie eben bei diesem Beispiel das dichotome Merkmal Geschlecht, ist es aber auch möglich, innerhalb der Tabelle noch einmal zu unterteilen. Dann erhält man folgendes Ergebnis (zusätzlich V330 = Geschlecht in ALLBUS 94)

Tabelle 4.3: Weiter unterteilte Kreuztabelle

		Alter trichotomisiert					
		bis 27		28-59		60 und mehr	
		GESCHLECHT, BEFRAGTE<R>		GESCHLECHT, BEFRAGTE<R>		GESCHLECHT, BEFRAGTE<R>	
		MANN	FRAU	MANN	FRAU	MANN	FRAU
		Spalten%	Spalten%	Spalten%	Spalten%	Spalten%	Spalten%
ZUSAMMENLEBEN OHNE EHE IST IN ORDNUNG	STIMME VOLL ZU	41,7%	45,6%	26,1%	26,7%	7,9%	9,9%
	STIMME ZU	45,3%	40,9%	46,9%	47,8%	35,5%	30,0%
	WEDER NOCH	6,0%	5,8%	11,3%	10,7%	16,1%	15,9%
	STIMME NICHT ZU	4,7%	5,8%	10,9%	10,4%	26,0%	28,8%
	ST.GAR NICHT ZU	2,3%	1,9%	4,8%	4,4%	14,5%	15,4%

Wie interpretiert man diese Tabelle? Zusätzlich zu dem obigen Ergebnis, dass hier ein Wandel der Einstellung zur Heirat über die Generationen stattgefunden hat, ergibt sich hier die Möglichkeit, festzustellen, ob dieser Wandel bei Männern und Frauen unterschiedlich verlaufen ist. Die Unterschiede zwischen Männern und Frauen sind in jeder der drei Altersgruppen erheblich geringer als die zwischen den Altersgruppen. D.h. der festgestellte Einstellungswandel hat sich gleichermaßen für beide Geschlechter ereignet. Um die Unterschiede genauer festzustellen, ist wieder auf die Spalten prozentuiert worden, denn in absoluten Zahlen gibt es ein Drittel mehr ältere Frauen als Männer. An dieser prozentuierten Tabelle sieht man genauer, dass so gut wie keine Unterschiede zwischen den Geschlechtern bestehen. Ein geringer Unterschied ist bei den „Jungen" festzustellen: die Frauen sind hier noch entschiedener als die Männer für ein Zusammenleben ohne Trauschein.

Stellt man sich nun vor, noch mehr Merkmale hinzuzunehmen, so gelangt man schon an die Grenzen der Darstellungsmöglichkeiten in Tabellen und Grafiken, da mehr als 3 Dimensionen für uns nicht erfassbar sind. Deshalb dient ein beträchtlicher Teil der Verfahren der höheren Statistik (Faktorenanalyse, Clusteranalyse, mehrdimensionale Skalierung (MDS), ...) dazu, eine Vielzahl von Dimensionen auf für uns interpretierbare und darstellbare zwei zu reduzieren. Eine solche mehrdimensionale Häufigkeits-Verteilung der Personen auf viele wichtige Merkmale könnte aber zeigen, dass bestimmte Merkmalskombinationen gehäuft auftreten. Letztlich gäbe dann eine vieldimensionale Grafik oder Kreuztabelle der gemeinsamen Verteilung von wesentlichen sozialen Merkmalen genau das wieder, was man unter Sozialstruktur versteht: nämlich die Tatsache, dass man soziale „Schichten", „Lagen" , „Gruppen" oder wie man sie auch immer nennen will, erkennen kann, die sich dadurch abgrenzen lassen, dass sie jeweils hinsichtlich einer unterschiedlichen Menge der sozialen Merkmalen ähnlich sind.

Weitere Literatur zu diesem Kapitel: Clauß u.a. 1995[2]: 23-36, 63-66 Hochstädter: 35-56, 103-112, Kühnel/Krebs: 41-50, 56-63

Übungsaufgaben:
1. Die folgende bereits geordnete Urliste enthält die Zahl der Stunden, die 20 befragte Personen als die Zeit angeben haben, die sie in einer Woche vor dem Fernseher sitzen:
    0,0,4,4,6,6,6,12,12,16,16,16,20,20,20,20,30,30,40,40
a) Erstellen Sie eine Tabelle der absoluten und relativen Häufigkeiten.
b) Stellen Sie die absolute Verteilung, sinnvoll gruppiert, grafisch dar.
2. 30 Schüler wurden in 3 etwa gleich große, begabte und vorgebildete Gruppen eingeteilt, um an einem Experiment teilzunehmen, das die Wirkung von Videos auf das Lernen messen soll. Dazu nimmt jede Gruppe an einem Lerntest teil, mit dem der Lernerfolg gemessen wird (0=nicht bestanden; 1= bestanden): eine Gruppe ohne, die zweite nach einmaligen und die dritte nach 2-Mal wiederholtem Sehen desselben Lern-Videos. Es ergibt sich folgende Urliste:

Video nie gesehen	0	0	1	1	0	1	0	1	0	0
1 Mal gesehen	1	0	1	1	0	1	1	0	1	1
2 Mal gesehen	1	1	0	1	0	1	1	1	1	1

Präsentieren Sie das Ergebnis in einer Kreuztabelle.

Kapitel 5: Lageparameter

In diesem Kapitel wird damit begonnen, die Häufigkeitsverteilung von Daten mit Hilfe von Kennzahlen, sog. Parametern, zu beschreiben.

> *Definition*: **Parameter** oder **Kennwerte** einer Häufigkeitsverteilung sind Kenngrößen, mit deren Hilfe die Verteilung z.T. oder vollständig rekonstruiert werden kann.

Die Parameter, die in diesem Kapitel beschrieben werden, beschäftigen sich mit der Lage der Verteilung eines Merkmals. Durch die möglichen Ausprägungen des Merkmals ist ja eine Skala vorgegeben: Z.B. kann eine Fragebogen - Frage mit einer Zahl von 1 bis 7 beantwortet werden, oder das erhobene Einkommen kann von 0 bis zu ein paar Millionen gehen. Die Lageparameter geben Auskunft darüber, an welcher Stelle dieser möglichen Skala sich die Fälle am auffälligsten häufen. Je nach Skalenniveau und nach Fragestellung gibt es unterschiedliche Lageparameter. Die wichtigsten sind der Modus oder Modalwert, der Median oder Zentralwert und das arithmetische Mittel bzw. Mittelwert. Die Daten, die im folgenden verwendet werden, stammen wieder aus dem Datensatz des ALLBUS von 1994 und stellen somit die Verteilungen wichtiger soziodemografischer Merkmale in der Bevölkerung Deutschlands dar, da alle Ergebnisse dieser Daten auch verallgemeinert werden können, wie in den nächsten Kapiteln gezeigt werden wird.

5.1 Der Modus

Definition: Der **Modus** oder **Modalwert D** einer kategorialen Häufigkeitsverteilung ist der Wert der häufigsten Merkmalsausprägung. Sind mehrere Ausprägungen gleich häufig, so gibt es mehrere Modalwerte.

Damit ist der Modalwert nur definiert für kategoriale Variablen. Will man den Modus einer intervallskalierten Variablen berechnen, muss man sie vorher in Messklassen einteilen, so dass sie kategorial wird. Als Beispiel folgt die Verteilung der Religionszugehörigkeit in Großstädten und ländlichen Gebieten (V321 in ALLBUS 94):

Tabelle 5.1: Religionszugehörigkeit in ländlichen Gebieten und Großstädten

Ländliche Gebiete (< 20000 Ew.)	f(X)	Proz(X)
römisch-katholisch	418	35,5
evangelisch ohne Freikirche	439	37,2
evangelische Freikirchen	22	1,9
andere christliche Religionen	11	0,9
andere nicht-christl. Religionen	3	0,3
keine Religionsgemeinschaft	286	24,3
Total	1179	100,0

Großstädte (> 500000 Ew.)	f(X)	Proz(X)
röemisch-katholisch	313	26,1
evangelisch ohne Freikirche	391	32,6
evangelische Freikirchen	27	2,3
andere christliche Religionen	26	2,2
andere nicht-christl. Religionen	33	2,8
keine Religionsgemeinschaft	409	34,1
Total	1200	100,0

Damit ergibt sich im ersten Fall mit den Häufigkeiten 418, 439, 22, 11, 3, 286 als häufigster Wert der Modalwert 2 = Evangelisch (ohne Freikirche) mit 439 Fällen; im zweiten Fall mit 313, 391, 27, 26, 33, 409 ist der Modalwert 6 = keine Religionsgemeinschaft mit 409 Fällen. In ländlichen Gebieten ist die evangelische Landeskirche die häufigste Art der Religionsausübung, während in den Molochs der Großstädte die häufigste Art mittlerweile darin besteht, keiner Kirchengemeinschaft mehr anzugehören. Der Modus ist, wie man an diesem Beispiel sieht, dann besonders zur Beschreibung geeignet, wenn es sich um Daten mit Nominalskalenniveau handelt, die nicht geordnet werden können.

Wenn der Modalwert von Messwertklassen gebildet wird, d.h. von einer eigentlich intervallskalierten Variable, ist er von der Messklasseneinteilung abhängig. So sei die gruppierte Altersverteilung gegeben durch die zwei folgenden Einteilungen in 10- oder 15- Jahresgruppen (V247 in ALLBUS 94).

Tabelle 5.2: Altersverteilung in zwei verschiedenen Messklassen

10-Jahres-Altersklassen	f(X)	Proz(X)
18-27	576	16,7
28-37	702	20,3
38-47	634	18,4
48-57	603	17,5
58-67	515	14,9
68-77	287	8,3
über 77	129	3,7
Total	3450	100,0

15-Jahres-Altersklassen	f(X)	Proz(X)
18-32	936	27,1
33-47	976	28,3
48-62	883	25,6
63-77	522	15,1
über 77	129	3,7
Total	3450	100,0

Damit wäre der Modus für die 10-Jahresklasseneinteilung die Klasse von 28 – 37 Jahren, aber für die 15-Jahresklasseneinteilung die Klasse von 33 – 47 Jahren. Man käme deshalb für die erste Klasse zu dem Schluss, dass die größte Altersgruppe der Befragten die zwischen 28 und 37 Jahren ist, und für die zweite zu dem Schluss, dass es die Gruppe zwischen 33 und 47 Jahren ist, zwei Intervalle, die sich nur wenig überschneiden. Aus diesem Beispiel sollte man lernen, dass der Modus bei gruppierten intervallskalierten Daten i.A. nur mit großer Vorsicht angewendet werden sollte.

5.2 Der Median

Der nächste Lageparameter ist der Median. Er gibt an, welche Merkmalsausprägung die Mitte aller Fälle hat, d.h., er gibt die Ausprägung an, unter der 50% aller Fälle liegen.

Definition: Der **Median** oder **Zentralwert** ($\tilde{X}$, **Z**) eines Merkmals ist die Ausprägung des Falls in der Mitte der der Größe nach geordneten Fälle. Bei einer geraden Anzahl wird die Ausprägung der beiden in der Mitte liegenden Fälle gemittelt.

Offenbar ist der Median nur für Daten definiert, die mindestens Ordinalskalenniveau haben. Als Beispiel diene deshalb die Schulbildung. Folgende Daten liegen für Personen über 50 Jahre vor (V12 in ALLBUS 94):

Tabelle 5.3: Allgemeiner Schulabschluss mit Alter $>= 50$

	Code	f(X)	Proz(X)
kein Abschluss	1	47	3,2
Hauptschulabschluss	2	987	67,8
mittlere Reife, Realschulab.	3	234	16,1
Fachhochschulreife	4	41	2,8
Abitur, Hochschulreife	5	134	9,2
Total		1443	100,0

Die Ordnungsrelation bei der Schulbildung ist klar: die „höheren" Abschlüsse schließen die jeweils darunter liegenden ein. Wenn man alle 1443 Fälle der Größe nach ordnet, bekommen man folgende Reihe der vercodeten Werte:
1, 1, ...(47-mal)..., 1, 2, 2, ...(987-mal)..., 2, 3, 3, ... (234-mal)..., 3, 4, 4, ...(41-mal)...,4, 5, 5, ...(134-mal) ... ,5.
Die Mitte von 1443 ist genau der 722. Fall. Dieser Fall hat offenbar die Ausprägung 2. Der Median dieser Daten ist deshalb 2: $\tilde{X}$ = 2. Die ersten 50%, d.h. die erste Hälfte aller Fälle hat eine Ausprägung <= 2, d.h. Hauptschulabschluss. Folgerung daraus ist: Mindestens die Hälfte der über 50-Jährigen Befragten verfügt nur über Hauptschulabschluss.

Zum Vergleich die gleiche Tabelle für die unter 50-Jährigen:

Tabelle 5.4 Allgemeiner Schulabschluss mit Alter < 50

	Code	f(X)	Proz(X)
kein Abschluss	1	27	1,4
Hauptschulabschluss	2	660	33,2
mittlere Reife, Realschulab.	3	783	39,3
Fachhochschulreife	4	122	6,1
Abitur, Hochschulreife	5	356	17,9
Total		1958	100,0

Einen mittleren Fall bei diesen 1958 Fällen gibt es nicht, weil das eine gerade Anzahl von Fällen ist. Die beiden mittleren Fälle haben die Nummern 979 und 980. Wenn man nun wieder alle Fälle der Größe nach ordnet, so wie sie ja auch schon der Tabelle stehen, so sieht man, dass alle Fälle von Fall 688 bis zum Fall 1471 die Ausprägung 3 haben, d.h. auch die beiden mittleren Fälle. Das Mittel dieser beiden Fälle ist dann:
(3 + 3) / 2 = 3
Deshalb ist der Median dieser Daten 3: $\tilde{X}$ = 3 (Realschule). Die (obere) Hälfte der unter 50-Jährigen Befragten besitzt mindestens Realschulabschluss. Man sieht an dieser Veränderung des Medians, dass die Steigerung der Bildungsabschlüsse eine der wesentlichen Veränderungen der letzten 20 Jahre ausmacht.

Die Eigenschaft, dass der Median die geordneten Daten in der Mitte teilt, kann man benutzen, um ihn auch auf grafische Weise zu ermitteln. Man zeichnet die kumulierte Häufigkeitsverteilung auf, und in diese kumulierte Verteilung bei 0,5 = 50% eine waagerechte Linie.

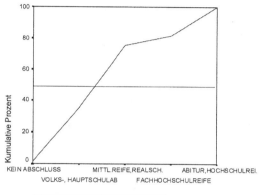

Abbildung 5.1: kumulierte Verteilung der Schulabschlüsse der unter 50-Jährigen

Die Linie schneidet die kumulierte Kurve in dem Abschnitt, in dem diese den Wert 3 = Realschulabschluss hat (auf der X-Achse steht eine kategoriale Einteilung, nur diskrete Werte!). Offenbar braucht man eine Mittelung von zwei mittleren Werten bei geraden Fallzahlen nur vorzunehmen, wenn diese Linie die kumulierte Kurve gerade an einem Knick schneidet.

Es gibt eine Reihe von Begriffen, die über den Median definiert sind, z.B.:
- die *Halbwertszeit* eines Stoffes, etwa des radioaktiven Atommülls, ist der Median der Lebensdauerverteilung dieses Stoffes
- die *letale Dosis* eines Gifts ist die Dosis, bei der 50% aller Versuchstiere sterben

- die *Wahrnehmungsschwelle* eines Reizes ist die Reizstärke, bei der 50% aller Versuchspersonen diesen Reiz wahrnehmen.

Eigenschaften des Medians:
1. Der Median ist nur für mindestens ordinalskalierte Daten geeignet.
2. Der Median ist unempfindlich gegenüber sog. Ausreißern, d.h. erhobenen Daten, die nicht in die Häufigkeitsverteilung aller anderen Fälle passen. Angenommen, in den obigen Tabellen wäre aus Versehen ein Datenwert falsch eingetippt, so dass aus einer 3 für Realschule eine 333 geworden ist. Das hätte die Median-Berechnung nicht verändert, sondern derselbe Median wäre errechnet worden. Man sagt in diesem Fall, *der Median sei robust gegenüber Ausreißern*.
3. Der Median ist das Minimum der Funktion der Summe der „Abstände" aller Werte zu einem beliebigen Wert a, wobei der Abstand gemessen wird als Betrag der Differenz:

$$\sum_{i=1}^{n} |x_i - a| \geq \sum_{i=1}^{n} |x_i - \tilde{X}| \quad \text{für alle a,}$$

d.h. er ist der Wert, der den kleinsten „Abstand" zu allen anderen Werten gleichzeitig hat.

Exkurs:
Der Absolutbetrag | ... | eines mathematischen Ausdruck ist sein Wert ohne Vorzeichen, d.h. immer positiv. Des Absolutbetrag der Differenz zweier Zahlen stellt ihren Abstand dar. Beispiel: $|5 - 7| = |7 - 5| = 2$.

Exkurs: Berechnung des Medians bei gruppierten Daten
Wenn nur gruppierte intervallskalierte Daten vorliegen, muss man den Median aus der Messwertklasse schätzen, in der der mittlere Wert liegt. Er ist dann die Summe aus der Klassenuntergrenze und dem Teil des Intervalls der Messwertklasse, der dem mittleren Wert entspricht.

Die Berechnung des Medians bei gruppierten Daten verläuft wie folgt:
Exakte Untergrenze der Messwertklasse, in der der mittlere Fall liegt, plus der dem mittleren Fall entsprechende Teil der Breite dieser Klasse.
Beispiel: Altersverteilung in 3 Klassen (Tabelle S. 45 oben)
Der mittlere Wert ist der 10,5te (gerade Anzahl Fälle!). Die zugehörige Messwertklasse ist die von 28-59 Jahre und hat eine Breite von 32 Jahren. In diesem Intervall liegen 8 Fälle, der 10,5. Fall insgesamt ist davon der 4,5 te in diesem Intervall, weil 6 Fälle schon im ersten Intervall liegen. D.h., die Länge des Teils des Intervalls bis zu dem „Median"-Fall ist 4,5/8. Der Median aus den gruppierten Daten ergibt sich deshalb zu
28 + 32 · 4,5/8 = 28 + 18 = 46.

5.3 Der Mittelwert

Der bekannteste und wichtigste Lageparameter ist der Mittelwert. Er bildet das ab, was man gemeinhin als „Durchschnitt" oder „Gleichgewicht" aus einer Menge von Daten empfindet. Ein Beispiel: die Sehbeteiligung bei einer wöchentlich ausgestrahlten Sendung sei in 4 Wochen: 1 Mio, 1 Mio, 1 Mio, 3 Mio, dann ist der wöchentlicher Durchschnitt: 1,5 Mio.

Definition: Der **Mittelwert** oder **arithmetisches Mittel** eines Merkmals $\overline{X}$ wird wie folgt gebildet. Sei N = Anzahl der Fälle und x_i die Ausprägung des i-ten Falls. Dann ist
$$\overline{X} = \frac{1}{N} \sum_{i=1}^{N} x_i$$

Als Beispiel soll mit einer Mittelwert-Berechnung die Frage geklärt werden, ob Frauen oder Männer dem Zusammenleben ohne Trauschein mehr zustimmen. Es sei also wieder die Frage gestellt: „Stimmen sie der Behauptung zu: es ist in Ordnung, dass ein Paar zusammenlebt, ohne zu heiraten?" Die Antwort-Skala sei eine 7-er

Skala. Sie gilt mit ihrer äquidistanten 7-Schritt-Einteilung als intervallskaliert, so dass man mit den Antwort-Zahlen alle mathematischen Operationen ausführen kann. Gegeben sei die folgende fiktive Häufigkeitstabelle von Antworten:

Tabelle 5.5: Mittelwerte auf einer 7er-Skala

Zusammenleben ohne Trauschein?	Code	Männer	Frauen
Lehne völlig ab	1	0	0
Lehne ab	2	1	0
Lehne ein wenig ab	3	1	1
Weder noch	4	3	3
Stimme ein wenig zu	5	5	6
Stimme zu	6	6	6
Stimme völlig zu	7	4	5
Summe		20	21
Mittelwert		5,3	5,52

Mittelwert Männer:
(2+3+4+4+4+5+5+5+5+5+6+6+6+6+6+6+7+7+7+7)/20 = 5,3
Mittelwert Frauen:
(3+4+4+4+5+5+5+5+5+5+6+6+6+6+6+6+7+7+7+7+7)/21 = 5,52
Offenbar stimmen die Frauen dem nichtverheirateten Zusammenleben mehr zu als die Männer. Wie man sieht, kommt hier als Ergebnis eine Zahl heraus, die in den Ausprägungen des Merkmals in den Rohdaten gar nicht vorhanden war, nämlich eine Zahl zwischen 5 und 6. Das ist möglich wegen der Annahme des Intervallskalenniveaus der Antwort-Skala. Diese Annahme bedeutet, dass das Merkmal „Zustimmung zum Zusammenleben" sich im Prinzip beliebig genau messen lässt.

Die Summen lassen sich aber auch anders berechnen, indem man direkt die Spalten aus der Tabelle verwendet:
Mittelwert Männer: 2·1 + 3·1 + 4·3 + 5·5 + 6·6 + 7·4
Damit erhält man die Formel zur Berechnung des Mittelwerts bei gruppierten Daten (X_i = Ausprägung der i-ten Gruppe)

$$\overline{X} = \frac{1}{N} \sum_{i=1}^{k} X_i f(X_i) = \sum_{i=1}^{k} X_i p(X_i)$$

Man beachte: hier wird über die Ausprägungen groß X_i des Merkmals X summiert, nur bis k (Anzahl der Ausprägungen); klein x sind dagegen die n Fälle!

Hat man nur gruppierte Daten vorliegen, kennt also nur die Häufigkeitsverteilung von zu Messwertklassen zusammengefassten Daten, so muss man den Mittelwert über eine solche Summierung der letzten Art schätzen, indem man die Klassenmitten als Schätzwerte für die jeweiligen X_i, die Ausprägungen, nimmt. Als Beispiel wird das Durchschnittsalter aus der obigen 15-Jahresklassen-Einteilung der Altersverteilung (Tabelle 5.2 unten, Klassenmitte der Klasse 18-32 = 25, usf.) berechnet:

$\overline{X}$ = (936· 25 + 976· 40 + 883· 55 + 522 · 70 + 129 · 85) / 3446
= (23400 + 39040 + 48565 + 36540 + 10965)/ 3446
= 158510 / 3446 = 45,9

Das ist eine ganz gute Schätzung, denn der „wahre", d.h. mit den nicht-gruppierten Roh-Daten berechnete Mittelwert liegt bei 45,83. In SPSS sieht die Ausgabe der drei Lageparameter wie folgt aus:

Tabelle 5.6: SPSS-Ausgabe von Lageparametern

Statistiken

ALTER: BEFRAGTE<R>

N	Gültig	3446
	Fehlend	4
Mittelwert		45,83
Median		44,00
Modus		27

Hier wird zwar auch der Modus berechnet, er hat aber bei dieser intervallskalierten Variable nur eine geringe Aussagekraft, da immer nur wenig Fälle auf eine Kategorie entfallen.

Bei der letzten Berechnungsart des Mittelwerts wurde die Gesamtmenge der Fälle zerlegt in mehrere Teilgruppen, die sich durch die Ausprägungen des untersuchten Merkmals unterscheiden. Die Formel gilt nun genauso, wenn man die Fälle nach beliebigen anderen Kriterien unterteilt, etwa nach den Ausprägungen, die die Fälle in bezug auf ein anderes Merkmal haben, z.B. Geschlecht.

> *Definition*: Eine **Zerlegung** ist eine Aufteilung des Datensatzes in k Teilgruppen von Fällen, so dass jeder Fall in genau eine Teilgruppe kommt.

Wichtig dabei ist, dass durch die Zerlegung in Teilgruppen jeder Fall in genau eine dieser Gruppen fällt; das ist definitionsgemäß der Fall bei gruppierten Daten. Als Beispiel folgt die Berechnung des Gesamtmittelwerts für „Zusammenleben ohne Trauschein" aus der Zerlegung aller Fälle in die Teilgruppen der Männer und Frauen:

Zerlegung der 41 Fälle in 20 Männer und 21 Frauen
Anteil der Männer: 20/41, Mittelwert Männer: 5,3
Anteil der Frauen: 21/41, Mittelwert Frauen: 5,52
Gesamtmittelwert = 5,3· (20/41) + 5,52· (21/41) = 5,3·0,488 + 5,52·0,512 = 2,59 + 2,83 = 5,42

Man nennt eine Summe der obigen Art auch eine gewichtete Summierung, weil jeder Summand der Zerlegung mit einem Faktor bzw. Gewicht (hier die relative Häufigkeit) versehen wird, bevor sie aufsummiert werden.

> *Definition*: Eine **Gewichtung** ist die Zuordnung von Zahlen („Gewichten") zu jeder Teilgruppe einer Zerlegung.

Mit diesen Begriffen kann man die Möglichkeit der Mittelwert-Berechnung aus Zerlegungen als Satz formulieren, der den Namen „Additionssatz des Mittelwerts" trägt: Der Mittelwert eines Merkmals ist die Summe der mit ihrer relativen Häufigkeit gewichteten Mittelwerte der Teilgruppen einer Zerlegung.

Manchmal reicht eine einzelne Variable nicht aus, um eine komplexe Meinung zu erfassen. Ein Beispiel: die einzelne Frage nach der Ehe ohne Trauschein ist wohl nicht ausreichend, um die Einstellung zur Heirat insgesamt festzustellen. Einige Forscher haben deshalb eine ganze Batterie von Fragen gestellt, z.B. die Zustimmung zu folgenden Behauptungen:

„Verheiratete Menschen sind im Allgemeinen glücklicher als Menschen, die nicht verheiratet sind."
„Es ist besser eine schlechte Ehe zu führen, als überhaupt nicht verheiratet zu sein."
„Menschen, die Kinder wollen, sollen heiraten."
„Es ist sinnvoll, dass ein Paar, das heiraten möchte, vorher zusammenlebt."
etc. (Fragen aus ALLBUS 94)

Diese Fragen decken verschiedene Bereiche ab, die für eine Heirat eine Rolle spielen können. Um daraus eine Gesamteinstellung zur Heirat zu konstruieren, werden oft die Antworten auf mehrere Fragen für jede Person addiert. Ein solches Vorgehen heißt Indexbildung. Bekannt ist z.B. der Index der Lebenshaltungskosten, der aus den Preisen für eine ganze Reihe von Lebensmitteln gebildet wird.

> *Definition*: Ein **Index** ist eine – möglicherweise gewichtete – Summe von Merkmalen.

Der Index, der für jede befragte Person die Einstellung zur Heirat beschreibt, ist dann die Summe ihrer Antworten (Ausprägungen) auf die obigen Fragen zur Heirat. Da dieser Index für jede Person eine Zerlegung ihrer Einstellung auf die einzelnen Fragen bildet, lässt sich der Mittelwert eines Index ebenfalls leicht berechnen:

der Mittelwert eines Index von Merkmalen ist der Index der Mittelwerte der Merkmale.

Wenn Mittelwert und Indizes sich so für Zerlegungen leicht berechnen lassen, ist das bei anderen Kombinationen nicht möglich. Insbesondere lässt sich der Mittelwert einer Teilgruppe, die aus einer Kombination von Merkmalen gebildet wird, nicht aus den Mittelwerten der einzelnen Merkmale berechnen. Als Beispiel diene die Einstellung der Frauen über 50 Jahre zum „Zusammenleben ohne Trauschein". Er beträgt 4,5. Nimmt man nun den Mittelwert der über 50-Jährigen insgesamt: 4,7 und dazu den Mittelwert der Frauen insgesamt: 5,52, so kann man daraus nicht den Mittelwert der Frauen über 50 Jahre berechnen! Der Grund ist, dass die 2 Ausprägungen der „Frauen" und „über 50-Jährig" keine Zerlegung aller Fälle bilden, sondern sich überschneiden:

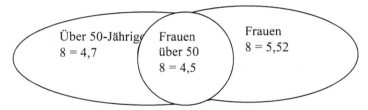

Eigenschaften des Mittelwerts
1. Der Mittelwert ist nicht robust gegenüber Ausreißern.
Wenn ein Datum auffällig von der Verteilung der anderen Daten abweicht, kann das zu einer großen Veränderung beim Mittelwert führen. Steht z.B. in den Daten zum „Zusammenleben" statt der Beurteilung 7 bei einem Fall eine 77, so ergibt sich als neuer Mittelwert 6,9 gegenüber 5,42 vorhin. Der Median dagegen bleibt bei einem solchen Fehler unverändert.
2. Es gilt:

$\sum_{i=1}^{n} x_i = n \overline{X}$. Die Gesamtsumme aller Werte hängt so mit dem Mittelwert zusammen.

$\sum_{i=1}^{n} (x_i - \overline{X}) = 0$. Eine Möglichkeit der Normierung von Daten (s.u.)

$\sum_{i=1}^{n} (x_i - a)^2$ ist minimal für $a = \overline{X}$. Die „Abstandsquadrate" von $\overline{X}$ sind minimal.

Exkurs: Dichotomisierung und Mittelwert
Es kann eine Beziehung zwischen Mittelwerten und der relativen Häufigkeit einer einzelnen Ausprägung, ihrem Anteil, hergestellt werden. Sei ein Merkmal X dichotom, d.h. es habe nur zwei Ausprägungen. Dann fallen die Bedeutungen von Merkmal und Ausprägung zusammen, denn die eine Ausprägung bedeutet dann: die Person besitzt Merkmal X und die zweite Ausprägung bedeutet: besitzt es nicht. Ein Beispiel ist das Geschlecht. Man(n) ist eine Frau oder nicht (=Mann). Weist man dann dem Nicht-Besitz den Wert 0 zu (X=0 := Mann) und dem Vorhandensein des Merkmals den Wert 1 (X=1 := Frau), so ist der Mittelwert dieses Merkmals, Frau zu sein, gleich seinem Anteil:
X dichotom, 0/1-codiert

$\overline{X} = (1/n) \sum_{i=1}^{n} x_i = 0 + 1 + 1 + 0 + \ldots + 0 + 1 + 0 + 1 + 1 + 0$
$= f(Xi)/n = p(X_i)$

Da in der Summe von n Fällen nur gerade alle die Fälle mit dem Wert 1 zählen, bei denen das Merkmal vorhanden ist, ergibt die Summe gerade die Häufigkeit des Merkmals „Frau". Hat man ein Merkmal mit mehreren Ausprägungen, so kann man eine interessierende Ausprägung mit 1 vercoden und allen anderen den Wert 0 (= „anders") zuweisen. Diese Art Umcodierung heißt Dichotomisierung. Die relative Häufigkeit der interessierenden Ausprägung ist dann der Mittelwert der bzgl. dieser Ausprägung dichotomisierten Variable.

Vergleich der drei Mittelwerte:
- Von Modus über Median zu Mittelwert sind immer mehr Informationen über die Daten verwendet.
- Die Werte von Modus über Median zu Mittelwert sind immer empfindlicher gegenüber Ausreißern.
- Von Modus über Median zu Mittelwert wird immer höheres Skalenniveau benötigt, um aussagekräftig zu sein.

5.4 Verteilungsformen

Im weiteren wird die Frage behandelt, wie gut die verschiedenen Lageparameter eine Häufigkeitsverteilung beschreiben können.

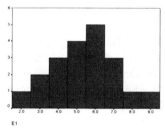

Punktezahlen bei einer Klausur

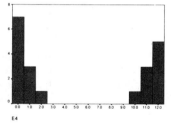

Anzahl gelesener Exemplare einer Monatszeitschrift

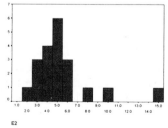

Angestelltenzahl in 20 Lebensmittelgeschäften

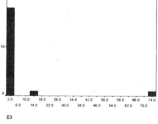

Krankheitstage von 20 Angestellten

Abbildung 5.2: Verschiedene Daten mit Mittelwert 5.4 (Quelle: Ehrenberg 1986)

Als Beispiel vergleiche man die Mittelwerte der Merkmale in Abbildung 5.2. In allen diesen Fällen ist der Mittelwert immer gleich, nämlich 5,4! An diesen Beispielen sieht man, dass der Mittelwert als Angabe eines Durchschnitts der Daten ziemlich irreführend sein kann, wenn man die Verteilungsform das Merkmals insgesamt nicht berücksichtigt. Man kann jedoch auch die anderen Lageparameter noch heranziehen, um vielleicht mit allen dreien zusammen eine Charakterisierung verschiedener Verteilungsformen zu erreichen.

Zunächst jedoch sollen die Verteilungsformen nach bestimmten Begriffen klassifiziert werden. Dabei benutzt man jeweils „idealisierte" Häufigkeitsverteilungen, d.h. stetige, differenzierbare Kurven, die im Grunde nur für intervallskalierte Daten tatsächlich auftreten können, in die hinein man sich aber unschwer ein Histogramm auch von kategorialen Daten vorstellen kann, das dann eine vergleichbare Form aufweist.

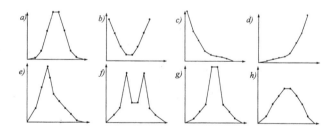

Abbildung 5.3: Verteilungsformen (Clauß u.a. 1995[2]: 33)

Man unterscheidet zunächst *eingipflige* (*unimodale*) (in der Abb. 5.3 a), c), d), e), g), h)) von *zwei-* (*bimodale*) (b), f)) und *mehrgipfligen* (*multimodale*) Verteilungen. Bimodale Verteilungen eines Merkmals werfen mehr Fragen der Interpretation auf als unimodale. Der Modus als beschreibender Parameter hat offenbar nur bei unimodalen Verteilungen einen Sinn. Bei unimodalen

Verteilungen kann man i.A. von einer zentralen Tendenz ausgehen, mit der die Mehrheit der Fälle ausgestattet ist, und von der es mehr oder weniger große Abweichungen gibt. Bei einer bimodalen Verteilung gibt es zwei Möglichkeiten: 1. kann sie kann durch das Fehlen einer solchen zentralen Tendenz hervorgerufen sein, das bedeutet dann, das dieses Merkmal in der Bevölkerung kontrovers bzw. polarisiert vorhanden ist. Oder 2. wird die Bimodalität durch die Koppelung mit einem weiteren, bisher unbekannten Merkmal hervorgerufen. Das zeigt Abbildung 5.4: Die Bimodalität des Anteils von Lehrerinnen in Gymnasien in den 50er und 60er Jahren wurde durch die damals noch vorhandene Trennung in Jungen- und Mädchengymnasien hervorgerufen, die im Lauf der 70er und 80er Jahre aufgehoben wird.

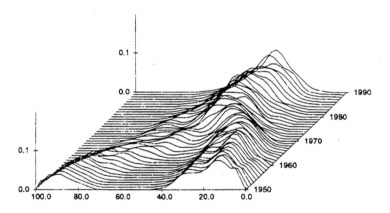

Abbildung 5.4: Lehrerinnen-Anteil an Gymnasien in Rheinland-Pfalz (bis zur Aufhebung der getrennt-geschlechtlichen Schulen (ca. 1970) bimodal) (Quelle: Kraul/Troitzsch/Wirrer 1995)

Eine zweite Differenzierung ist die in *symmetrische* (a), b), f), g), h)) und *unsymmetrische* (c), d), e)) Formen. Die unimodale symmetrische Form ist die typische Form von Daten, die zufällig um einen Mittelwert streuen, den sie im Idealfall alle erreichen sollten, also etwa Daten einer maschinellen Herstellung eines Produkts, etwa der Abfüllgewichte, die eine Verpackungsmaschine erzeugt. Sie soll eigentlich immer exakt 4 kg abwiegen, aber wiegt eben doch mal etwas mehr und mal etwas weniger, aber gleichmäßig gestreut um den Mittelwert von 4 kg, und größere Abweichungen sind seltener. Bei dieser Verteilungsform und Datenherkunft hat der Mittelwert seine stärkste Aussagekraft, weil man mit ihm sozusagen auf den Zweck der Daten zurückschließen kann. Nur mit einer solchen Form macht auch die Interpretation der Abweichung vom Mittelwert, also der Differenz von tatsächlichem Datum und Mittelwert, als „Fehler" einen Sinn (s. Abbildung 5.5).

Definition: Die Differenz $(x_i - \overline{X})$ eines Datums vom Mittelwert wird als „Fehler" oder „**Residuum**" des Datums bezeichnet.

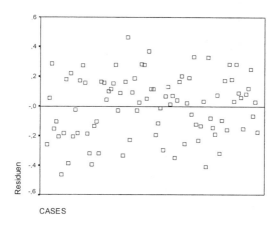

Abbildung 5.5: Residuen (Mittelwert = 0-Linie)

Unimodale nicht-symmetrische Formen sind in der einen oder anderen Richtung schief und werden deshalb als *links-* (c), e)) bzw. *rechtssteil* (d)) bezeichnet. Linkssteile Verteilungsformen kommen oft dann vor, wenn die Daten in einer Richtung eine natürliche Grenze haben und in der anderen Richtung eher unbegrenzt sind. Beispiele für solche Daten sind das Einkommen oder die Kinderzahl. Beide können auf der einen Seite nicht unter 0 sinken, sind aber auf der anderen Seite relativ unbegrenzt (s. Abbildung 5.6, V701 aus ALLBUS 80-96)

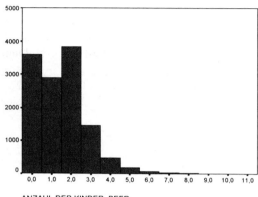

Abbildung 5.6: Kinderzahl

Rechtssteile Verteilungsformen findet man oft dann, wenn Fragen gestellt werden, auf die es eine Antwort gibt, die sowohl von geringer praktischer Betroffenheit als auch von großer sozialer Erwünschtheit ist, etwa allgemeine Fragen zu Tier- und Umweltschutz, zum Lebensgenuss etc. Die Befragten können dann, weil sie selbst kaum betroffen sind, leicht ganz positive Einstellungen äußern, so dass die häufigsten Antworten im positiven rechten Bereich sind (s. Abbildung 5.7, V191 aus der Shell-Jugendstudie 97):

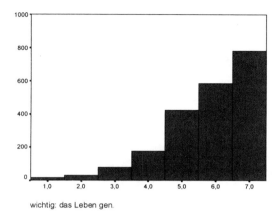

Abbildung 5.7: Wichtigkeit des Ziels, „das Leben zu genießen", für Jugendliche

Eine weitere Unterteilung ist diejenige in *flache* (h)) und *schmale* (g)) Formen. Je schmaler die Form ist, desto mehr an Erklärungskraft haben alle Lageparameter. Wenn die Verteilung sehr breit ist, sagt eine Angabe über die Mitte wenig aus. Eine flache Verteilung bedeutet ja, dass alle Ausprägungen diese Merkmals ähnlich oft vorkommen. Wenn ein soziales Merkmal erhoben worden ist, heißt das, dass die Gesellschaft bezüglich dieses Merkmals recht heterogen ist; in bezug auf dieses Merkmal gibt es keinen sinnvollen Durchschnitt, also keinen Ansatzpunkt, eine bestimmmte Ausprägung für „normal" zu halten.

Extremformen dieser verschiedenen Differenzierungen haben noch eigene Namen. Ein Extrem der flachen Verteilung ist die sog. Gleichverteilung, bei der jede Ausprägung bzw. Merkmalsklasse gleich häufig ist. Solche Verteilungen entstehen, wenn die Ausprägungen per Zufall ausgewählt werden. Beim Würfeln z.B. fallen alle 6 Zahlen gleich oft.

Ein Extrem einer bimodalen Verteilung ist die U-förmige Verteilung (b)), bei der die Maxima direkt am Rand der möglichen Werteskala liegen. U-förmige Verteilungen von Meinungen oder Einstellungen deuten darauf hin, dass hier eine starke Polarisierung der Befragten vorliegt: Ein großer Teil befindet sich auf dem einen Ende, der andere auf dem entgegengesetzten Ende der Meinungsmöglichkeiten.

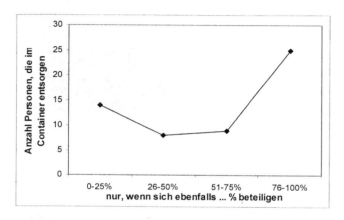

Abbildung 5.8: U-förmige Verteilung des Umweltschutzverhaltens (Quelle: Lüdemann 1995:70)

Das Ergebnis einer Studie von Lüdemann in Abbildung 5.8 zeigt, dass z.B. in Umweltschutzfragen die Möglichkeit einer solchen Polarisierung besteht. Ein großer Teil der Befragten beteiligt sich „immer" (bei 0% anderen auch) an der Container-Entsorgung, und ein ebenfalls recht großer Teil beteiligt sich „nie" (nur bei 100% anderen auch) daran, dazwischen befinden sich viel weniger Personen.

Das Extrem einer schiefen Verteilung ist die J- bzw. L – förmige Verteilung. Eine L-förmige Verteilung findet man u.a. oft dann, wenn die Daten in irgendeiner Weise zeitliche Abweichungen von einer Norm darstellen, z.B. Krankheitstage, Zu-Spät-Kommen in Minuten (s.o. in der Abbildung 5.2 „Krankheitstage")

Tabelle 5.7: Beschreibende Merkmale von Häufigkeitsverteilungen

Beschreibendes Merkmal	einfache Ausprägung	komplizierte Auspr.	Extreme Ausprägung	mit extremer Ausprägung Hinweise auf
Anzahl Gipfel	unimodal	bimodal oder mehrgipflig	U-förmig	Polarisierung (Meinung), verborgenes dichotomes Merkmal
Symmetrie	Symmetrisch	links- oder rechtssteil	L-förmig oder J-förmig	Überschreitung von „Sollwerten"
Steilheit	schmal	flach	Gleichverteilung	Heterogenität

Warum eine so ausgefeilte Beschreibung der Verteilungsformen? Der tiefere Grund ist, dass sozialwissenschaftliche Daten wiederum meist anders verteilt sind als naturwissenschaftliche Daten. Naturwissenschaftliche Daten stammen vielfach aus Experimenten, d.h. es gibt einen Sollwert und eine fehlerhafte Abweichung, die aus dem Aufbau der Experimente stammt. Sie sind deshalb i.A. eingipflig und symmetrisch, also von der einfachsten Form. Sozialwissenschaftliche Daten dagegen stammen i.A. nicht aus Experimenten, sondern aus einmaligen Erhebungen. Sie versuchen zudem mit ihren Merkmalen die gesellschaftlichen Strukturen zu erfassen, und die sind durch ein hohes Maß an Ungleichheit und Heterogenität gekennzeichnet. Sozialwissenschaftliche Daten weichen deshalb in besonderem Maße vom Ideal der eingipfligen und symmetrischen Verteilung ab, und deshalb ist eine differenziertere Beschreibungsmöglichkeit notwendig.

In welcher Weise geben nun die Lageparameter Aufschluss über die Form der Verteilung? Zunächst werde die unimodale symmetrische Verteilung betrachtet. Bei dieser Verteilungsform fallen idealerweise alle 3 Lageparameter zusammen. Weil sie symmetrisch ist, teilt der Median die Daten genau am Mittelwert, der gleichzeitig der häufigste Wert, also der Modus, ist. Bei rechtsschiefen bzw. linksschiefen unimodalen Verteilungen jedoch gilt folgende Beziehung:

Tabelle 5.8: Beziehungen zwischen Lageparametern und Verteilungsform

Symmetrisch	Modus ≈ Median ≈ Mittelwert
Linkssteil	Modus < Median < Mittelwert
Rechtssteil	Mittelwert < Median < Modus
Bimodal	2 Modalwerte oder Modus viel > bzw. viel < Mittelwert

Diese Feststellung führt dazu, dass es nur dann egal ist, welcher Lageparameter verwendet wird, wenn man es mit einer symmetrischen eingipfligen Verteilung zu tun hat. In allen anderen Fällen reicht ein Lageparameter nicht aus. Einkommensverteilungen z.B. sind fast immer linkssteil, weil sie links begrenzt sind durch 0. Die Auswahl von Median oder Mittelwert ist dann sogar ein Politikum: wer den Median angibt, kann damit vom hohen Durchschnittseinkommen ablenken, wer das Durchschnittseinkommen angibt, kann damit von der Masse der Ärmeren ablenken, wie man an der folgenden grafischen Darstellung (Abbildung 5.9) sehen kann.

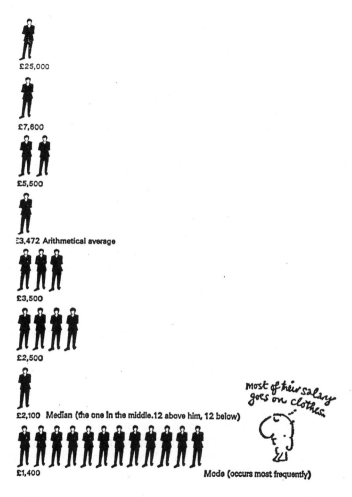

Abbildung 5.9: Einkommensverteilung in einer Firma als Piktogramm

5.5 Transformationen

Für statistische Auswertungen ist es oft notwendig, dass die Daten eine symmetrische oder sogar zusätzlich noch eingipflige Verteilung aufweisen. Wenn nun die erhobenen Daten eine Schiefe aufweisen, ist es möglich, auf alle Daten eine mathematische Funktion anzuwenden und sie damit in einer nachvollziehbaren Weise zu verschieben, so dass sie dann die gewünschte Verteilungsform aufweisen. Eine solche Funktion heißt Transformation.

> *Definition*: Eine **Transformation** von Daten ist die Anwendung einer mathematischen Funktion g auf alle Fälle eines Merkmals x_i zum Zweck einer Veränderung ihrer Verteilung ($x_i \to g(x_i)$). Als Transformationen sind nur **monotone Funktionen** geeignet, die die Ordnungsrelation der Daten nicht verändern ($x_i < x_j \Leftrightarrow g(x_i) < g(x_j)$). Eine **lineare Transformation** besteht aus der Addition von Konstanten und/oder der Multiplikation mit einem Faktor.

Bei der Erläuterung der Skalenniveaus wurde schon auf die erlaubten Transformationen der Skalen hingewiesen. „Erlaubt" bedeutet dabei, dass nur bei solchen Transformationen das Skalenniveau erhalten bleibt.

Beispiele:
a) lineare Transformation
$x_i \to g(x_i) = 3{,}0 + 10{,}8 \cdot x_i$, allgemein $x_i \to g(x_i) = a + bx_i$
Spezialfall: Mit der linearen Transformation $g(x_i) = x_i - \overline{X}$ kann man erreichen, dass die ursprünglichen Daten in eine neue Variable mit derselben Häufigkeitsverteilungsform, aber mit Mittelwert 0 transformiert werden. Denn es gilt ja

$$\sum_{i=1}^{n} (x_i - \overline{X}) = 0, \text{ also auch } \overline{g(x)} = 1/n \sum_{i=1}^{n} g(x_i)$$

$$= 1/n \sum_{i=1}^{n} (x_i - \overline{X}) = 1/n \cdot 0 = 0.$$

b) monotone Transformation
Sie wird meist zur „Umcodierung" von kategorialen Daten angewendet. Z.B. beim Bildungsabschluss:
1 → 1, 2 → 20, 3 → 300, 4 → 4000, 5 → 5000, ...
Mit dieser Umcodierung bleiben der Modus und der Median gleich, nämlich bei derselben Ausprägung, wenn diese auch einen anderen Code hat. Der Mittelwert verändert sich jedoch beträchtlich, eine solche Transformation ist aus diesem Grund für metrische Daten nicht angebracht.

c) logarithmische Transformation:
$x_i \to g(x_i) = \ln(x_i)$ (ln = logarithmus naturalis)
d) Wurzeltransformation
$x_i \to g(x_i) = \sqrt{(x_i)}$

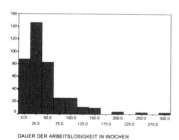
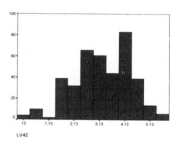

Abbildung 5.10: Dauer der Arbeitslosigkeit, absolut und logarithmiert.

Logarithmus und Wurzeltransformation sind geeignet, um linkssteile Verteilungen zu symmetrisieren. Die Dauer der Arbeitslosigkeit (Abbildung 5.10) ist ein Beispiel einer linkssteilen Verteilung. Logarithmiert ergibt sich eine im Prinzip eingipflige, fast symmetrische Verteilung.

5.6 Wachstumsraten

Eine Logarithmierung von Daten ist insbesondere dann sinnvoll, wenn nicht ihre absoluten Werte, sondern ihre Verhältnisse interessieren. Das ist z.B. dann der Fall, wenn die Frage, um wie viel Prozent sich Daten unterscheiden, wichtiger ist, als um wie viel Differenz sie sich unterscheiden.

Eine solche Angabe wird oft in Wachstumsprozessen verwendet, d.h. in Daten, die zeitliche Verläufe darstellen. Die „Fälle" werden gebildet durch die Jahre, Monate oder Tage, für die die Merkmale erhoben wurden, sie erhalten deshalb den Index t (Fälle als Zeitpunkte t : x_t). Die Fälle haben also eine natürliche Ordnung durch den Zeitverlauf, und die Änderung der Daten in diesem Zeitverlauf ist von Interesse. Wachstum wird aber immer im Verhältnis zum bisherigen Zustand gemessen: man erwartet natürlich, dass ein Elefant in absoluten Kilogrammgewichten schneller wächst als eine Maus, weil das Körperwachstum relativ zur vorhandenen Körpermasse geschieht. Also interessiert der prozentuale Vergleich bzw. das Verhältnis aufeinanderfolgender Daten. Dieses Verhältnis wird als Wachstumsrate bezeichnet:

Definition: Die **Wachstumsrate** w_t von zwei zeitlich aufeinanderfolgenden Daten ist ihre relative Änderung

$w_t = (x_{t+1} - x_t) / x_t$

Das Datum des nächsten Zeitpunktes x_{t+1} ist somit der letzte Zeitpunkt mal „Wachstumsrate + 1" (auch der Wachstumsfaktor genannt):

$x_{t+1} = x_t + x_t \cdot w_t = x_t \cdot (1 + w_t).$

Die folgende Tabelle 5.9 zeigt die Entwicklung einer (2-jährigen, (da die Daten hier ausnahmsweise nur in 2-Jahres-Abständen vorliegen) Wachstumsrate des Bildungssystems in der Bundesrepublik, die der AbiturientInnen.

Tabelle 5.9 : Abiturientenzahlen in der Bundesrepublik (mit 1980 = 100)

Jahr	Abitur (1980 = 100) $x_{19..}$	Formel	Wachstumsrate (2-jähr.) $w_{19..}$
1980	100	(112-100)/100	0,12 = 12%
1982	112	(144-112)/112	0,29 = 29%
1984	144	(139-144)/144	-0,03 = -3%
1986	139	(162-139)/139	0,17 = 17%
1988	162	(192-162)/162	0,19 = 19%
1990	192		

(Quelle: kumulierter ALLBUS 1980-1996)

Wie man sieht, ergibt eine absolute Steigerung um den Wert 32 im Jahr 84 eine 29% - Rate und eine vergleichbare Steigerung um 30 im Jahr 1990 nur eine Rate von 19%, wegen der inzwischen erfolgten Erhöhung des Basisjahres. Man kann den Wert des Jahres 1990 berechnen, indem man den Wert von 1980 sukzessive mit den Wachstumsfaktoren multipliziert:

$$x_{1990} = x_{1988}(1+w_{1988}) = x_{1986}(1+w_{1986})(1+w_{1988}) = \ldots$$
$$= x_{1980}(1+w_{1980})(1+w_{1982})(1+w_{1984})(1+w_{1986})(1+w_{1988})$$

Wie war nun die durchschnittliche Steigerung in diesen 10 Jahren? Man will damit eine Rate ausrechnen, mit der man, wenn man sie ab 1980 jedes Jahr anwendet, im Jahr 1990 bei derselben Zahl ankommt wie in der Tabelle der tatsächlichen Daten. Um den Durchschnitt von Wachstumsraten zu berechnen, kann man nun nicht das arithmetische Mittel nehmen, denn für 1980-1984 z.B. ist

$$0{,}5 \cdot ((144-112)/112 + (112-100)/100) = 0{,}5 \cdot (0{,}12 + 0{,}29) = 0{,}205$$
$$\neq 0{,}5 \cdot (144 - 100)/100 = 0{,}22$$

Folgende Überlegung hilft weiter: Durchschnittliche Wachstumsrate w_d bedeutet, dass der Wachstumsfaktor immer gleich bleibt, d.h. damit ist

x_{1990} $=x_{1980}(1+w_d)(1+w_d)(1+w_d)(1+w_d)(1+w_d)=x_{1980}(1+w_d)^5$,
d.h.
$1+w_d = (x_{1990}/x_{1980})^{1/5}$, also
$1+w_d = (192/100)^{1/5} = 1{,}92^{1/5} = \sqrt[5]{1{,}92} = 1{,}139$; damit
$w_d = 0{,}139$.

Die durchschnittliche 2 – jährige Wachstumsrate in den 10 Jahren von 1980 bis 1990 beträgt damit 0,139 = 13,9 %. Diese Überlegung führt zur Definition des geometrischen Mittels:

Definition: Sind $w_1, ..., w_k$ nichtnegative Wachstumsraten, so ist ihr **geometrisches Mittel**
$g = (w_1 \cdot w_2 \cdot ... \cdot w_k)^{1/k}$.

Das geometrische Mittel gibt die durchschnittliche Wachstumsrate im Zeitraum 1,...,k an.

W. Krämer (1992) weist auf die Gefahren hin, die man beim Gebrauch von Wachstumsraten eingeht. Sei der Umsatz eines Unternehmens in drei aufeinanderfolgenden Jahren
100, 101, 104
so sind die folgenden Aussagen alle richtig:
Umsatz um 2,97% gestiegen ($(104 - 101)/101 = 0{,}0297$)
Umsatz um 4% gestiegen ($(104-100)/100 = 0{,}04$)
Umsatzwachstum um 197% fast explodiert! ($w_1 = 1$, $w_2 = 2{,}97$, Steigerung um 197%)
Der Unterschied vom ersten zum zweiten Fall besteht darin, dass einmal die einjährige und dann die zweijährige Wachstumsrate genannt wird. Im letzten Fall ist die Wachstumsrate der Wachstumsraten berechnet worden. Man muss schon genau lesen, um das herauszubekommen. Ein solcher Wert ist natürlich allein wenig sinnvoll.

Weitere Literatur zu diesem Kapitel: Clauß u.a. 1995²: 36-46, Hochstädter: 57-69, Krämer, Kühnel/Krebs: 76-83

Übungsaufgaben:
1. Welche Lagemaße können sinnvoll berechnet werden für a) Lieblingsessen (Angabe des Gerichts), b) Ehedauer in Tagen, c) Besoldungsstufen der Beamten (A1 bis A16), d) Schulabschluss?
2. Gegeben sind Mittelwert, Median und Modus desselben Merkmals in zwei Datensätzen.

	Modus	Median	Mittelwert
Datensatz 1 ($N_1 = 100$)	3	4	5
Datensatz 2 ($N_2 = 100$)	9	9	10

Bestimmen Sie die entsprechenden Parameter für die Vereinigung der beiden Datensätze, wenn dies möglich ist.

Kapitel 6: Streuungen

Im vorangehenden Teil wurden Parameter, die die Häufung der Werte beschreiben, definiert. Hier geht es um Parameter, die die Streuung der Werte kennzeichnen. Mit beiden Angaben zusammen kann man sich schon ein ungefähres Bild einer Verteilung machen. Streuungs-Parameter sind Kennwerte, die die „Flachheit" der Verteilung beschreiben: je größer der Parameter, desto „flacher" die Verteilung. Dabei spielt die Häufigkeit von Ausprägungen in Bezug auf ihre Lage eine Rolle – sind z.b. links „mehr" Werte als rechts oder in der Mitte. Deswegen sind Streuungs-Parameter nur für mindestens ordinalskalierte Daten definiert. Für nominalskalierte Daten gibt es aber die Möglichkeit, ihre „Heterogeniät" zu messen (Kap. 6.6).

6.1 Die Spannweite oder Variationsbreite

Der einfachste Streuungsparameter ist die Spannweite.

Definition: **Spannweite, Variationsbreite (R)**
ist die Differenz von größtem und kleinsten Wert:

$R = x_{max} - x_{min}$

Sie ist leicht bestimmbar und leicht verständlich, aber verändert sich bei der Hinzunahme neuer Werte und ist damit abhängig von N. Sie ist deshalb nicht zum Vergleich verschiedener Stichproben geeignet. Zu ihrer Berechnung werden zudem nur zwei Daten von allen vorhandenen benutzt, sie kann deshalb keine Auskunft über Variationsmuster in den Werten geben.
Beispiel: Gegeben seien 5 Einkommenswerte

1490, 1710, 1820, 1960, 2570. Dann ist R = 2570 − 1490 = 1080.

6.2 Zentile, Quartile, Quartilsabstand

Etwas mehr Informationen aus den Daten werden bei der Berechnung von Zentilen benötigt.

> *Definition*: **p-Zentil C_p** ist die Angabe der Merkmalsausprägung, bis zu der p 100stel der der Größe nach geordneten Werte liegen.

Die Zentile sind im Grunde nur eine Verallgemeinerung des Medians. Der Median stellt nämlich natürlich genau das 50-Zentil dar, d.h.

$Z = \widetilde{X} = C_{50}$

Die Zentile und den Median kann man grafisch gut an der kumulierten Verteilungsfunktion ablesen:

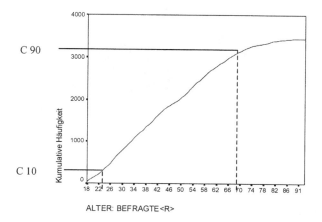

Abbildung 6.1: kumulierte Altersverteilung mit C_{10} und C_{90}

Die genauen Zahlen der kumulierten Altersverteilung aus den ALLBUS-Daten (Abbildung 6.1) für das 10- und das 90-Zentil sind: $C_{10} = 24$ und $C_{90} = 69$. 10% der Befragten waren jünger als oder gleich 24 Jahre, 90% waren jünger als loder gleich 69 Jahre.

Es gibt eine allgemeinere Beziehung zwischen dieser Art des Ablesens von Zentilen aus der kumulierten Verteilungskurve und der relativen Häufigkeitsverteilung selbst. Die Formel für die Summe der relativen Häufigkeiten ergibt:

$$\sum_{i=1}^{n} p(x_i) = 1.0$$

Die Summe der kleinen „Stäbchen", der Flächenstücke, die für jedes Alter die relative Häufigkeit angeben, in der Abbildung 6.2 wird insgesamt eins:

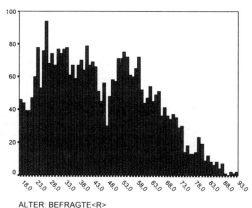

ALTER: BEFRAGTE<R>

Abbildung 6.2: Histogramm der Altersverteilung (1 „Stäbchen" = Häufigkeit eines Jahrgangs)

Die kumulierte Verteilung $F(x)$ gibt dann genau die Größe des Flächenstücks an, das vom Anfang bis zu x reicht. Die kumulierte Verteilung $F(x)$ ist also das „Integral" der Häufigkeitsverteilung bis x (wenn sie fein genug unterteilt ist), und umgekehrt: die Häufigkeitsverteilung ist das Differential, die Ableitung der kumulierten Verteilung. Dass das 10%-Zentil $C_{10} = 24$ ist, wird mit dieser Überlegung gleichbedeutend mit $F(24) = 0,1$.

Einige Zentile sind mit speziellen Begriffen belegt.

> *Definition*: **Quartile** sind die 25-, 50- und 75- Zentile. Das 100-Zentil = C_{100} ist x_{max}, das 50-Zentil = C_{50} ist das **2. Quartil Q_2** = Median, das 25-Zentil das **1. Quartil Q_1** und das 75-Zentil **das 3. Quartil = Q_3**.

Da diese Definition sich nur auf die der Größe nach geordneten Fälle bezieht, ist sie insbesondere auch für Ordinalskalenniveau geeignet. Als Maß für die Streuung ordinalskalierter Daten eignet sich dann der Abstand des ersten und dritten Quartils, der sog. Quartilsabstand.

> *Definition*: Der **Quartilsabstand** Q_A ist
> $$Q_A = \frac{|Q_3 - Q_1|}{2}$$

Der Quartilsabstand kann leicht ermittelt werden und ist, wie der Median, robust gegenüber Extremwerten. Allerdings berücksichtigt er ebenfalls nicht alle Werte, die zur Verfügung stehen, und wird nicht immer einheitlich definiert. Abbildung 6.3 zeigt ein sog. Boxplot, das mit Hilfe der Spannweite, der Quartile und des Medians eine rudimentäre Beschreibung einer Häufigkeitsverteilung ermöglicht.

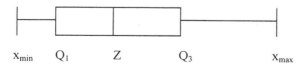

Abbildung 6.3: „Boxplot" mit x_{min}, Q_1, Z, Q_3, x_{max}

Das Problem bei der genauen Definition ist die Festlegung des Rangplatzes des Falls, der den Wert eines Quartils liefert. Wenn man viele Fälle im Datensatz hat (n > 100), werden folgende Rangplätze der der Größe nach aufsteigend geordneten Fälle angenommen: Q_1 ist der Wert des Falls mit dem Rangplatz (n+3)/4, Q_3 der mit dem Rangplatz (3n+1)/4. Diese Formeln dienen dazu, die Rundungsfehler bei ungeraden und geraden Datensätzen zu vermeiden.

Beispiel: Schulabschluss der Männer und Frauen (s. Tabelle 6.1, Codes: 1 = kein Abschluss, 2 = Volksschulabschluss, 3 = Realsch., 4 = Fachhochschulreife, 5 = Abitur), Berechnung der Quartile
Frauen Q1 : (n+3)/4 = (1685+3)/4 = 422 ter Fall   => Q1 = 2
Frauen Q3 : (3n+1)/4 = (3_1685+1)/4 = 1265 ter Fall   => Q3 = 3
Männer Q1: (n+3)/4 = (1710 + 3)/4 = 428,25 ≈ 428 ter Fall
                                                                         => Q1 = 2
Männer Q3: (3n+1)/4 = (3_1710+1)/4 = 1282,75 ≈1283 ter Fall
                                                                         => Q3 = 3

Tabelle 6.1: Schulabschluss Männer und Frauen (ALLBUS 1994)

Frauen

		Häufigkeit	Prozent	Gültige Prozente	Kumulierte Prozente
Gültig	KEIN ABSCHLUSS	43	2,5	2,6	2,6
	VOLKS-, HAUPTSCHULAB	837	49,0	49,7	52,2
	MITTL.REIFE,REALSCH.	528	30,9	31,3	83,6
	FACHHOCHSCHULREIFE	62	3,6	3,7	87,2
	ABITUR,HOCHSCHULREI.	215	12,6	12,8	100,0
	Gesamt	1685	98,6	100,0	

Männer

		Häufigkeit	Prozent	Gültige Prozente	Kumulierte Prozente
Gültig	KEIN ABSCHLUSS	31	1,8	1,8	1,8
	VOLKS-, HAUPTSCHULAB	813	46,7	47,5	49,4
	MITTL.REIFE, REALSCH.	489	28,1	28,6	78,0
	FACHHOCHSCHULREIFE	102	5,9	6,0	83,9
	ABITUR, HOCHSCHULREI.	275	15,8	16,1	100,0
	Gesamt	1710	98,2	100,0	

Exkurs: Schätzung des Quartilsabstands bei wenigen Ausprägungen

Die Angabe des Quartils-Abstands auf diese Weise ist ungenau, wenn man es mit einem Merkmal mit nur wenig Werten zu tun hat. So fällt der Vergleich der Frauen und Männer bzgl. der Streubreite der Bildungsabschlüsse recht einfach aus, wenn man die Definition von SPSS nimmt: dann haben beide denselben Quartilsabstand, nämlich 1/2, wie in der vorigen Berechung ersichtlich, jeweils (3 − 2)/2. Trotzdem möchte man natürlich gerne Unterschiede in der Breite der Verteilung etwa zwischen zwei Merkmalen mit jeweils 5 Kategorien angeben können. Dafür kann das Quartil auch als künstlicher Wert berechnet werden, der nicht eine Ausprägung der Daten selbst darstellt, sondern auch irgendwo dazwischen liegen kann. Dabei wird von der obigen Berechnung ausgegangen, aber innerhalb der Kategorien weiter interpoliert.

Es gibt 837 Frauen mit Kategorie 2. Die erste hat den Rangplatz 44. Dann hat die 422., deren Ausprägung das 1. Quartil darstellt, nach der Interpolationsformel den Wert
$Q1 = 2 + (422-43)/837 = 2,453$.
Ebenso gilt für das 3. Quartil:
$Q3 = 3+(1265-837-43)/528 = 3,729$,
bzw. für die Männer
$Q1 = 2 + (428-31)/813 = 2,473$,
$Q3 = 3 + (1283-813-31)/489 = 3,898$.
Berechnet man den Quartilsabstand mit diesen interpolierten Quartilswerten, dann ergibt sich

> Q_A (Frauen) = (3,729-2,453)/2 = 0,638 und
> Q_A (Männer) = (3,898 – 2, 473)/2 = 0,713
>
> Die Männer haben mit der Interpolationsmethode einen etwas größeren Quartilsabstand, was ja auch intuitiv zu erwarten ist, da sie mehr nach oben, in die Kategorien Fachhochschule und Abitur, streuen.

Ebenso wie Modus und Median kann auch die Lage der Quartile Aufschluss über die Verteilungsform geben. So zeigen die in Tabelle 6.2 von SPSS berechneten ersten und dritten Quartile der Alterverteilung, dass sie leicht linkssteil ist.

Tabelle 6.2: Quartile und Median der Altersverteilung

Statistiken

ALTER: BEFRAGTE<R>

N	Gültig		3446
	Fehlend		4
Median			44,00
Perzentile	25		31,00
	50		44,00
	75		59,00

Der Quartilsabstand dient ebenfalls oft dazu, genauer zu definieren, was „Ausreißer" und „Extremwerte" sind. So definiert z.B. SPSS Extremwerte als Werte, die mehr als 3 Quartilsabstände außerhalb der mittleren 50% liegen (mit * gekennzeichnet), und Ausreißer als Werte, die mehr als 1,5 Quartilsabstände außerhalb liegen. (mit o gekennzeichnet) (SPSS – Anwender-Handbuch: 194) (s. Abbildung 6.4).

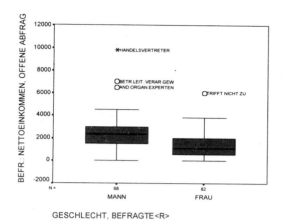

Abbildung 6.4: SPSS - Boxplot der Einkommensverteilung für Männer und Frauen Erläuterung mit Berufsangabe für Ausreißer- und Extremwerte (Stichprobe von 8% aus ALLBUS 94).

Man sieht in dieser Abbildung, dass auch für metrische Daten wie das Einkommen eine Bestimmung des Quartilsabstands und der Lage der Quartile, des Medians und der Ausreißer durchaus einen Sinn macht, um einen Überblick über die Daten zu erhalten. Aus einem Boxplot kann man, weil es mit standardisierten, definierten Kennwerten arbeitet, etwas genauere Schlüsse ziehen, als wenn man etwa die beiden Histogramme dieser Einkommensverteilung (Abbildung 6.5, V264 in ALLBUS 94) vergleichen würde. Bei ihnen würde man nicht so schnell auf den ersten Blick die Unterschiede zwischen Männern und Frauen in bezug auf das Einkommen sehen und gleich interpretieren können. Allerdings weisen beide Methoden auf dieselbe linkssteile Verteilungsform hin.

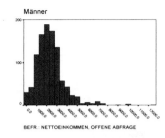 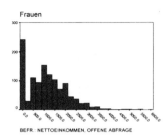

Abbildung 6.5: Nettoeinkommen von Männern und Frauen

6.3 Varianz, Standardabweichung, Variationskoeffizient

Ein weiterer Streuungskennwert, der intuitiv einsichtig ist, ist die durchschnittliche Abweichung, d.h. der durchschnittliche Abstand, den die Fälle vom Median haben.

> *Definition:* **Durchschnittliche Abweichung MAD** (Mean Absolute Deviation) ist definiert als
>
> $$\text{MAD} = \frac{1}{n} \cdot \sum_{i=1}^{n} |x_i - \tilde{X}|$$
>
> *(handschriftliche Notiz: Betragsstriche sind hier wichtig und notwendig!)*

Man könnte die durchschnittliche Abweichung auch mit irgendeinem anderen Wert a anstelle des Medians $\tilde{X}$ in den Summanden berechnen. Es lässt sich aber zeigen, dass die Summe genau für den Median minimal wird (Beweis Schlittgen 1986: 117), d.h. dass gilt

$$\sum_{i=1}^{n} |x_i - \tilde{X}| \leq \sum_{i=1}^{n} |x_i - a| \quad \text{für jedes beliebige a}.$$

Der Median ist also genau der Wert, der den kleinsten Abstand zu allen Daten gleichzeitig hat. Damit ist der Median in dieser Formel besser geeignet als etwa der Mittelwert, wie man vielleicht auch annehmen könnte.

Beispiel: Gegeben seien fünf Einkommenswerte
1490, 1710, 1820, 1960, 2570.
Dann ist $\tilde{X}$ = 1820 und
MAD = (|1490-1820|+|1710-1820|+0+|1960-1820|+|2570-1820|)/5
= (330 + 110 + 0 + 140 + 750)/5 = 266.
Als Vorteil gegenüber dem gleich folgenden Parameter der Varianz kann gelten, dass die MAD von Extremwerten nicht so stark beeinflusst wird. Wegen des Absolut-Betrags ist sie jedoch unhandlich auszurechnen, und wegen der Benutzung des Medians nicht leicht mit dem Mittelwert statistisch kombinierbar. Sie wird wegen der mathematischen Nachteile deshalb wenig angewendet.

Der Wert, der am häufigsten für die Streuungsbeschreibung benutzt wird, ist die Varianz. Sie kommt dadurch zustande, dass die Lage jedes Datums jetzt als Abstand vom Mittelwert gemessen wird und dieser Abstand quadriert wird.

Definition: Die **Varianz s^2** eines Datensatzes ist definiert als

$$s^2 = \frac{1}{n-1} \cdot \sum_{i=1}^{n} (x_i - \overline{X})^2 .$$

Der zweite Term wird deshalb als „Summe der Abstandsquadrate" (SAQ) bezeichnet, und es gilt:

$$SAQ = \sum_{i=1}^{n} (x_i - \overline{X})^2 = \sum_{i=1}^{n} x_i^2 - n\overline{X}^2 \; ; \quad s^2 = 1/(n-1) \cdot SAQ.$$

Da die Abstände im Quadrat in diese Formel eingehen, werden kleine Abstände (< 1) durch Quadrieren noch kleiner gemacht und haben wenig Einfluss auf die Summe, während große Abstände durch das Quadrieren noch erheblich an Bedeutung für die Summe gewinnen. Die SAQ und damit auch die Varianz ist deshalb, genau wie auch der Mittelwert, nicht robust gegenüber Ausreißern.

Man findet ebenfalls dieselbe Definition mit 1/n als erstem Term. Das ist auch einleuchtender, wenn man den Durchschnitt aus den Abweichungen von allen n Daten berechnen will. Aber der Faktor 1/(n-1) ist immer dann angebracht, wenn die Daten eine Stichprobe darstellen und keine Vollerhebung. Denn dann soll die Varianz, die aus den Daten der Stichprobe berechnet wird, immer eine Schätzung der Varianz der Grundgesamtheit darstellen. Und diese aus der Stichprobe zu schätzende Varianz der Gesamtheit aller Daten, aus denen die Stichprobe gezogen wurde, wird genauer geschätzt mit dem Faktor 1/(n-1) vor den SAQ.

Ab diesem Punkt wird es deshalb wichtig, immer etwas genauer zu differenzieren, ob man es mit einer Stichprobe, d.h. mit Daten zu tun hat, aus denen Verallgemeinerungen erschlossen werden sollen, oder nicht, ohne an dieser Stelle schon genau definieren zu können, was eine Stichprobe ist. Keine Stichprobe kann dabei bedeuten, dass entweder alle in Frage kommenden Forschungsobjekte erfasst sind, also eine Totalerhebung, wie etwa die Volkszählung, oder es kann auch bedeuten, dass eine theoretische Verteilung betrachtet wird, die nicht aus Daten, sondern aus mathematischen Formeln hergeleitet wurde.

Für die weiteren Teile dieses Buchs gilt, dass in Zukunft lateinische und kleine Buchstaben für Stichproben verwendet werden und griechische bzw. große lateinische Buchstaben für theoretische Verteilungen. Das s^2 (lateinisch) bedeutet also: Varianz einer Stichprobe, während für eine Totalerhebung gilt:

$$\sigma^2 = 1/N \sum_{i=1}^{N} (x_i - \mu)^2$$

Beispiel: die Varianz der obigen Einkommenswerte
1490, 1710, 1820, 1960, 2570. Dann ist $\tilde{X} = 1820$, $\overline{X} = 1910$ und
SAQ $= (1490-1910)^2 + (1710-1910)^2 + (1820-1910)^2 + (1960-1910)^2 + (2570-1910)^2$
$= 420^2 + 200^2 + 90^2 + 50^2 + 660^2 = 176400 + 40000 + 8100 + 2500 + 435600 = 662600$,
$s^2 = 662600/4 = 165650$

Der Wert der Varianz ist i.A. viel größer als die Daten selbst, weil die Daten eben quadratisch in die Varianz eingehen. Ebenso ist die

Dimension der Varianz eine quadrierte Dateneinheit, also z.B. DM^2 bei Einkommensdaten. Um eine bessere Interpretation zu erreichen, und um in Spezialfällen der Streuung auch eine anschauliche Bedeutung geben zu können, wird aus der Varianz eine weitere Größe berechnet, mit der die Streuung in ganz analoger Weise angegeben werden kann, die Standardabweichung s.

> *Definition*: **Standardabweichung** s ist die Wurzel aus der Varianz: $s = \sqrt{s^2}$

Die Standardabweichung der obigen Daten ist damit $\sqrt{165650}$ = 407,00 DM und damit eine Maßzahl, die in der Größenordnung der Daten liegt.

Die Tabelle 6.3 zeigt diese Zahlen für die Einkommensverteilung von Männern und Frauen aus der obigen Grafik.

Tabelle 6.3: Lage- und Streuungsparameter der Einkommensverteilung (ohne Einkommen = 0)

Statistiken

BEFR.: NETTOEINKOMMEN, OFFENE ABFRAGE

MANN	N	Gültig	1001
		Fehlend	740
	Mittelwert		2390,45
	Median		2200,00
	Standardabweichung		1315,52
	Varianz		1730603
	Spannweite		12300
	Perzentile	25	1500,00
		50	2200,00
		75	3000,00
FRAU	N	Gültig	951
		Fehlend	758
	Mittelwert		1454,49
	Median		1250,00
	Standardabweichung		850,09
	Varianz		722655,85
	Spannweite		5920
	Perzentile	25	850,00
		50	1250,00
		75	2000,00

Die Standardabweichung kann man als Wert direkt in die Verteilung einzeichnen. Die Standardabweichung stellt in irgendeiner Weise die „Mitte" der um den Mittelwert als Berg verteilten Daten dar. Man kann sie deshalb symmetrisch um den Mittelwert einzeichnen, auch wenn, wie in Abbildung 6.6, eine linkssteile und daher nichtsymmetrische Verteilung vorliegt.

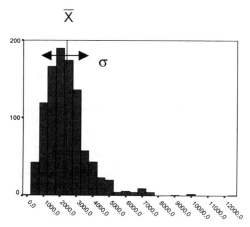

BEFR.: NETTOEINKOMMEN, OFFENE ABFRAGE

Abbildung 6.6: Einkommensverteilung Männer mit Mittelwert und Standardabweichung

Für den Mittelwert gilt bzgl. der Varianz ein ähnlicher Satz wie für den Median bzgl. der durchschnittlichen Abweichung MAD:

$$\sum_{i=1}^{n} (x_i - \overline{X})^2 \leq \sum_{i=1}^{n} (x_i - a)^2 \text{ für beliebiges a, genauer gilt}$$

$$\sum_{i=1}^{n} (x_i - \overline{X})^2 = \sum_{i=1}^{n} (x_i - a)^2 - n(\overline{X} - a)^2$$

(Beweis Hochstädter: 83), so dass nur für a = $\overline{X}$ die rechte Abstandsquadratsumme minimal wird. Wenn man die Abstände der Daten voneinander nicht als ihre Differenz, sondern als ihre quadrierte Differenz misst, dann ist der Mittelwert genau der Wert, der von allen anderen Werten gleichzeitig den kleinsten (quadrierten) „Abstand" hat.

In Kapitel 5.5 wurden Transformationen von Daten beschreiben. Ein Transformation war das Abziehen das Mittelwerts von den einzelnen Daten. Sie hat den Effekt, dass der Mittelwert der transformierten Daten Null ist. Nun kann mit Hilfe der Standardabweichung eine weitere Transformation der Daten vorgenommen werden, um zu erreichen, dass sie den Mittelwert 0 und die Standardabweichung 1 besitzen. Die Transformationsformel lautet:

Definition: Eine **Standardisierung**, standardisierende Transformation von Daten ist die Transformation
$$x' = \frac{x - \overline{X}}{s}$$

Beispiel:
1490, 1710, 1820, 1960, 2570. Dann ist $\overline{X} = 1910$, $s = 407$
$x_1' = (1490 - 1910)/407 = -1{,}03$
$x_2' = (1710 - 1910)/407 = -0{,}49$
$x_3' = (1820 - 1910)/407 = -0{,}22$
$x_4' = (1960 - 1910)/407 = 0{,}12$
$x_5' = (2570 - 1910)/407 = 1{,}62$ und es ergibt sich
$\overline{X} = 0{,}000$,
$s^2 = ((-1{,}03)^2 + (-0{,}49)^2 + (-0{,}22)^2 + (0{,}12)^2 + 1{,}62)^2)/4 = 1$.

Da sowohl Standardabweichung als auch Varianz in ihrer Größenordnung sehr von dem durchschnittlichen Wert der Daten abhängen – eine einfache Verschiebung der Daten um den Wert 100 bewirkt für jeden SAQ-Summand 10000 mehr! – kann man die Streuung von Datensätzen mit verschiedenen Mittelwerten nicht gut miteinander vergleichen. Man kann für diesen Fall den sog. Variationskoeffizient bilden.

> *Definition*: Der **Variationskoeffizient** V ist definiert (nur für nichtnegative Daten) als
>
> $$V = \frac{s}{\overline{X}} \cdot 100$$

Er eignet sich zum Vergleich von Streuungen. Als Beispiel diene der Vergleich der Einkommensstreuung der Männer und Frauen aus den obigen Daten:

V_{Frauen} = 850,09/ 1454,49 = 0,584
$V_{Männer}$ = 1351,52/ 2390,45 = 0,565

Bei Männern und Frauen ist also eine etwa gleich große Streubreite an Einkommen vorhanden, wenn man berücksichtigt, dass die Frauen ein im Durchschnitt geringeres Einkommen erzielen.

> Exkurs
> **6.4 Momente**
>
> Wenn man sich die Formeln für Mittelwert und Varianz ansieht, so kann man dabei eine gewisse Vorschrift feststellen, wie die Formeln gebildet werden. Diese Vorschrift kann man fortsetzen:
>
> $1/n \sum_{i=1}^{n} x_i$: Mittelwert
>
> $1/n \sum_{i=1}^{n} (x_i - \overline{X})^2$: Varianz
>
> $1/n \sum_{i=1}^{n} (x_i - \overline{X})^3$: **Schiefe** (Skewness) einer Verteilung
>
> $1/n \sum_{i=1}^{n} (x_i - \overline{X})^4$: **Kurtosis**, Wölbung oder Exzess einer Verteilung

> Diese weiteren Summen haben jeweils eine weitere Bedeutung für die Beschreibung einer Häufigkeitsverteilung. Die dritte Summe beschreibt die Schiefe: Sie wird positiv, wenn die Verteilung linkssteil, und negativ, wenn die Verteilung rechtssteil ist. Die vierte Summe beschreibt die Wölbung, auch Kurtosis genannt. Ist die Kurtosis negativ, so ist die Verteilung nach oben gewölbt, ist sie positiv, so ist sie nach innen zum Mittelwert hin gewölbt. Diese Größen werden ebenfalls von SPSS ausgegeben. Im Prinzip lassen sich durch Fortsetzung dieses Prinzips alle Gestaltmöglichkeiten einer Häufigkeitsverteilung auch mit diesen sog. Momenten beschreiben.

6.5 Ein Streuungswert für bivariable Verteilungen: die Kovarianz

Bisher wurde nur die Streuung einer einzigen Variablen betrachtet. Es gibt aber ebenfalls ein wichtiges Streuungsmaß, die Kovarianz, das die Streuung einer bivariablen Verteilung beschreibt. Dieses Maß wird später weiter behandelt, um die Korrelation zu definieren. Die Kovarianz misst die Streubreite eines Streudiagramms.

Bei der Darstellung der bivariablen Verteilung von zwei Variablen geht es, wie bei jeder bivariablen Verteilung (s. Kap. 4.5), um ihren Zusammenhang. Abbildung 6.7 stellt ein Beispiel für ein Streudiagramm dar.

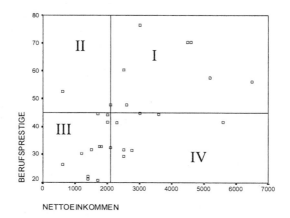

Abbildung 6.7: Streudiagramm mit Quadranten

Wenn man in dieses Streudiagramm die Mittelwerte beider Variabler einträgt, kann man 4 Bereiche, sog. Quadranten, bilden, die sich nach den Vorzeichen der Abweichungen der Variablen von ihren jeweiligen Mittelwerten $\overline{X}$ und $\overline{Y}$ und der Produkte dieser Abweichungen unterscheiden:

Quadrant I: $\quad x_i > \overline{X}$, $y_i > \overline{Y}$, Produkt $(x_i - \overline{X})(y_i - \overline{Y}) > 0$
Quadrant II: $\quad x_i < \overline{X}$, $y_i > \overline{Y}$, Produkt $(x_i - \overline{X})(y_i - \overline{Y}) < 0$
Quadrant III: $\quad x_i < \overline{X}$, $y_i < \overline{Y}$, Produkt $(x_i - \overline{X})(y_i - \overline{Y}) > 0$
Quadrant IV: $\quad x_i > \overline{X}$, $y_i < \overline{Y}$, Produkt $(x_i - \overline{X})(y_i - \overline{Y}) < 0$

Wenn man nun die Summe aller dieser Produkte bildet und sie s_{xy} nennt, dann gilt folgendes:
- wenn die Punkte hauptsächlich in den Quadranten I und III liegen, ist s_{xy} positiv
- wenn die Punkte hauptsächlich in den Quadranten II und IV liegen, ist s_{xy} negativ
- je mehr die Punkte gleichmäßig in allen Quadranten verteilt sind, desto weniger weicht s_{xy} positiv oder negativ von 0 ab.

Diese Beobachtung führt zur Definition der Kovarianz:

> *Definition*: Die **Kovarianz** s_{xy} zweier Variablen X und Y ist definiert durch
>
> $$s_{xy} = \frac{1}{n-1} \cdot \sum_{i=1}^{n}(x_i - \overline{X})(y_i - \overline{Y})$$

Die Kovarianz ist damit ein Maß, das Auskunft über die Gestalt und Lage der Punktwolke des Streuungsdiagramms, d.h. der bivariablen Verteilung gibt. Ein Streuungsmaß für eine univariate Verteilung kann nur angeben, ob die Daten enger oder weiter um den mittleren Wert streuen. In Erweiterung dieser Möglichkeit muss ein Streuungsmaß für eine bivariable Verteilung zwei Dimensionen beschreiben: ebenfalls die engere oder breitere Streuung um den Mittelpunkt, d.h. die Form: eher gleichmäßig, oder eher auf eine bestimmmte Form konzentriert, und zweitens die Lage dieser Form bzw. die Hauptrichtung der Punktwolke im Raum der zwei Dimensionen.

Genau das tut die Kovarianz: je näher sie – positiv oder negativ – an 0 ist, desto gleichmäßiger sind die Daten verteilt, bzw. je größer sie insgesamt - positiv oder negativ – ist, desto eher sind die Daten auf einer diagonalen Linie verteilt. Auf einer diagonalen Linie verteilt zu sein, bedeutet für den Zusammenhang der beiden Merkmale, dass man von einem Merkmal auf das andere schließen kann.

Und zweitens kann die Kovarianz die Lage angeben: Ist sie positiv, dann sind die meisten Daten in Quadrant I und III, d.h. wenn ein Fall im Merkmal X über dem Mittelwert aller Fälle liegt, dann auch im Merkmal Y. Umgekehrt ist es, wenn die Kovarianz negativ ist: dann ist eine über dem Mittelwert liegende Ausprägung im Merkmal X immer mit einer unter dem Mittelwert liegende Ausprägung in Y verknüpft, und die Daten liegen hauptsächlich in den Quadranten II und IV. Das Streudiagramm in Abbildung 6.7 zeigt die Mehrzahl der Daten in den Quadranten I und III, die Kovarianz ist positiv.

Sozialwissenschaftliche Beispiele für aussagekräftige Streuungsdiagramme sind eher selten, weil zwei metrische Variable benötigt werden. Es ist oben erwähnt worden, dass sich sozialwissenschaftliche Daten von naturwissenschaftlichen vor allem auch darin unterschieden, dass es viel weniger metrische Daten gibt. In den Sozialwissenschaften wird das metrische Skalenniveau oft erst konstruiert, etwa als Index aus kategorialen Daten. Im folgenden Bespiel eines Streudiagramms ist die eine metrische Variable ein solcher Index, nämlich das Berufsprestige.

Fast alle Personen können angeben, welcher von zwei ihnen genannten Berufe mehr Prestige hat, was immer auch „Prestige" genau für die Befragten bedeutet. Als einfaches Beispiel dient ein Gegensatzpaar wie „Arzt" auf der einen Seite" und „LKW-Fahrer" auf der anderen Seite. Der Arztberuf hat nach dem Verständnis der meisten Menschen ein höheres Prestige. Aus einer korrekt durchgeführten Befragung dieses Verständnisses kann man eine metrische Variable konstruieren, die „Berufsprestige" heißt. Sie hat Werte von 0 – 100, und der Großteil aller Berufsbezeichnungen erreicht dort einen ganz bestimmten Wert.

Dieses Verfahren ist natürlich anzuweifelbar, insbesondere, wenn Prestige auch als Indikator für eine bestimmte soziale Lage dienen soll. Für das Beispiel wird angenommen, dass eine solche Skala des Berufsprestiges existiert. Die zweite Variable sei das Einkommen. Die Frage des Zusammenhangs dieser beiden Variablen ist dann: Steigt mit dem Berufsprestige auch das Einkommen? Abbildung 6.8 zeigt das Streudiagramm dieser Variablen nach den ALLBUS-Daten.

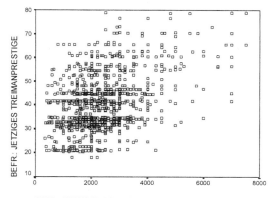

Abbildung 6.8: Streudiagramm Einkommen - Berufsprestige

Wie man sieht, ist die Kovarianz offenbar positiv, aber die Streuung ist relativ breit, und deshalb die Kovarianz klein. Das bedeutet, dass ein Beruf mit höherem Prestige zwar im Durchschnitt auch mehr Einkommen erzielt, aber dass diese durchschnittliche Steigerung nicht sehr hoch ist. Wie das genauer gemessen werden kann, wird im Kapitel 12 gezeigt.

6.6 Ein Maß für die Heterogenität nominalskalierter Variable: Simpsons D

Bei nominalskalierten Merkmalen, die keine Größer-Kleiner-Relation kennen, ist die Form ihrer Häufigkeitsverteilung nicht festgelegt: wenn man etwa im Balkendiagramm der Religionsverteilung (Abbildung 4.1) zwei Kategorien vertauscht, erhält man einen anderen Eindruck von "Streuung" dieses Merkmals. Dennoch kann man mit Hilfe einer anderen Eigenschaft Unterschiede in der Verteilung nominalskalierter Merkmale erkennen: man kann entscheiden, ob die Fälle sich eher auf alle Ausprägungen gleichmäßig verteilen oder ob sie eher auf eine oder wenige Ausprägungen "konzentriert" sind. Man kann das auch eher "heterogen" oder eher "homogen" nennen. Ein Maß, das das Ausmaß der Heterogenität misst, wird deshalb die relativen Häufigkeiten der Ausprägungen vergleichen. Je mehr diese sich gleichen, d.h. je näher die Verteilung einer Gleichverteilung kommt, desto weniger kann man die Ausprägung eines Falles einschätzen, desto heterogener ist das Merkmal verteilt. Je größer dagegen die relative Häufigkeit der Modalkategorie ist, desto eher liegt ein beliebiger Fall auch in dieser häufigsten Kategorie, desto mehr ist das Merkmal auf den Modus konzentriert. Das Maß sollte deshalb – analog zu den Streuungsmaßen – einen größeren Wert für den ersteren Fall der größeren Heterogenität und einen kleineren Wert bei mehr Homogenität haben. Ein Maß, das diese Werte ergibt, ist das Folgende:

Definition: Ein Maß für die Heterogenität nominalskalierter Daten ist **Simpson's D**

$$D = \frac{k}{k-1} \cdot \left(1 - \sum_{i=1}^{k} p_i^2\right)$$

dabei ist k = Anzahl der Ausprägungen, p_i = relativeHäufigkeit der Ausprägung i.

D wird offenbar 0 genau dann, wenn alle Fälle in der Modalkategorie sind und 1 genau dann, wenn alle Ausprägungen dieselbe Häufigkeit, die dann genau 1/k ist, haben. Statt Heterogenität wird auch der Begriff der "Entropie" oder der "Information" gebraucht, die mit anderen Formeln definiert sind, aber ebenfalls um so größer werden, je näher eine Häufigkeitsverteilung der Gleichverteilung kommt.

Als Beispiel in Tabelle 6.4 die Häufigkeitsverteilung der Ethnien in den USA:

Tabelle 6.4: Ethnische Verteilung in den USA (Quelle: GSS = General Social Survey 1991)

Race of Respondent

		Häufigkeit	Prozent	Gültige Prozente	Kumulierte Prozente
Gültig	White	1264	83,3	83,3	83,3
	Black	204	13,4	13,4	96,8
	Other	49	3,2	3,2	100,0
	Gesamt	1517	100,0	100,0	

Simpsons D errechnet sich dann wie folgt:

$$D = 3/2 \cdot (1 - 0,833^2 - 0,134^2 - 0,032^2) = 0,4365$$

Der absolute Wert von D ist schwer zu interpretieren, wenn D nicht nahe 0 oder 1 ist. Zwei nominalskalierte Merkmale lassen sich jedoch mit D gut daraufhin vergleichen, welches heterogener ist.

Weitere Literatur zu diesem Kapitel: Clauß u.a. 1995[2]: 46 – 62, Hochstädter: 71-86, Kühnel/Krebs: 50-56, 83-103

Übungsaufgaben:
1. Nehmen Sie die Daten aus Aufgabe 1. in Kapitel 4. Berechnen Sie den Quartilsabstand dieser Daten und interpretieren Sie seinen Wert inhaltlich.
2. Gegeben seien folgende Antworten auf einer Skala mit 7 Kästchen zum Ankreuzen (Codes 1 bis 7):
5, 7, 3, 4, 2, 1, 6, 4, 7, 5, 1, 2, 6, 3, 2, 7
Transformieren Sie die Daten so, dass sie einen Mittelwert von $\bar{x}$ = 0 und eine Standardabweichung von s = 1 haben.

Kapitel 7: Die Normalverteilung und andere theoretische Verteilungen

Nachdem in den letzten Abschnitten die Beschreibung empirisch erhobener Datensätze behandelt wurde, werden die nächsten beiden Abschnitte statistische Theorie behandeln. Diese Theorie ist aus folgenden Gründen notwendig:
1. Zur Bestimmung der Möglichkeit und Genauigkeit induktiver Schlüsse (Inferenz-Statistik).
   I.A. können nicht alle Personen befragt oder alle Objekte untersucht werden, über die auch eine Aussage gemacht werden soll, sondern nur eine kleine Zahl. Dann besteht das Problem eines induktiven Schlusses von einer kleinen Auswahl auf die Gesamtheit. Um diesen Schluss wissenschaftlich und nachvollziehbar zu gestalten, müssen die allgemeinen Grundlagen der Möglichkeiten eines solchen Schlusses theoretisch ermittelt werden
2. Um theoretische, statistische Modelle bi- und multivariabler Verteilungen mit empirisch vorgefundenen Verteilungen vergleichen und damit Rückschlüsse auf real vorhandene Abhängigkeiten vornehmen zu können.

Das Erscheinungsbild der Daten, ihre Häufigkeitsverteilung, wird i.A. durch bestimmte real bestehende Abhängigkeiten erzeugt, d.h. es gibt meistens Ursachen dafür, warum Daten so verteilt sind und nicht anders. Spezielle Zusammenhänge von Ursachen und Wirkungen führen ganz ohne Daten zu Aussagen darüber, welche Art von Verteilungen diese Zusammenhänge erzeugen. Es ist deshalb nützlich, zunächst theoretisch Zusammenhänge zwischen bestimmten Ursachenkomplexen und den von ihnen erzeugten Häufigkeitsverteilungen zu bestimmen. Dann kann man einerseits aus empirischen Häufigkeitsverteilungen im Umkehrschluss auf Ursachenkonstellationen und andrerseits aus bestimmten vorliegenden Ursachenkomplexen auf bestimmte zu erwartende Verteilungen schließen.

Als Beispiel für das erste Problem sei die erste größere fehlgeschlagene Wahlprognose der amerikanischen Präsidentschaftswahlen im Jahr 1936 genannt, die vom Literary Digest durchgeführt wurde.

„Die Zeitschrift ‚Literary Digest' hatte schon mehrfach bei amerikanischen Präsidentschaftswahlen sogenannte ‚polls' (Wahlumfragen) in großem Stil durchgeführt. Bei den Wahlen 1936 wurden zehn Millionen Probestimmzettel an Amerikaner verschickt, deren Adressen im Verzeichnis „Telefon und Auto" eingetragen waren. Immerhin kamen 2,4 Millionen ausgefüllte Stimmzettel zurück, deren Auswertung ein klares Ergebnis zugunsten des Kandidaten Landon versus Roosevelt erbrachte. Ein damals noch unbekannter Forscher namens George Gallup wählte dagegen eine andere Methode: Er bildete eine relativ kleine Stichprobe, die in wesentlichen Merkmalen einem verkleinerten Abbild der amerikanischen Wählerschaft entsprach. Immerhin erzielte Gallup damals einen überwältigenden Erfolg. Seine Prognose lautete, dass Roosevelt 1936 als Präsident wiedergewählt wurde. Der „Literary Digest" unterschätzte dagegen die Stimmenzahl Roosevelts um 19%." (Diekmann 1995:325-326)

Der Grund lag darin, dass der Literary Digest die Adressen seiner Befragten über Telefonbücher oder Listen von Autobesitzern ermittelte. Dabei wurden offenbar erheblich mehr gutsituierte Bürger erwischt, die sich Telefon oder Auto überhaupt leisten konnten. Diese Schichten entwickelten in diesem Wahljahr offenbar gerade keine besondere Präferenz für den Kandidaten Roosevelt.

Das Beispiel lehrt, dass nicht einfach die Masse von Beobachtungen immer bessere Ergebnisse beschert, sondern dass man mit Hilfe statistischer Theorie schon mit verhältnismäßig sehr kleinen Datensätzen zu recht brauchbaren Verallgemeinerungen kommen kann. Aus theoretisch – statistischen Überlegungen lassen sich genau die Bedingungen ableiten, die einen solchen Induktionsschluss ermöglichen.

Als Beispiel für das zweite Problem sei eine Untersuchung eines Vorreiters zur Anwendung statistischer Verfahren auf gesellschaftliche Probleme, des Franzosen Quetelet aus dem letzten Jahrhundert, genannt. Er erforschte u.a. die Verteilung der Körpergrößen von Menschen und benutzte dazu die Angaben der französischen Armee über die Größe gemusterter Rekruten. Das ergab eine schöne stetige Häufigkeitsverteilung zwischen 1,30 und 1,90 Größe, aber sie wies eine merkwürdige Lücke bei der Größe 1,50 auf: es traten nämlich erstaunlich wenig Rekruten mit einer Größe von 1,50 – 1,54 auf. Um die Frage zu entscheiden, ob diese Ursache natürlicher Art war, musste man wissen, was für eine Form die Verteilung die Messung von Körpergrößen denn theoretisch überhaupt ergibt. Quetelet, der das wusste, konnte einwandfrei schließen, dass es sich hier um eine spezifische Musterungs-Lücke handelt, die sich daraus ergab, dass Männer unter 1,50 Größe vom Militärdienst freigestellt wurden.

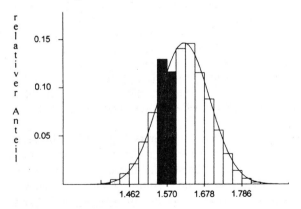

Abbildung 7.1: Quetelets Ermittlung der Größe von Rekruten (nach Diekmann 1995:84)

7.1 Stichprobenverteilungen

Um das erste Problem anzugehen, soll ein Beispiel aus den Jugendsurvey-Daten herangezogen werden. Dort wurden Jungen und Mädchen befragt, für wie wichtig sie Rücksichtnahme auf andere Personen halten. Dabei stellte sich heraus, dass sich Jungen und Mädchen in ihrem Urteil unterscheiden. Die Jugendlichen konnten auf einer 7 – er Skala von „ganz unwichtig" bis zu „sehr wichtig" ankreuzen. Die Mittelwerte und Standardabweichungen der Antworten für Jungen und Mädchen waren:

Tabelle 7.1: „Wichtigkeit von Rücksicht nehmen" für Mädchen und Jungen

Deskriptive Statistik

Geschlecht		N	Mittelwert	Standardabweichung
maennlich	wichtig: Ruecksicht nehm.	1079	5,23	1,39
weiblich	wichtig: Ruecksicht nehm.	1018	5,52	1,25

Wie man sieht, haben die Mädchen einen höheren Mittelwert, halten Rücksichtnahme also für wichtiger. Es stellt sich nun sofort die Frage, inwiefern dieses Ergebnis verallgemeinert werden kann, z.B. auf alle in Deutschland lebenden Jugendlichen, und nicht etwa ein Ergebnis ist, dass sich aus der zufälligen Auswahl gerade dieser 2100 Jugendlichen ergibt.

Dazu einige Überlegungen: Wären die Befragten nach einem bestimmten Merkmal ausgewählt, z.B. nur Schüler befragt worden, wäre es sicherlich nicht möglich, die Ergebnisse auch auf Lehrlinge und berufstätige Jugendliche auszudehnen. Wären sie nur aus einer bestimmten Stadt ausgewählt, wäre es ebenso unmöglich, die Ergebnisse auf andere Regionen zu übertragen. Man nennt die Auswahl eine Stichprobe und die Menge, auf die mit Hilfe der Stichprobe geschlossen werden soll, die Grundgesamtheit. Die

Überlegungen zeigen, dass eine Stichprobe im Prinzip ein verkleinertes Abbild der Grundgesamtheit sein muss. Die einzige Möglichkeit, um auszuschließen, dass ein bestimmtes Merkmal in der Stichprobe in größerer Zahl vorhanden sein kann als in der Grundgesamtheit, besteht darin, die Auswahl der Stichprobenelemente rein zufällig vorzunehmen. Denn nur damit werden alle möglichen, auch bisher unbekannten Merkmale, in gleicher Weise erfasst. Das führt zu folgender Definition:

> *Definition*: Eine **Grundgesamtheit** (auch **Population**) besteht aus all denjenigen Objekten (Elementen, Untersuchungseinheiten, Merkmalsträgern), über die man eine Aussage treffen will. Eine **Stichprobe** aus einer **Grundgesamtheit** (auch **Population**) von Elementen ist eine zufällige Auswahl von Elementen, bei der jedes Element dieselbe Chance hat, ausgewählt zu werden.

Beispiel: Grundgesamtheit sei die Göttinger Bevölkerung. Eine Stichprobe ist dann eine zufällige Ziehung aus dem Register des Einwohnermeldeamts.

Mit welchen Methoden im einzelnen eine Annäherung an eine solche Zufalls-Auswahl bei tatsächlichen Umfragen erreicht werden kann, wird in der empirischen Sozialforschung behandelt.

Der Jugendsurvey und alle guten Befragungen wenden genau dieses Prinzip der Zufälligkeit bei der Stichprobenziehung an, so dass man mit diesen Datensätzen prinzipiell auf alle in Deutschland Lebenden zurückschließen kann. Die Frage, die sich dann stellt, ist also genauer, inwieweit der Mittelwert eines bestimmten Merkmals, der sich bei einer solchen Stichprobe ergibt, eine genaue Angabe ist.

Was kann geschehen, wenn man eine andere Stichprobe von nur 2100 Menschen aus dieser gewaltigen Grundgesamtheit von ca. 20 Mill. Jugendlichen ebenso mit zufälliger Auswahl zieht? Kann sich nicht ein völlig anderer Wert auf Grund der zufälligen Auswahl ergeben? (der Literary Digest hatte immerhin 2,4 Mill. Menschen befragt). Um dieser Frage näher zu kommen, kann man eine größere Anzahl zufälliger Stichproben ziehen und die Ergebnisse daraus vergleichen.

Es wird also das folgende Experiment veranstaltet: Man zieht aus einer Grundgesamtheit 90 verschiedene Stichproben derselben Größe und berechnet jeweils die Mittelwerte von allen diesen 90 Stichproben. Diese 90 Werte bilden die Rohdaten, von denen dann die Häufigkeitsverteilung dargestellt wird. Es handelt sich damit also um eine Verteilung von Mittelwerten, d.h. um eine Verteilung von einem Verteilungsparameter.

Die Grundgesamtheit bilden die im Jugendsurvey befragten 2100 Jugendlichen, von denen der genaue Mittelwert bekannt ist (Tabelle 7.1). Dann werden 90 mal jeweils 100 Befragte aus dieser Grundgesamtheit zufällig ausgewählt, also jeweils ca. 50 Jungen und ca. 50 Mädchen. Damit hat man nunmehr 90 verschiedene Stichproben für Jungen und für Mädchen. Von diesen 90 Stichproben werden dann jeweils die Mittelwerte berechnet. Es ergeben sich folgende Bilder der Häufigkeitsverteilung dieser Mittelwerte (Abbildung 7.2):

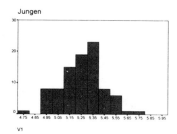 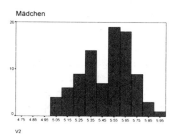

Abbildung 7.2: Verteilung von Mittelwerten von 90 Stichproben, für Jungen (StdAbw = 0,18) und Mädchen (StdAbw = 0,21)

Die Bilder zeigen die Verteilungen der Mittelwerte von 90 gleichartigen zufälligen Stichproben. Hier wurden gerade 90 verschiedene Stichproben gezogen. Man kann sich jedoch vorstellen, dass man sehr viel mehr, ja beliebig viele Stichproben aus einer Grundgesamtheit zieht und jeweils den Mittelwert bildet. Der Datensatz besteht also aus Mittelwerten von Stichproben. Dieses Merkmal, die Mittelwerte der verschiedenen Stichproben, ist natürlich ein metrisches Merkmal, denn der Mittelwert kann sehr fein unterscheidbare Werte annehmen. Wenn man nun immer mehr Stichproben zieht und deren Mittelwerte bestimmt, dann erhält man immer feinere Messwertklassen und eine immer glattere Häufigkeitsverteilungskurve. Wenn das Endresultat einer solchen immer weitergehenden Verfeinerung theoretisch bekannt wäre, dann wüsste man genau, wie sich die Mittelwerte aller nur denkbaren Stichproben um den wahren Mittelwert der Grundgesamtheit verteilen. Eine solche theoretische Verteilungsfunktion wäre eine stetige Verteilungsfunktion, denn der Mittelwert ist ja ein besonders prägnantes Beispiel für ein metrisches Merkmal.

> *Definition*: Bei der **Häufigkeitsverteilung eines Parameters (Stichprobenverteilung)** bestehen die Fälle aus Stichproben und das Merkmal ist der jeweilige Parameter der Stichprobe.
> Eine **theoretische Verteilung** oder **Prüfverteilung** ist diejenige Stichprobenverteilung, die sich bei unendlich vielen Stichproben ergeben würde.

Die Leistung der Statistik besteht nun darin, dass sie diese theoretischen Verteilungen für eine ganze Reihe von Parametern mathematisch herleiten kann.

Wenn man einen bestimmten Parameter, z.B. den Mittelwert, aus einer einzigen Stichprobe berechnet, weiß man dann im Vorhinein, welche Häufigkeitsverteilung dieser Parameter hat. Damit kann aber der Parameter aus einer einzigen Stichprobe mit der Verteilung aller möglichen Stichproben verglichen werden und daraus eine Abschätzung der Güte der Stichprobe abgeleitet werden. Die Güte einer Stichprobe kann also durch den Vergleich ihres Parameters mit der theoretischen Verteilung dieses Parameters ermittelt werden (s. Abbildung 7.3).

Bisher wurden immer Häufigkeitsverteilungen von endlich vielen Fällen behandelt, so dass hier kurz für den Fall einer stetigen theoretischen Verteilung, z.B. eben der Prüfverteilung eines metrischen Kennwertes, die Bedeutung der relativen Häufigkeit noch einmal wiederholt wird.

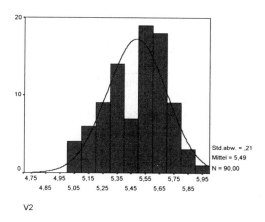

Abbildung 7.3: Häufigkeitsverteilung und theoretische Verteilung eines Parameters

Für eine einzelne Messwertklasse war der relative Anteil an der Häufigkeit definiert durch eine Zahl zwischen 0 und 1. Z.B. hat hier die Messwertklasse mit Werten um die 5,55 den relativen Anteil 19/90 = 0,18. Die relativen Häufigkeiten aller Messwertklassen zusammen ergeben genau 1. Man kann das auch so interpretieren: wenn alles in relativen Häufigkeiten angegeben ist, hat die Fläche unter der Verteilungskurve, die sich ja aus allen Messwertklassensäulen zusammensetzt, den Wert 1. Für eine theoretische Verteilung erfolgt die Bestimmung genauso: Die Fläche unter der theoretischen Verteilung ist ebenfalls genau 1. Der relative Anteil, den ein Bereich von Ausprägungen unter einer theoretischen Verteilung hat, ist dann genau durch die Fläche unter der Verteilungskurve über dem Bereich der Ausprägungen gegeben (s. Abbildung 7.4).

> *Definition*: **Dichtefunktion** heißt eine stetige Häufigkeitsverteilungsfunktion f eines metrischen Merkmals oder einer theoretischen Verteilung. Sei F die kumulierte Verteilung. Es gilt:
> relativer Anteil der Fälle mit Wert x aus Bereich a $\leq$ x < b
> = Fläche unter der Dichtefunktion f(x) über dem Intervall [a,b)
> = F(b) – F(a)

Mit dieser Definition hat die gesamte Fläche unter einer stetigen Häufigkeitsverteilung genau den Wert 1, nämlich den Wert, der die Summe aller relativen Häufigkeiten bildet.

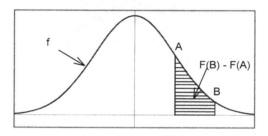

Abbildung 7.4: Flächenstücke unter einer theoretischen Verteilung

7.2 Die Normalverteilung

Im folgenden wird diese theoretische Beziehung am Beispiel des Parameters „Mittelwert" genauer ausgeführt. Die Form der theoretischen Verteilung von Mittelwerten aus verschiedenen Stichproben einer Grundgesamtheit ist gut bekannt. Sie ist die fundamentale Entdeckung der Statistik gewesen und ihre bekannteste Funktion. Sie wurde von dem Göttinger Mathematiker Gauß entdeckt. Sie heißt Normalverteilung und hat eine typische eingipflige symmetrische Form. Weil die Normalverteilung eine sehr wichtige Verteilung ist, sollen zunächst einige theoretische Ergebnisse über sie hergeleitet werden.

> *Definition*: Die **Normalverteilung N(μ, σ)** ist die Funktion
>
> $$N(\mu,\sigma)(x) = \frac{1}{\sigma\sqrt{2\pi}} e^{-\frac{(x-\mu)^2}{2\sigma^2}}$$
>
> Sie hat 2 Parameter: Mittelwert μ und Standardabweichung σ

Abbildung 7.5: Grafik und Funktion der Normalverteilung auf dem 10-Mark-Schein

Die Formel brauchte man sich früher nicht zu merken, weil sie auf jedem 10-D-Mark-Schein stand, ebenso wie die Grafik (s. Abbildung 7.5). Mittelwerte und andere Parameter wie die Streuung von theoretischen Verteilungen werden mit griechischen Buchstaben bezeichnet, hier μ und σ. Die Normalverteilung ist mit ihrer Formel durch genau zwei Parameter vollkommen beschrieben. μ ist der Mittelwert und σ die Standardabweichung der theoretischen Normalverteilung. Der Mittelwert befindet sich am höchsten Punkt dieser Verteilung. Wichtig ist noch, dass die Normalverteilung von $-\infty$ bis $+\infty$ reicht. Die Faktoren vor der Exponentialfunktion e dienen der Normierung, d.h. sie stellen sicher, dass die Fläche unter dieser stetigen Häufigkeitsverteilung genau 1 ist.

Die Normalverteilung ist deswegen notwendig, weil ein starkes theoretisches Ergebnis, der sog. zentrale Grenzwertsatz, die theoretische Verteilung von Stichprobenmittelwerten mit der Normalverteilung in Verbindung bringt:

> **„Zentraler Grenzwertsatz":**
> Die Mittelwerte $\overline{X}$ aller Stichproben mit n Fällen aus einer Grundgesamtheit mit Mittelwert M und Standardabweichung S sind normalverteilt mit $N(M, S/\sqrt{n})$.
> $\overline{X} \sim N(M, S/\sqrt{n})$.

Das Zeichen „ $\sim$ " bedeutet „verteilt nach der Funktion". Damit hat der Satz die Streuung der Daten in der Grundgesamtheit mit der Streuung der Mittelwerte aus verschiedenen Stichproben, die aus dieser Grundgesamtheit gezogen werden, in Verbindung gebracht.

Die Größe $S/\sqrt{n}$ hat einen speziellen Namen: sie heißt „Standardfehler".

> *Definition*: **Standardfehler** heißt die Standardabweichung der Mittelwerte-Verteilung, die Größe $S/\sqrt{n}$.

An den Daten aus der Jugendsurvey – Umfrage kann die Beziehung zwischen theoretischem Standardfehler und tatsächlicher Standardabweichung der Mittelwerte-Verteilung nachgerechnet werden. Die Standardabweichung der Grundgesamtheit ist für die Jungen 1,39 (Tabelle 7.1). Das n, die Größe der gezogenen Stichproben, ist n = 100 für Mädchen und Jungen, d.h. für ein Geschlecht alleine 50. $\sqrt{50}$ ist gleich 7,07. Dann ist der Standardfehler 1,39/7,07 = 0,197. Die Prüfverteilung der Mittelwerte aller möglichen Stichproben der Größe 50 aus den Fällen des Jugendsurveys ist deshalb die Verteilung N(5,23; 0,197), mit dem Mittelwert 5,23 aus der Grundgesamtheit und dem berechneten Standardfehler 0,197 als Standardabweichung. Die tatsächliche Standardabweichung, die die Auswahl von 90 gezogenen Stichproben für die Jungen ergibt, ist 0,18 (s. Abbildung 7.2). Sie weicht – durch den Zufall der Auswahl der 90 Stichproben bedingt – ein wenig davon ab, ist aber genau um die Größenordnung des Faktors

√n kleiner. Damit ist die in diesem Satz belegte Beziehung zwischen der Standardabweichung der Grundgesamtheit und der Standardabweichung der Mittelwerte aller möglichen Stichproben, dem Standardfehler, in diesem Beispiel wieder auffindbar.

Die Normalverteilung hat deshalb eine überragende Bedeutung in der Statistik, weil nicht nur Mittelwerte, sondern auch viele andere Kennwerte und Größen normalverteilt sind. So sind normalverteilt
- die Fehler, die Maschinen bei der Herstellung eines normierten Teils in bezug auf die Einhaltung der Norm machen
- viele biologische Variablen wie Körperlänge etc.
- Messfehler, die Messinstrumente (auch sozialwissenschaftliche) bei der Ablesung von Größenangaben machen.

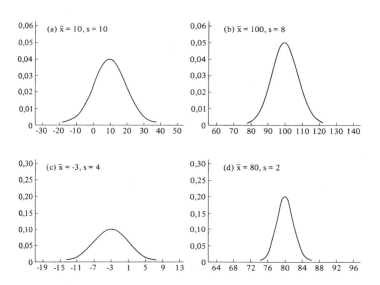

Abbildung 7.6: Verschiedene Gestalten der Normalverteilung (nach Bortz: 93)

Jede Normalverteilung ist durch die zwei Parameter Mittelwert µ und Standardabweichung σ eindeutig gekennzeichnet. Man sieht in Abbildung 7.6, dass eine Veränderung von µ eine Verschiebung der Verteilung in Richtung der x-Achse bewirkt: wird µ größer, so wandert die Verteilung nach rechts, wird µ kleiner, nach links. Wird die Standardabweichung σ größer, so wird die Kurve, d.h. die Verteilungsform insgesamt flacher, wird σ kleiner, so wird sie schmaler. Durch diese Möglichkeiten ist eine der vielen möglichen Normalverteilungen besonders ausgezeichnet, nämlich diejenige mit Mittelwert 0 und Standardabweichung 1.

> *Definition*: Die Verteilung N(0,1) heißt **Standardnormalverteilung** oder **z-Funktion**. Sei ein Merkmal X mit N(M,S) normalverteilt, so kann X durch die Transformation z
> $x_i \rightarrow z(x_i) = (x_i - M) / S$
> in die Standardnormalverteilung überführt werden. Diese Transformation heißt **z-Transformation** oder **z-Standardisierung**

In Kapitel 5.5 wurde beschrieben, wie eine Transformation von Daten berechnet wird. Die Verteilung der Mittelwerte der 90 Stichproben für Mädchen ist N(5,52;1,25/√50 = 0,18) (s. Tabelle 7.1 und die obige Berechnung für Jungen). Damit lautet die z-Standardisierung der Stichprobenmittelwerte für Mädchen allgemein

$$N(5,52; 0,18) \xrightarrow{x_i \rightarrow (x_i - 5,52)/0,18} N(0;1)$$

und z.B. für die Werte 5,64 und 5,53 der ersten zwei Stichproben
5,64 → (5,64 - 5,52)/0,18 = 0,67
5,53 → (5,53 - 5,52)/0,18 = 0,06

Entsprechend gibt es ebenfalls eine „Rücktransformation" aus der Standardnormalverteilung in eine beliebige Verteilung mit Mittelwert M und Standardabweichung S. Dafür wird die Transformationsgleichung

$x_{trans} = (x - M) / S$ nach x aufgelöst und ergibt dann
$x = x_{trans} \cdot S + M$.
Im Beispiel wäre das:

$$N(0; 1) \xrightarrow{x_i \to x_i \cdot 0{,}18 + 5{,}52} N(5{,}52; 0{,}18)$$
z.B.
$0{,}67 \to 0{,}67 \cdot 0{,}18 + 5{,}52 = 5{,}64$

7.3 Flächen unter der Normalverteilung

Aus der Normalverteilungskurve kann man nun ableiten, in welchem Ausmaß die Mittelwerte von irgendwelchen Stichproben vom tatsächlichen Mittelwert der Grundgesamtheit abweichen können. Denn wie bei jeder Häufigkeitsverteilungsfunktion gibt die Fläche unter der Funktion bis zu einem Punkt a genau an, ein wie großer Anteil von Fällen eine Ausprägung kleiner gleich a hat. Hier sind die Ausprägungen x_i die Mittelwerte der vielen Stichproben. Aus der Symmetrie der Normalverteilung folgt als erstes, dass genau 50% aller Stichproben einen Mittelwert kleiner oder gleich dem tatsächlichen Mittelwert der Grundgesamtheit ergeben.

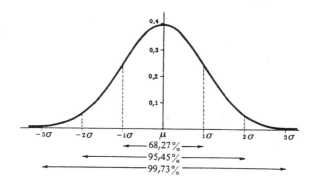

Abbildung 7.7: Normalverteilung mit Flächenangaben der +- 1, 2 oder 3 σ - Bereiche

Seien die genauen Punkte, vor und hinter denen in der Normalverteilung eine Fläche von z.B. 5% abgeschnitten wird, a und b genannt. Das heißt umgekehrt, dass 90% aller Stichprobenmittelwerte zwischen diesen Grenzen a und b liegen werden.. Die Chance, dass der Mittelwert einer beliebigen Stichprobe zwischen diesen Grenzen liegen wird, ist also 9/1. Man kann also mit dem Wissen um die theoretische Verteilung genau angeben, wie groß die Chancen einer beliebigen Stichprobe dafür sind, dass sie einen Mittelwert ergibt, der innerhalb bestimmter Grenzen um den tatsächlichen Mittelwert der Population liegt.

In Abbildung 7.7 kann man ablesen, ein wie großer Anteil der Fläche unter einer Normalverteilung in die Bereiche ± 1, 2 oder 3 σ um den Mittelwert fällt. Das bedeutet für die Stichprobenziehung, dass z.B. 68,27% aller Stichproben Mittelwerte ergeben, die nicht mehr als nur einen Standardfehler vom wahren Mittelwert abweichen.

Wegen dieser Abschätzung, deren Wert im nächsten Kapitel klarer wird, ist es wichtig, die genauen Werte der Intervallgrenzen für einen bestimmten vorgegebenen Anteil unter der Fläche einer Normalverteilung bestimmen zu können. Es gibt aber auch „normale" Variable (keine Stichprobenkennwerte wie in den bisherigen Beispielen), die eine normalverteilte Häufigkeitsverteilung haben und für die es wichtig sein kann, diese Grenzen zu bestimmen. Etwa für das Körperwachstum: Um festzustellen, ob ein 8-jähriges Kind „unnormal" klein ist, ist es wichtig zu wissen, innerhalb welcher Grenzen die Körpergrößen von z.B. 95% aller 8-jähriger Kinder liegen.

Zur Bestimmung dieser Intervallgrenzen gibt es Tafeln, in denen die Standardnormalverteilung tabelliert ist. Die Ausgangsfrage sei z.B.: innerhalb welcher Grenzen liegen 90% aller Stichprobenmittelwerte? Man weiß also die Fläche von 90%; zu ermitteln sind die Zahlen a und b, innerhalb derer diese 90% liegen.

Tabelle 7.2: Ausschnitt aus einer Tabellierung der Standardnormalverteilung (Clauß u.a. 1995²: 382f.)

z=u	0	1	2	3	4	5	6	7	8	9
0,00	,5000	,5004	,5008	,5012	,5016	,5020	,5024	,5028	,5032	,5036
0,01	,5040	,5044	,5048	,5052	,5056	,5060	,5064	,5068	,5072	,5076
0,02	,5080	,5084	,5088	,5092	,5096	,5100	,5104	,5108	,5112	,5116
0,03	,5120	,5124	,5128	,5132	,5136	,5140	,5144	,5148	,5152	,5156
0,04	,5160	,5164	,5168	,5171	,5175	,5179	,5183	,5187	,5191	,5195
0,05	,5199	,5203	,5207	,5211	,5215	,5219	,5223	,5227	,5231	,5235
0,06	,5239	,5243	,5247	,5251	,5255	,5259	,5263	,5267	,5271	,5275
0,07	,5279	,5283	,5287	,5291	,5295	,5299	,5303	,5307	,5311	,5315
0,08	,5319	,5323	,5327	,5331	,5335	,5339	,5343	,5347	,5351	,5355
0,09	,5359	,5363	,5367	,5370	,5374	,5378	,5382	,5386	,5390	,5394
0,10	,5398	,5402	,5406	,5410	,5414	,5418	,5422	,5426	,5430	,5434
0,11	,5438	,5442	,5446	,5450	,5454	,5458	,5462	,5466	,5470	,5474
0,12	,5478	,5482	,5486	,5489	,5493	,5497	,5501	,5505	,5509	,5513
1,63	,9485	,9486	,9487	,9488	,9489	,9490	,9491	,9492	,9493	,9494
1,64	,9495	,9496	,9497	,9498	,9499	,9500	,9501	,9503	,9503	,9504
1,95	,9744	,9745	,9745	,9746	,9747	,9747	,9748	,9748	,9749	,9749
1,96	,9750	,9751	,9751	,9752	,9752	,9753	,9754	,9754	,9755	,9755
1,97	,9756	,9756	,9757	,9758	,9758	,9759	,9759	,9760	,9760	,9761

In der Tabelle 7.2 ist die kumulierte Standardnormalverteilung tabelliert, d.h. die Fläche unter der Standardnormalverteilung, die von - ∞, dem „linken" Ende der Normalverteilung, bis zu dem Wert u auf der x-Achse reicht; dabei stehen die ersten zwei Stellen von u nach dem Komma auf dem linken Rand und die dritte Stelle nach dem Komma auf dem oberen Rand. Innerhalb der Tabelle steht der Wert der dazugehörigen Fläche. Es sind nur Werte für u > 0 angegeben, da die Verteilung aber symmetrisch um 0 ist, hat man damit auch die Werte für u kleiner 0. Man liest z.B. ab, dass
- am Wert u = 0 (dem Mittelwert) genau 0,5 = 50% der Fläche erreicht sind,
- am Wert u = 0,1 genau 0,5398 = 53,98 % der Fläche erreicht sind (und umgekehrt wegen der Symmetrie dann bei –0,1 erst 1 – 0,5398 = 0,4602 = 46,02% der Fläche erreicht sind)
- das Intervall, innerhalb dessen 10% der Fläche symmetrisch um den Mittelwert 0 liegen, die Grenzen –0,1255 und + 0,1255 hat (die für sich jeweils 45% und 55% der Fläche ergeben).

Definition: z_α - **Wert** heißt der Werte der Standardnormalverteilung (= z-Funktion), bis zu dem $\alpha \cdot 100$ % der Fläche unter der z-Funktion gehören:

Fläche von $[-\infty, z_\alpha] = F(z_\alpha) = \alpha$.

Mit dieser Definition kann man z.B. die Tabellenwerte für $\alpha = 0{,}5$, 0,025 und 0,975 so schreiben:
$z_{0.5} = 0$; $z_{0.025} = -1{,}96$; $z_{0.975} = 1{,}96$
In der Tabelle 7.2 steht u an Stelle von z_α, und im Inneren der Tabelle stehen die Werte von α.

Ein Intervall zwischen a und b wird [a; b] geschrieben. Ein Intervall um den Mittelwert 0, außerhalb dessen genau $\alpha \cdot 100$ % der Fläche liegen und das symmetrisch um den Mittelwert liegt, kann man mit dieser Notation schreiben als

$[z_{\alpha/2}\,;\, z_{1-\alpha/2}]$ = Intervall um den Mittelwert 0 mit $\alpha \cdot 100$ % der Fläche außerhalb (s. Abbildung 7.8)

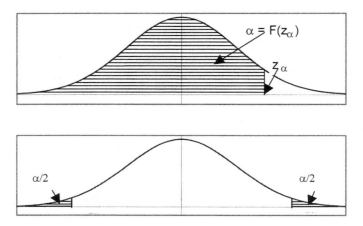

Abbildung 7.8: Beziehung zwischen α und z_α bei einer theoretischen Verteilung

Die Intervallgrenzen beziehen sich bisher nur auf die Standardnormalverteilung. Wie kommt man nun in den Bereich, in dem die Mittelwerte anderer Stichproben, etwa der obigen des Jugendsurveys, liegen? Man weiß zwar jetzt, dass 95% aller standardisierten Stichprobenmittelwerte innerhalb des Intervalls [-1,96; 1,96] liegen, aber in welchem Intervall liegen die tatsächlichen, d.h. die nicht z-transformierten Stichprobenmittelwerte?

Weiter oben wurde ermittelt, dass die theoretische Stichprobenverteilung der aus dem Jugendsurvey gezogenen Stichproben für die Jungen die Normalverteilung mit den Parametern N(5,23; 0,197) ist. Nun wird die Rück-Transformation von Intervallen der Standardnormalverteilung in Intervalle beliebiger Normalverteilungen gebraucht. Die Formel für die Rück-Transformation lautet $x \to x \cdot \sigma + \mu$. Für die Rücktransformation des Intervalls [-1,96; 1,96] in die Normalverteilung N(5,23; 0,197) werden beide Intervallgrenzen gemäß der Formel transformiert:

[-1,96·0,197 + 5,23; 1,96·0,197 + 5,23] =
[-0,38 + 5,23 ; 0,38 + 5,23] = [4,85; 5,64].

Damit kann Folgendes angegeben werden: Wenn man Stichproben der Größe 50 aus einer Grundgesamtheit zieht, in der der Mittelwert 5,23 und die Standardabweichung 1,39 (und damit der Standardfehler $1,39/\sqrt{50}$) beträgt, dann werden 95% der Mittelwerte aller nur möglichen Stichproben zwischen 4,85 und 5,64 liegen. Die Rücktransformation kann man ebenfalls ganz allgemein berechnen

über [−1,645; 1,645] von N(0,1) liegen 90% der Fläche =>
über [-1,645·σ + μ; 1,645·σ + μ] von N(μ, σ) liegen 90% der Fläche
über [−1,96; 1,96] von N(0,1) liegen 95% der Fläche =>
über [-1,96·σ + μ; 1,96·σ + μ] von N(μ, σ) liegen 95% der Fläche

Das Bisherige führt zu folgender Definition:

> *Definition*: Ein durch die theoretische Verteilung eines Kennwertes bestimmtes Intervall, innerhalb dessen $(1-\alpha)\cdot 100\ \%$ aller Stichprobenkennwerte symmetrisch um den wahren Kennwert liegen, heißt **Schwankungsintervall zum Niveau α**.

Für eine beliebige Normalverteilung $N(\mu, \sigma)$ lässt sich ein solches Schwankungsintervall mit den eingeführten Bezeichnungen noch allgemeiner angeben: Das Schwankungsintervall zum Niveau α für $N(\mu, \sigma)$ ist $[\,z_{\alpha/2}\cdot\sigma + \mu\,;\,z_{1-\alpha/2}\cdot\sigma + \mu\,]$.

Die anfängliche Frage, auf welche Weise man aus dem Mittelwert einer Stichprobe auf die Grundgesamtheit zurückschließen kann, hat nun eine Antwort erhalten. Aber es ist noch nicht ganz die Antwort, die man benötigt. Man kann nun zwar genau angeben, wie groß die Chance ist, dass der Stichprobenmittelwert in einen bestimmten Bereich um den wahren Mittelwert fällt, indem man das genaue Schwankungsintervall angibt. Im Allgemeinen weiß man ja aber gar nicht den tatsächlichen wahren Mittelwert der Grundgesamtheit, sondern will ihn erst schätzen. Wie man aus den bisherigen Angaben auch den unbekannten tatsächlichen Mittelwert schätzen kann, ist Thema der beiden folgenden Kapitel. Man kann aber jetzt schon ein wenig einschätzen, wie weit Mittelwerte von Stichproben überhaupt prinzipiell vom wahren Mittelwert abweichen können.

Noch etwas ist erwähnenswert: die Angabe des Schwankungsintervalls ist ganz unabhängig davon, wie groß die Grundgesamtheit ist, d.h. vom N der Population! Sie ist allein abhängig von der Stichprobengröße und der Streuung in der Population, aber nicht von der Größe der Population. D.h. im konkreten Fall ist es nicht nötig, genau zu wissen, wie viele Personen es überhaupt genau sind, über die man eine Aussage macht. Wenn nur berücksichtigt wird, dass eine fachgerechte Stichprobe genommen wird, d.h. jeder Person dieselbe Chance gegeben wird, ausgewählt zu werden, dann kann die Aussage aus der Stichprobe auf alle Personen der Grundgesamtheit verallgemeinert werden, ohne genau zu wissen, wie viele „Alle" eigentlich sind.

Das Vorgehen soll an einem weiteren Beispiel noch einmal durchgeführt werden, an einer Frage aus dem ALLBUS 94. Es lag eine 7-stufige Skala vor, auf der die Befragten die Größe ihres Vertrauens in öffentliche Einrichtungen ankreuzen sollten. Die Skala reicht von „gar kein Vertrauen" bis zu „sehr großes Vertrauen". Tabelle 7.3 zeigt die Ergebnisse für das Vertrauen in das öffentliche Gesundheitswesen (V124 im ALLBUS 94).

Tabelle 7.3: Vertrauen in das Gesundheitswesen

Statistiken

VERTRAUEN: GESUNDHEITSWESEN

N	Gültig	3443
	Fehlend	7
Mittelwert		4,74
Standardabweichung		1,49

VERTRAUEN: GESUNDHEITSWESEN

		Häufigkeit	Prozent	Gültige Prozente	Kumulierte Prozente
Gültig	GAR KEIN VERTRAUEN	99	2,9	2,9	2,9
		167	4,8	4,9	7,7
		419	12,1	12,2	19,9
		728	21,1	21,1	41,0
		869	25,2	25,2	66,3
		756	21,9	22,0	88,2
	GROSSES VERTRAUE	405	11,7	11,8	100,0
	Gesamt	3443	99,8	100,0	
Fehlend	KEINE ANGABE	7	,2		
Gesamt		3450	100,0		

Wie die Verteilung zeigt, hat bei der ALLBUS-Befragung 1994 der Mittelwert dieser Skala, die von 1 bis 7 geht, bei 4,74 gelegen, so dass man davon ausgehen kann, dass das Gesundheitswesen in der Bevölkerung mittleres Vertrauen genießt. Bei dieser Befragung wurden 3443 Menschen befragt. Wie genau ist nun eigentlich die Angabe des Mittelwerts, wenn man 3443 Leute befragt? Die Frage

nach der Genauigkeit der Angabe des Mittelwerts kann man mit dem bisher entwickelten Instrumenten nun exakter so stellen:
In welchem Bereich liegen 95% aller Stichprobenmittelwerte bei Stichproben der Größe 3443?

Zur Berechnung sei angenommen, dass der Mittelwert von 4,74 und die Standardabweichung von 1,49 aus dieser einen Stichprobe auch die wahren Werte in der gesamten Bevölkerung darstellen. Dann sind die Mittelwerte aus allen Stichproben - nach dem zentralen Grenzwertsatz – verteilt mit N(4,74; 1,49/√3443).= N (4,74; 0,025). Damit ergibt sich für das Intervall, in dem 95% aller Mittelwerte liegen, nach der obigen Formel:

$$[z_{0.025} \cdot \sigma + \mu; \mu + \sigma \cdot z_{0.975}]$$
= [-1,96 · 0,025 + 4,74; 4,74 + 0,025·1,96]
= [4,69; 4,79]

Das bedeutet, dass bei Stichproben der Größe 3443 und einer Standardabweichung in der Grundgesamtheit von 1,49 bei 95% aller möglichen Stichproben der Mittelwert nur um höchstens 0,05 vom wahren Wert abweicht. Diese überraschende Genauigkeit ist der Grund, weshalb die Meinungsforschung so erfolgreich sein kann: weil sie mit relativ kleinen Stichproben, wenn sie exakt zufällig gezogen werden, relativ genaue Angaben über beliebig große Grundgesamtheiten machen kann.

7.4 Die χ^2-Verteilung

Mit der Normalverteilung als Stichprobenverteilung des Mittelwerts ist eine besonders häufig vorkommende theoretische Verteilung beschrieben. Andere Verteilungs-Parameter haben andere theoretische Stichprobenverteilungen, die ebenfalls oft benötigt werden. Das Verfahren, die Güte von Stichproben durch die Konstruktion von Schwankungsintervallen abzuschätzen, ist identisch.

Als nächste Verteilung ist die χ^2-Verteilung („Chi-Quadrat") wichtig. Sie ist die Verteilung, nach der die Varianzen von Stichproben verteilt sind. Warum kann hier die Normalverteilung nicht die richtige theoretische Verteilung sein? Die Varianz ist immer größer oder gleich 0 und kann bis plus unendlich gehen, deshalb kann keine Stichprobenverteilung der Varianz symmetrisch sein; das aber ist die Normalverteilung. Die χ^2 - Verteilung hat nur einen Parameter, nämlich die sog. „Anzahl der Freiheitsgrade" f.

Die Varianzen s^2 einer Reihe von Stichproben mit n Fällen aus einer normalverteilten Grundgesamtheit mit Varianz σ^2 sind wie folgt verteilt:

> *Definition*: Die χ^2 – **Verteilung** ist (u.a.) die Verteilung der Varianzen von Stichproben. Die Varianzen s^2 von Stichproben vom Umfang n aus einer normalverteilten Grundgesamtheit mit Varianz σ^2 sind wie folgt verteilt:
>
> $s^2 \sim (\sigma^2/(n-1))\, \chi^2_{n-1}$
>
> Der Parameter n -1=f der χ^2_f-Verteilung heißt **Freiheitsgrad f**.

Die χ^2 - Verteilung hat für jedes f eine unterschiedliche Gestalt χ^2_f genau wie die Normalverteilung für jedes µ und σ eine andere Gestalt hat (s. Abbildung 7.9). Der Mittelwert der χ^2_f-Verteilung ist f, ihre Varianz ist gleich 2f.

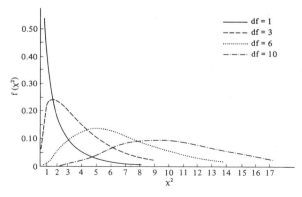

Abbildung 7.9: Verschiedene Gestalten der χ^2 –Verteilung (Bortz: 102)

In ähnlicher Weise, wie bei der Verteilung des Mittelwerts die Varianz in der Grundgesamtheit durch die Größe der Stichprobe n geteilt wurde, um die Streuung des Parameters Mittelwert zu berechnen, wird hier die Varianz der Grundgesamtheit durch den Faktor n-1, die Freiheitsgrade, geteilt. Dadurch wird auch hier die Streuung der Varianzen aus Stichproben um die wahre Varianz um so kleiner, je größer die Stichprobe, d.h. das n, wird.

Mit Hilfe der χ^2- Verteilung kann man nun auch Schwankungsintervalle ausrechnen, in die bestimmte Prozentsätze von Stichproben-Varianzen fallen. Da Varianzen immer positiv sind und deshalb ihre Schätzung in Richtung auf zu kleine Werte nach unten durch 0 begrenzt ist, ist es oft nur von Interesse, wie weit sie nach oben von der tatsächlichen Varianz der Grundgesamtheit abweichen. Im folgenden sei angenommen, dass Stichproben mit jeweils 10 Fällen vorliegen, und dass die Varianz der Grundgesamtheit $S^2 = 1$ beträgt. Es soll nun ermittelt werden, wie groß der Wert an ermittelter Varianz ist, den nur noch 5 % aller Stichproben überschreiten:

Frage: Die Grundgesamtheit habe Varianz $S^2 = 1$, die Stichprobengröße sei n = 10. Wie groß ist die Varianz s^2, die 5% aller Stichproben überschreiten?

Genauso wie beim Mittelwert zunächst die Werte der Standardnormalverteilung nachgesehen und diese Werte dann zurücktransformiert werden mussten, muss hier zuerst der χ^2 – Wert nachgesehen und dann mit Hilfe der Definitionsformel zurücktransformiert werden. Die χ^2- Funktion entnimmt man Tabellen. Ein Beispiel gibt Tabelle 7.4. Die Parameter, die man zum Ablesen benötigt, sind die Freiheitsgrade, hier f = n-1 = 9, und der α - Wert, hier 0,95 (5% = 0,05 liegen dann außerhalb). Da χ^2 – Tabellen oft, auch hier in „Clauß u.a.", die inversen Flächenstücke für α darstellen, wird dort das Flächenstück der den kritischen z_α Wert *überschreitenden* Fälle angegeben, nicht das der Fälle *bis zu* diesem Wert, wie bei der Tabelle der Normalverteilung.

Tabelle 7.4: Ausschnitt aus der Tabelle der χ^2 –Verteilung (Clauß u.a. 1995²:388)

	α											
f	0,99	0,975	0,95	0,90	0,70	0,50	0,30	0,10	0,05	0,025	0,01	0,001
1	,000157	,000982	,00393	,0158	,148	,455	1,07	2,71	3,84	5,02	6,64	10,8
2	,0201	,0506	,103	,211	,713	1,39	2,41	4,61	5,99	7,38	9,21	13,8
3	,115	,216	,352	,584	1,42	2,37	3,67	6,25	7,81	9,35	11,3	16,3
4	,297	,484	,711	1,06	2,19	3,36	4,88	7,78	9,49	11,1	13,3	18,5
5	,554	,831	1,15	1,61	3,00	4,35	6,06	9,24	11,1	12,8	15,1	20,5
6	,872	1,24	1,64	2,20	3,83	5,35	7,23	10,6	12,6	14,4	16,8	22,5
7	1,24	1,69	2,17	2,83	4,67	6,35	8,38	12,0	14,1	16,0	18,5	24,3
8	1,65	2,18	2,73	3,49	5,53	7,34	9,52	13,4	15,5	17,5	20,1	26,1
9	2,09	2,70	3,33	4,17	6,39	8,34	10,7	14,7	16,9	19,0	21,7	27,9
10	2,56	3,25	3,94	4,87	7,27	9,34	11,8	16,0	18,3	20,5	23,2	29,6
11	3,05	3,82	4,57	5,58	8,15	10,3	12,9	17,3	19,7	21,9	24,7	31,3
12	3,57	4,40	5,23	6,30	9,03	11,3	14,0	18,5	21,0	23,3	26,2	32,9
13	4,11	5,01	5,89	7,04	9,93	12,3	15,1	19,8	22,4	24,7	27,7	34,5
14	4,66	5,63	6,57	7,79	10,8	13,3	16,2	21,1	23,7	26,1	29,1	36,1
15	5,23	6,26	7,26	8,55	11,7	14,3	17,3	22,3	25,0	27,5	30,6	37,7
16	5,81	6,91	7,96	9,31	12,6	15,3	18,4	23,5	26,3	28,8	32,0	39,3
17	6,41	7,56	8,67	10,1	13,5	16,3	19,5	24,8	27,6	30,2	33,4	40,8

Also muss in der Tabelle unter dem Wert 1 - α = 0,05 abgelesen werden:

$\chi^2_{9;0,05} = 16,9$.

Der zweite Index am χ^2 zeigt die verbleibende Fläche an. Dieser Wert muss nun nach der obigen Formel noch auf die tatsächliche Verteilung rücktransformiert werden:

$s^2 = (S^2/(n-1)) \cdot \chi^2_{n-1;0,05} = (1/9) \cdot 16,9 = 1,88$.

Das bedeutet, dass nur 5% aller Stichproben mit 10 Fällen eine Varianz von über 1,88 ergeben.

Die χ^2- Verteilung ist auch deswegen wichtig, weil sie die Prüfverteilung von zwei anderen häufigen Problemstellungen ist, wie in Kapitel 10 noch ausgeführt wird:
- der Vergleich einer empirischen kategorialen Häufigkeitsverteilung mit einer vorgegebenen Häufigkeitsverteilung

- die Frage, ob zwei kategoriale Merkmale zusammenhängen oder nicht.

7.5 Die Binomialverteilung

Die dritte theoretische Verteilung, die für elementare sozialwissenschaftliche Statistik wichtig ist, ist die Binomialverteilung. Sie ist diejenige theoretische Verteilung, nach der ein Kennwert eines kategorialen Merkmals verteilt ist, nämlich die relative Häufigkeit einer bestimmten Ausprägung dieses Merkmals bzw. der Anteil dieser Ausprägung.

Als Beispiel für einen solchen Anteil soll der Anteil der AbiturientInnen in den ALLBUS-Daten bestimmt werden. In diesem Datensatz mit 3443 Befragten gibt es genau 490 Befragte mit Abitur, d.h. einen Anteil von 490/3443 = 0,142 = 14,2%. Die Frage ist nun wieder: wenn man z.B. Stichproben mit der Fallzahl 20 zieht und jeweils die Anzahl an AbiturientInnen in diesen kleinen Stichproben bestimmt, wie weit streuen solche aus Stichproben ermittelten Werte um den wahren Wert in der Grundgesamtheit von 14,2% AbiturientInnen?

Frage: Sei der wahre Anteil der AbiturientInnen = 14,2% = 0,142, und es gebe Stichproben der Größe n = 20. Welche Fallzahlen von AbiturientInnen in der Stichprobe kommen wie häufig vor?

Die theoretische Verteilung, die diese Frage beantwortet, ist die Binomialverteilung.

Definition: In einer Grundgesamtheit mit insgesamt N Elementen gebe es K Elemente mit einer bestimmten Ausprägung, ihr Anteil ist π = K/N . Man zieht Stichproben vom Umfang n und bestimmt in ihnen jeweils die Anzahl k der Elemente mit der bestimmten Ausprägung. Dann ist

$k \sim B(n, \pi)$ **binomialverteilt** mit den Parametern n und π.

Der Mittelwert der Binomialverteilung ist $n\pi$,
ihre Varianz = $n \pi (1 - \pi)$.

Die Binomialverteilung ist eine kategoriale Verteilung, die nur die diskreten Werte 0, 1, 2, ..., n annehmen kann. Sie hat zwei Parameter, die Größe der Stichprobe n und den tatsächlichen Anteil π. Abbildung 7.10 zeigt einige verschiedene Binomialverteilungen:

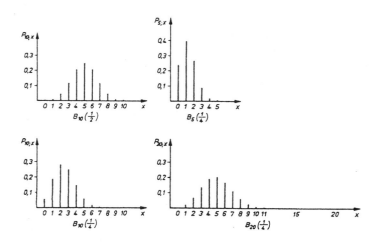

Abbildung 7.10: Verschiedene Gestalten der Binomialverteilung (Thome: 60)

Für jeden Wert k zwischen 0 und n kann man ablesen, wie viel Prozent aller möglichen Stichproben der Größe n genau diese Anzahl k an den interessierenden Elementen mit der bestimmten Ausprägung besitzen; es gibt keine dazwischen liegenden Angaben wie bei der metrischen Verteilung des Mittelwerts und der Varianz. Da die Anzahl der Ausprägungen endlich und die Anzahl der Grundgesamtheit ebenfalls endlich ist, kann man alle möglichen

Kombinationen von Stichproben, die überhaupt auftreten können, bilden, ihre Anzahl zählen und ihren Anteil berechnen; auf genau diese Weise kommt die Tabelle der Binomialverteilung auch zustande. Dieses statistische Spezialgebiet heißt Kombinatorik.

Im Beispiel zieht man Stichproben von 20 Fällen. D.h., die interessierenden AbiturientInnen können in diesen Stichproben die Anzahlen von 0 bis 20 haben. Damit kann der genaue Wert von 14,2% sowieso nicht erreicht werden: 14,2% von 20 sind 2,84, man kann aber in jeder Stichprobe immer nur eine ganze Zahl von Abiturienten vorfinden. Es ist deshalb zu erwarten, dass in den Stichproben von 20 Fällen die Zahlen 2 und 3 AbiturientInnen am häufigsten vorkommen werden. Mit Hilfe einer Tabelle der Binomialverteilung kann nun wieder genau bestimmt werden, wie viel % der Stichproben z.B. genau eine 2 oder eine 3 haben werden.

Tabelle 7.5: Ausschnitt aus der Tabelle der Binomialverteilung (Clauß u.a. 1995[2]:430)

$n = 20$

k	\multicolumn{9}{c}{p}
	.080	.090	.100	.150	.200	.250	.300	.400	.500
0	.1887	.1516	.1216	.0388	.0115	.0032	.0008	.0000	.0000
1	.3282	.3000	.2702	.1368	.0576	.0211	.0068	.0005	.0000
2	.2711	.2818	.2852	.2293	.1369	.0669	.0278	.0031	.0002
3	.1414	.1672	.1901	.2428	.2054	.1339	.0716	.0123	.0011
4	.0523	.0703	.0898	.1821	.2182	.1897	.1304	.0350	.0046
5	.0145	.0222	.0319	.1028	.1746	.2023	.1789	.0746	.0148
6	.0032	.0055	.0089	.0454	.1091	.1686	.1916	.1244	.0370
7	.0005	.0011	.0020	.0160	.0545	.1124	.1643	.1659	.0739
8	.0001	.0002	.0004	.0046	.0222	.0609	.1144	.1797	.1201
9	.0000	.0000	.0001	.0011	.0074	.0271	.0654	.1597	.1602
10	.0000	.0000	.0000	.0002	.0020	.0099	.0308	.1171	.1762
11	.0000	.0000	.0000	.0000	.0005	.0030	.0120	.0710	.1602
12	.0000	.0000	.0000	.0000	.0001	.0008	.0039	.0355	.1201
13	.0000	.0000	.0000	.0000	.0000	.0002	.0010	.0146	.0739
14	.0000	.0000	.0000	.0000	.0000	.0000	.0002	.0049	.0370
15	.0000	.0000	.0000	.0000	.0000	.0000	.0000	.0013	.0148
16	.0000	.0000	.0000	.0000	.0000	.0000	.0000	.0003	.0046
17	.0000	.0000	.0000	.0000	.0000	.0000	.0000	.0000	.0011
18	.0000	.0000	.0000	.0000	.0000	.0000	.0000	.0000	.0002

In dieser Tabelle sind die Werte von $p = \pi$, dem wahren Anteil, nur in größeren Sprüngen vorhanden. Um genauer zu werden, müsste interpoliert werden. Um das Verfahren abzukürzen, soll hier statt des genauen Werts von 0,142 der Wert p = 0,15 genommen werden. Die Tabelle zeigt, dass Stichproben mit 2 Abiturienten einen Anteil von 0,2293 = 22,93%, solche mit 3 einen Anteil von 0,2428 = 24,28%, solche mit 4 einen Anteil von 0,1821 = 18,21%, solche mit 5 immerhin noch einen Anteil von 10% und solche mit gar keinem Abiturienten immerhin noch fast 4% Anteil haben.

Mit Stichproben im Umfang von 20 Fällen kann man offenbar nur Anteilswerte von 2/20 = 0,1 oder 3/20 = 0,15 genau schätzen. Im Fall der Binomialverteilung kann der gesuchte Anteilswert generell nur so genau geschätzt werden, wie es die Fallzahl der Stichprobe erlaubt.

Aus den Angaben der Tabelle folgt, dass Stichproben der Größe 20, die 2 bis 4 Fälle enthalten, genau 22,93 + 24,28 + 18,21 = 65,42% aller Stichproben sein werden. D.h. mindestens ein Drittel aller Stichproben ergibt nur 1 oder weniger bzw. 5 oder mehr Abiturienten, also Anteile, die von dem tatsächlichen Anteil in der Grundgesamtheit weit abweichen.

Also ist die Antwort auf die obige Frage: 65,42% aller Stichproben der Größe 20 enthalten bei einem wahren Anteil der Ausprägung von 14,2% in der Grundgesamtheit Fälle von 2, 3 und 4 Personen mit dieser Ausprägung.

Alle wichtigen Ergebnisse dieses Kapitels sind in der folgenden Tabelle zusammengefasst. Man beachte den Unterschied zwischen theoretischen Verteilungen und empirischen Grundgesamtheiten. Die Parameter der Grundgesamtheit sind durch große lateinischen Buchstaben gekennzeichnet, im Unterschied zu den griechischen Buchstaben für die theoretischen Verteilungen.

Tabelle 7.6: Theoretische und Stichproben-Verteilung von 3 wichtigen Parametern

Parameter einer Stichprobe mit n Fällen	theoretische Verteilung des Parameters	Parameter der theoretischen Verteilung	Wahre Parameter d. Grundgesamtheit von N Fällen	Stichprobenverteilung des Parameters
Mittelwerte m	Normalverteilung $N(\mu, \sigma)$	Mittelw. μ Standardabw. σ	Mittelw. 8 Standardabw. S	$m \sim N(8, S/\sqrt{n})$
Varianzen s^2	χ^2-Verteilung χ^2_f	Freiheitsgrad $f = n-1$	Varianz S^2	$s^2 \sim (S^2/n-1)\chi^2_f$
Häufigkeiten k einer Ausprägung	Binomialverteilung $B(n, \pi)$	Fallzahl n Anteil π	Anteil = p rel. Häufigkeit K/N	$k \sim B(n, K/N)$

7.6 Die Übergänge in die Normalverteilung von χ^2 und B(n,p)

Wenn man sich die Kurven sowohl der χ^2-Verteilung als auch einiger Binomialverteilungen ansieht, kann man bemerken, dass sie mit zunehmend größer werdenden Parametern einer Normalverteilung immer ähnlicher werden.

Das ist tatsächlich der Fall, wie sich mathematisch ableiten lässt. Dieses Resultat ist ein weiterer Grund für die überlegene Stellung der Normalverteilung in der Statistik. Die Approximation anderer Verteilung durch die Normalverteilung wird so durchgeführt, dass eine approximative Transformationsformel der einen Verteilung in die andere angegeben wird. Mit Hilfe einer solchen Approximation können dann gewünschte Schwankungsintervalle immer mit der Normalverteilungstabelle berechnet werden, ohne auf die komplizierteren Tabellen der anderen Verteilungen zurückgreifen zu müssen. Eine solche Approximation ist natürlich

nur unter bestimmten Bedingungen möglich. Diese Bedingung ist i. A. die, dass die Stichprobengröße n, die Zahl der Fälle in der Stichprobe, eine gewisse Untergrenze überschreitet.
Da die χ^2 – Verteilung, wie später noch deutlich wird, i.A. gerade für kleine Stichproben benutzt wird, ist die Approximation der χ^2 – Verteilung nicht besonders wichtig.

> Exkurs:
> Approximation der χ^2_f-Verteilung durch die Normalverteilung
> Für die χ^2_f-Verteilung wurde festgestellt, dass sie Mittelwert f und Varianz 2f hat. Wenn $f \geq 30$ ist, können die Werte der χ^2_f – Verteilung mit folgender Formel in die Normalverteilung überführt werden
>
> $$z = \sqrt{(2\chi^2_f)} - \sqrt{(2f-1)} \approx N(0, 1)$$
>
> ist approximativ standardnormalverteilt.
> Habe etwa in einer Population ein bestimmtes Merkmal eine Varianz von 3,7, dann sind nach Definition die Varianzen s^2 von Stichproben der Größe 100 wie folgt verteilt:
>
> $$s^2 \sim (\sigma^2/n\text{-}1)\, \chi^2_{n-1} = (3{,}7\,/\,99)\, \chi^2_{n-1} = 0{,}037 \cdot \chi^2_{99}$$
>
> Es soll nun die Transformation benutzt werden, um das 95%-Schwankungsintervall für diese Varianzen zu bestimmen. Das Intervall für die z-Verteilung ist [-1,96; 1,96]. Dann liegen 95% alle Werte der χ^2_{n-1} Verteilung im rücktransformierten Intervall. Die Rücktransformation, d.h. die Umkehrung der obigen Transformationsformel, lautet
>
> $$\chi^2_f = (1/2)\,(z + \sqrt{(2f-1)})^2$$
>
> d.h. die Intervallgrenzen werden wie folgt rücktransformiert:
>
> $\quad$ [$0{,}5\,(\text{-}1{,}96 + \sqrt{(2\cdot 99 - 1)})^2$; $0{,}5(\,1{,}96 + \sqrt{(2\cdot 99 - 1)})^2$]
> = [$0{,}5\,(\text{-}1{,}96 + \sqrt{197})^2$; $0{,}5\,(\,1{,}96 + \sqrt{197})^2$]
> = [$0{,}5\,(\,\text{-}1{,}96 + 14{,}1)^2$; $0{,}5\,(1{,}96 + 14{,}1)^2$]

> = [0,5· 147,4; 0,5 · 257,9]
> = [73,7; 129,0]
>
> 95% aller Werte von χ^2_{99} liegen also in diesem Intervall. Damit ist das 95% - Schwankungsintervall um die wahre Varianz der Population genau das Intervall
>
> [0,037· 73,7 ; 0,037·129,0]
> = [2,72 ; 4,77]
>
> also ein ziemlich symmetrisches Intervall um den wahren Wert von 3,77.

Für die Berechnung von Schwankungsintervallen ist jedoch die Approximation der Binomialverteilung durch die Normalverteilung sehr wichtig. Sie ist unter folgenden Bedingungen gegeben:

> **„Satz von Laplace/DeMoivre"**
> Sei B(n, π) eine Binomialverteilung und sowohl $n\pi \geq 5$ als auch $n(1-\pi) \geq 5$ und $n \geq 10$. Dann sind die Anteile k
>
> $$k \sim B(n, \pi) \approx N (n\pi , \sqrt{(n\pi(1-\pi))})$$
>
> approximativ normalverteilt.
> Wenn die Anteile k ($0 \leq k \leq n$) statt in absoluten Zahlen in relativen Anteilen $x = k/n$ ($0 \leq x \leq 1$) angegeben werden, ist x unter den obigen Bedingungen approximativ verteilt nach
>
> $$x \approx N (\pi, \sqrt{(\pi(1-\pi)/n)})$$

Ist k ein binomialverteilter Parameter, so ist unter den Bedingungen des obigen Satzes der standardisierte Parameter

$$k_{trans} = (k - n\pi) / \sqrt{(n\pi(1-\pi)} \qquad N(0,1) \text{ - verteilt.}$$

Ist k nicht in absoluten Zahlen angegeben, sondern als relativer Anteil x = k/n, so ist ebenso der standardisierte Anteil

$$x_{trans} = (x - \pi) / \sqrt{(\pi(1-\pi)/n)} \qquad N(0,1) \text{ - verteilt.}$$

Dabei handelt es sich hier um eine Approximation besonderer Art, es wird nämlich die kategoriale Binomialverteilung, die nur endlich viele Werte annehmen kann, durch die stetige Normalverteilung angenähert. Zusätzlich wird eine begrenzte Verteilung durch eine unendliche Verteilung angenähert, denn die Binomialverteilung kann ja nur Werte zwischen 0 und der Fallzahl n annehmen, während die Werte der Normalverteilung von $-\infty$ bis $+\infty$ gehen. Die Approximation zeigt Abbildung 7.11

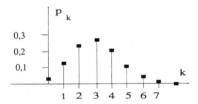

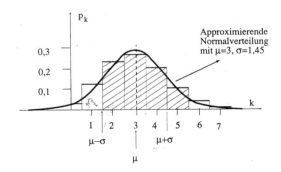

Abbildung 7.11: Approximation der Binomialverteilung durch die Normalverteilung (Clauß u.a 1995[2]:160)

Diese Approximation ist der Grund dafür, dass es für die Binomialverteilung selten Tabellen gibt, in denen der Parameter n größere Werte als ca. 20 hat, weil das Meiste, was darüber ist, die Approximationsbedingung erfüllt und deshalb mit Hilfe der Normalverteilung berechnet werden kann. Oben wurde mit Hilfe der Binomialverteilung die Genauigkeit von Stichproben mit 20 Fällen bei der Anteilsbestimmung berechnet, am Beispiel der Bestimmung des Anteils der AbiturientInnen aus den ALLBUS-Daten, er betrug dort genau 14,2%. Es wurde gezeigt, dass die Stichproben mit Anteilen von 2, 3 und 4 AbiturientInnen ungefähr 2/3 aller Stichproben ausmachen. Oft ist man aber nicht an solchen diskreten Anteilswerten interessiert, sondern eher daran, für einen vorgegebenen %-Satz von Stichproben ein stetiges Intervall mit nichtganzzahligen Grenzen anzugeben, innerhalb dessen die Anteilswerte dieser Stichproben um den wahren Wert liegen.

Dazu wird die obige Approximation ausgenutzt und ein solches Intervall mit Hilfe der Normalverteilung bestimmt. Das obige Beispiel darf jedoch nicht wiederholt werden, denn für Stichproben mit nur 20 Fällen und einem wahren Anteil von 0,142 gilt : $n\pi$ = 20·0,142= 2,84 < 5, so dass die Voraussetzungen es Satzes von Laplace für eine Approximation nicht vorliegen. Es soll deshalb zu großen Stichproben der Größe des ALLBUS-Datensatzes, 3000 und mehr Befragte, übergegangen werden.

Frage: In der Grundgesamtheit haben die AbiturientInnen einen Anteil von = 14,2%, die Stichprobengröße sei 3000. In welchem Schwankungsintervall liegen 95% aller Stichproben?

Wegen 3000·0,142 > 5 kann mit der Approximation angenommen werden, dass der Anteil von AbiturientInnen statt binomialverteilt normalverteilt ist mit

B (3000, 0,142) ~ N(3000·0,142, $\sqrt{3000 \cdot 0,142 \cdot (1-0,142)}$) = N(426, $\sqrt{356,5}$) = N(426, 19,12).

Mit dieser Approximation wird das Schwankungsintervall genau wie oben im Fall der Normalverteilung berechnet:

$$[-1{,}96 \cdot 19{,}12 + 426;\ 426 + 1{,}96 \cdot 19{,}12]$$
$$= [-37{,}5 + 426;\ 426 + 37{,}5]$$
$$\sim [392;\ 464]$$

Antwort: 95% aller Stichproben der Größe 3000 ergeben Werte zwischen 392 und 464 AbiturientInnen, bzw. Anteile zwischen $392/3000 = 0{,}1306 = 13{,}06\%$ und $464/3000 = 0{,}1546 = 15{,}46\%$.

Diese Berechnung gilt natürlich ganz allgemein. Wenn man statt „AbiturientIn" irgendeine andere Ausprägung oder ein dichotomes Merkmal annimmt, z.B. „ist Anhänger der Grünen", „sieht regelmässig die ‚Lindenstrasse'", „trägt nur Marken-Jeans" oder was auch immer interessiert, und dieses Merkmal hat in der Population einen tatsächlichen Wert um die 14%, so werden Stichproben der Größe von 3000 Fällen immer diese Genauigkeit haben, dass nämlich bei 95% von ihnen der Anteilswert in der Stichprobe nicht weiter als ca. 1,2% vom wahren Wert abweicht.

Weitere Literatur zu diesem Kapitel: Clauß u.a. 1995[2]: 135-140, 151-158, 161-164; Hochstädter: 449 – 458, 471 – 499, Kühnel/Krebs: 167 - 175, 182-222

Übungsaufgaben:

1. Die Zeit, die Studierende in einer Semesterwoche für die Vorbereitung von Seminaren aufwenden, sei normalverteilt mit einem Mittelwert von 10 h und einer Standardabweichung von 6 h. Bestimmen Sie, wie viele Stunden sich eine Studentin mindestens vorbereiten muss, um zu den 5% Studierenden zu gehören, die sich am längsten vorbereiten.

2. In einem Pavillon der EXPO ergibt sich unter den augenblicklichen Besuchern ein Frauenanteil von 20%, während er in einem anderen 70% beträgt. Sie ziehen aus beiden Besuchergruppen eine Stichprobe von 20 Personen. Wie hoch ist jeweils Ihre Chance, dass sich genau 10 Frauen und 10 Männer in der Stichprobe befinden?

Kapitel 8: Wahrscheinlichkeiten

Im vorigen Kapitel wurden drei spezielle Häufigkeitsverteilungen dargestellt, nämlich theoretische Häufigkeitsverteilungen von Stichproben-Parametern. Um diese Stichproben-Verteilungen angeben zu können, war es notwendig, dass die wahren Parameter der Grundgesamtheit bekannt sind. Das ist nun aber in der sozialwissenschaftlichen Empirie selten der Fall, sondern man hat fast immer nur die Stichprobe vorliegen. Man muss also das umgekehrte Vorgehen wählen und die wahren Parameter aus der Stichprobe schätzen.

Vorgehen bei bekannten Parametern der Grundgesamtheit:
   Wahrer" Parameter der GG bekannt
⇒ Stichproben-Verteilung des wahren Parameters kann angegeben werden
⇒ Antwort auf: Wie "nah dran" ist der Parameter einer Stichprobe am wahren Wert?

Umgekehrt:
Vorgehen bei unbekannten Parametern der Grundgesamtheit
   Nur Parameter einer Stichprobe ist bekannt
⇒ Stichproben-Verteilung des Parameters kann mit Angaben aus der Stichprobe geschätzt werden
⇒ Antwort auf: Wie "nah dran" ist der wahre Wert am Parameter der Stichprobe?

Wenn diese Umkehrung des Verfahrens möglich ist, kann aus einer einzigen Stichprobe induktiv eine Schätzung des wahren Parameter-Wertes erfolgen. Bei dieser Schätzung kann man Fehler machen, man schätzt also mit einer gewissen Unsicherheit. Um die Art der Unsicherheit dieser Schätzung begrifflich und praktisch in den Griff zu bekommen, muss der Begriff der mathematischen Wahrscheinlichkeit eingeführt werden. Ziel ist, für die Schätzungen der wahren Parameter der Grundgesamtheit aus einer einzigen

Stichprobe heraus eine Wahrscheinlichkeit für ihre Richtigkeit anzugeben.

> Ziel der induktiven Statistik:
> Angabe der "Wahrscheinlichkeit" der Richtigkeit von aus der Stichprobe geschätzten Parametern der Population.

8.1 Definition der Wahrscheinlichkeit

Unter Wahrscheinlichkeit kann sich jeder etwas vorstellen, es ist ein Wort aus dem Alltag. Meist sind dabei einzelne Ereignisse gemeint, z.b. „wahrscheinlich regnet es gleich" oder „wahrscheinlich habe ich den Termin verpasst". Man verbindet jedoch damit intuitiv die Vorstellung einer Chance des Eintretens des geschilderten Ereignisses im Verhältnis zum Nichteintreten, was sich auch in der Präzisierung zu Worten wie „höchstwahrscheinlich" oder „weniger wahrscheinlich" ausdrückt. Eine solche Chance kann man deshalb gut als den Erfahrungswert auffassen, der die relative Häufigkeit des Auftretens des erwarteten Ereignisses unter den herrschenden Bedingungen wiedergibt. Andererseits besagt die Formulierung aber gerade, dass das bevorstehende einzelne Ereignis nicht exakt vorhersehbar ist, sondern dem Zufall unterliegt.

Es gilt also bei einer Definition der Wahrscheinlichkeit, diese Vorstellung von relativer Häufigkeit mit der Vorstellung des Waltens des Zufalls bei jedem einzelnen Ereignis zu verbinden. Diese Verbindung wird durch die Vorstellung einer unendlich oft wiederholten Situation, in der das Ereignis eintreten kann, hergestellt. An der frühen Entwicklung der Wahrscheinlichkeitstheorie waren vor allem die Spieler der ersten größeren Glücksspiel-Veranstaltungen Ende des 18. Jahrhunderts beteiligt, weil für das Verständnis von diesen Glücksspielen die Wahrscheinlichkeitstheorie sehr nützlich ist. Das einfachste Beispiel eines Glücksspiels ist der Münzwurf und der Anteil der Würfe, die „Zahl" ergeben:

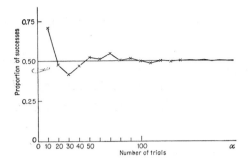

Abbildung 8.1: Anteil von „Zahl" beim Münzwurf (Blalock:117)

Die relative Häufigkeit von „Zahl" ist z.b. hier in Abbildung 8.1 nach 10 Versuchen 7/10, nach 100 Versuchen 56/100, nach 1000 Versuchen 537/1000 usf. Die Wahrscheinlichkeit von „Zahl" ist dann definiert als der Grenzwert

> *Definition*: empirische Definition der **Wahrscheinlichkeit P**
> (nach Laplace, v.Mises), am Beispiel Münzwurf:
> P („Zahl") = Anzahl „Zahl"/ Anzahl Versuche insgesamt
> mit Anzahl Versuche $\to \infty$

Schon durch diese Definition ist festgelegt, dass die Wahrscheinlichkeit immer eine Zahl zwischen 0 und 1 ist. Das ist eine empirische Definition. Man könnte aber auch theoretisch fordern, eine gute Münze, die sich z.B. für ein Spiel um Geld eignet, sollte so gebaut sein, dass die relative Häufigkeit von „Zahl" genau 0,5 ist. Man kann also Wahrscheinlichkeiten auch theoretisch für bestimmte Ereignisse vorgeben, ohne dass man auch vorhersagen kann, welches Ereignis bei einer bestimmten Realisation eintritt.

> *Definition*: theoretische Definition der **Wahrscheinlichkeit P**
> am Beispiel Münzwurf:
> Das Spiel „Münzwurf" ist definiert durch 2 Ereignisse „Zahl"
> und „Kopf" mit folgenden Wahrscheinlichkeiten
> P („Zahl") = 0,5 und P(„Kopf") = 0,5

Eine solche theoretische Definition liefert sozusagen ein Modell dessen, was bei jeder realen Münze geschehen sollte. Nur beim Vorhandensein eines solchen Modells kann man über reale Münzen Behauptungen der Art aufstellen, dass die Münzen „falsch" seien. Ganz entsprechend benötigt man solche Modelle, um von einer Stichprobe sagen zu können, dass sie „verzerrt" sei, bzw. um die Güte einer Stichprobe einschätzen zu können.

Deshalb ist die Beschäftigung mit theoretischen Wahrscheinlichkeitsmodellen wichtig. Dazu müssen einige notwendige Begriffe eingeführt werden.

Definition: Ein **Zufallsexperiment** ist ein Versuch, dessen Ergebnis nicht vorhersehbar ist, aber dessen mögliche Ergebnisse bekannt sind. Die Menge aller möglichen Ergebnisse eines Zufallsexperiments heißt **Ereignisraum**.

Sei $\{X_i\}$ eine Zerlegung des Ereignisraums in disjunkte Ereignisse (solche, die nicht gleichzeitig auftreten können) und sei eine Funktion P: $\{X_i\} \to [0;1]$ vorhanden, für die gilt:

1. $P(X_i) \in [0,1]$: Jedem Ereignis X_i wird eine Zahl zwischen 0 und 1 zugeordnet

2. $\sum_{\text{Alle\_i}} P(X_i) = 1$

Dann heißt $P(X_i)$ die **Wahrscheinlichkeit** des Ereignisses X_i.

Was ist eine Zerlegung in disjunkte Ereignisse? Das lässt sich mengentheoretisch veranschaulichen:

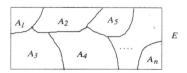

Abbildung 8.2: Zerlegung einer Menge, E = Ereignisraum, A_i = Elementar-Ereignisse (Clauß u.a. 1995[2]: 351)

Die Schnittmenge zweier Ereignisse A und B ist das Ereignis „A tritt ein und B tritt auch ein". Die Vereinigungsmenge zweier Ereignisse A und B ist das Ereignis „A tritt ein oder B tritt ein". Disjunkte Ereignisse sind solche mit leeren Schnittmengen. Das bedeutet, sie können nicht gleichzeitig eintreten. Die Vereinigungsmenge einer Zerlegung in disjunkte Ereignisse ist der ganze Ereignisraum, sie heißt das sichere Ereignis. Denn diese Vereinigung bedeutet „Eins der Ereignisse, die den ganzen Ereignisraum ausmachen, tritt ein" und das ist sicher, d.h. seine Wahrscheinlichkeit ist 1.

Die vielen Definitionen lassen sich alle gut an Beispielen verstehen.

Beispiele für Zufallsexperimente:
1. Zufallsexperiment: Münzwurf
   Ereignisraum: { Kopf, Zahl},
   Ereignisse: Kopf oder Zahl
   P(Kopf) = P(Zahl) = 0,5, $\sum P(x) = 0,5 + 0,5 = 1$
2. Zufallsexperiment: Würfel
   Ereignisraum: { „1" bis „6", aber auch „eine Zahl würfeln, die kleiner gleich 3 ist", usw.}
   disjunkte Ereignisse einer Zerlegung: nur die Zahlen „1" bis „6"
   P(„1") = ...= P(„6") = 1/6, $\sum P(x) = 6 \cdot 1/6 = 1$
3. Seien in einer Bevölkerung 40% evangelisch, 35% katholisch und 25% andere Konfessionen.
   Zufallsexperiment: zufällige Auswahl einer Person
   Ereignisraum: { Eine oder eine Kombination der Konfessionen}
   Zerlegung des Ereignisraums: evangelisch, katholisch, anders
   Wie groß sind P(„evangelisch"), P(„katholisch"), ...?
   Es muss gelten:
   P(evangelisch) + P(katholisch) + P(anders) = $\sum P = 1$.
4. Zufallsexperiment: zufällige Auswahl einer Person und die Feststellung ihrer Größe
   Ereignisraum besteht aus Aussagen wie „ die Person ist zwischen 1,65 und 1,75 m groß", oder „die Person ist kleiner als 1,50 m" etc.

Zerlegung in disjunkte Ereignisse: lässt sich hier nicht mehr angeben, da es unendlich viele gibt. Aber man kann eine Zerlegung des Intervalls der Körpergrößen wählen, z.B.
„kleiner als 1,60", „1,60 bis 1,80", „größer 1,80 m"
Dann muss gelten
P(„< 1,60") + P(„1,60 bis 1,80") + P („ > 1,80") = 1

8.2 Eigenschaften der Wahrscheinlichkeit

Mit diesen Beispielen können nun einige Wahrscheinlichkeiten bestimmt werden. Zunächst zum Beispiel 1: Wie groß ist die Wahrscheinlichkeit, zweimal hintereinander eine „Zahl" beim Münzwurf zu erzielen? Dazu muss aus den bekannten Elementarereignissen das Ereignis „zweimal hintereinander Zahl" gebildet werden. Zunächst wird eine Liste der möglichen Ausgänge beim zweimaligen Wurf aufgestellt:
Alle möglichen Elementarereignisse des zweimaligen Münzwurfs sind :
(Kopf, Kopf), (Kopf, Zahl), (Zahl, Kopf), (Zahl, Zahl).
Das Eintreten jedes dieser Ereignisse ist gleich wahrscheinlich, da die jeweils enthaltenen beiden elementaren Ereignisse Kopf oder Zahl dieselbe Wahrscheinlichkeit 0,5 haben. Alle 4 elementaren Ereignisse des zweimaligen Münzwurfs sind also gleichwahrscheinlich. Deshalb müssen sie alle die Wahrscheinlichkeit ¼ haben, da ihre Summe 1 ergeben muss. Die Wahrscheinlichkeit, zweimal hintereinander eine „Zahl" zu erzielen, ist also
P (zweimal „Zahl") = ¼.
Wenn man dieses Verfahren weiter fortsetzt, kann man die Wahrscheinlichkeit beliebiger Sequenzen von Münzwürfen berechnen. Das ist in dem Galton-Brett (Abbildung 8.3) dargestellt. Die Kugeln, die hier in den Trichter fallen, könne entweder nach links oder nach rechts abprallen. Ganz unten links ist z.B abzulesen, dass von 4096 Kugeln nur 64 sechsmal hintereinander nach links fallen werden; die Wahrscheinlichkeit, sechsmal hintereinander eine „Zahl" zu werfen, ist genauso groß und deshalb berechenbar als 64/4096 = 0,016.

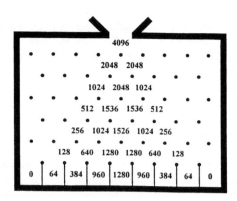

Abbildung 8.3: Das Galton-Brett (nach Sixtl: 206)

Man hätte die Wahrscheinlichkeit für zweimal „Zahl" werfen aber auch durch folgende Überlegung berechnen können: auch wenn ich beim ersten Mal Kopf geworfen habe, ist es gleich wahrscheinlich, dass ich beim zweiten Mal Kopf oder dass ich Zahl werfe. Das Ergebnis des zweiten Wurfs ist unabhängig von dem des ersten Wurfs. Dafür, dass beim ersten Mal Zahl kommt, ist P = ½. Dafür, dass dann beim zweiten Mal wieder Zahl kommt, ist P wieder ½. Die Wahrscheinlichkeit, dass beide Male hintereinander Zahl kommt, ist dann ½·½. Das ist eine ganz allgemeingültige Definition:

Definition: Zwei Ereignisse A und B heißen **stochastisch unabhängig**, wenn gilt, dass sich die Wahrscheinlichkeit ihres gemeinsamen Auftretens als ihr Produkt ergibt:

P(A „und" B) = P(A) P(B)

Der Zusatz „stochastisch" (= im Hinblick auf zufällige Einflüsse) besagt hier, dass damit nichts über reale kausale Mechanismen ausgesagt werden kann.

Diese Definition der Unabhängigkeit stimmt mit dem, was man im Alltag erwartet, überein. Wenn man z.B. annimmt, dass die Wahl des Studiums „Soziologie" unabhängig vom Geschlecht der Studierenden ist, dann erwartet man, dass die Hälfte aller Personen, die Soziologie studieren, Frauen bzw. Männer sind.

Sei die Wahrscheinlichkeit, dass ein zufällig ausgewählter Student Soziologie studiert = 0,1 (d.h. 10% studieren Soziologie), dann ist bei Unabhängigkeit die Wahrscheinlichkeit, eine Soziologie studierende Frau auszuwählen 0,1 · P(Frau) = 0,1 · 0,5 = 0,05, (d.h. dann sind 5% aller Studierenden Frauen, die Soziologie studieren). Wenn andererseits für die Chemie-Studierenden insgesamt und die Chemie studierenden Frauen gilt: p(Chemie) = 0,18 = 18% und p(Chemie und weiblich) = 0,01 = 1%, wertet man das sofort als Hinweis darauf, dass die Wahl des Chemie-Studiums gravierend vom Geschlecht abhängt. Wenn man sich aber unsicher ist bzgl. der Unabhängigkeit eines bestimmten sozialen Merkmals von anderen sozialen Merkmalen, so bietet die obige Definition diese Möglichkeit der Feststellung, nämlich dadurch, ob sich die Wahrscheinlichkeiten des Auftretens dieser Merkmale als Produkt berechnen lassen.

Ein weiteres Beispiel ist das Ziehen zweier Asse aus einem Stapel Karten mit und ohne Zurücklegen. Bei „mit" ist das erste Ziehen unabhängig vom anderen, bei „ohne" nicht! Das führt auf den Begriff der bedingten Wahrscheinlichkeit, die hier nicht weiter benötigt wird. Aber die Berechnung lässt sich auch so durchführen:
P (zweimal Asse ohne Zurücklegen)
= P (Ass beim ersten Ziehen „und" aus dem Reststapel noch mal Ass ziehen)
= P (Ass aus einem vollständigen Kartenspiel „und" Ass aus einem Kartenspiel mit nur 3 Assen).

Weil die letzten beiden Ereignisse unabhängig sind
$\Rightarrow$ P (zweimal Asse ohne Zurücklegen) = 4/52 · 3/51

Zum Beispiel 3: bei einer bekannten relativen Häufigkeit einer Ausprägung und einer einmaligen Ziehung ist einsichtig, dass die Wahrscheinlichkeit genau durch die relative Häufigkeit gegeben wird. Sei N die Zahl aller Menschen in der Population, dann ist bei

0,35·N Katholiken die Chance, gerade einen Katholiken auszuwählen, genau 0,35·N zu N, also 0,35. Man kann also folgern:

> Die relative Häufigkeit einer kategorialen Ausprägung x in der Population ist gleich der Wahrscheinlichkeit, dass ein zufällig ausgewähltes Element die Ausprägung x besitzt.
> Gebe es N Elemente, k davon mit Ausprägung „x", dann ist
> P(„Element mit Ausprägung x ausgewählt") = k/N

Wie groß ist im Beispiel 3 die Wahrscheinlichkeit, einen „Christen" auszuwählen? Das Ereignis „Christ" besteht aus den 2 Ereignissen „evangelisch" oder „katholisch". Da dies 2 disjunkte Ereignisse sind, können sie nur „entweder" - „oder" eintreten, ihre Wahrscheinlichkeiten addieren sich deshalb:

P („Christ") = P („evang.") + P(„kath.") = 0,4 + 0,35 = 0,75 = ¾.

Die Wahrscheinlichkeit von disjunkten Ereignissen (von Ereignissen, die nur „entweder" –„oder" eintreten können), addiert sich also. Diese Eigenschaft ergibt sich aus der Definition der Wahrscheinlichkeit. Man hätte diese Wahrscheinlichkeit auch anders berechnen können: die Wahrscheinlichkeit, einen „Christen" auszuwählen, ist bei der hier gegebenen Zerlegung auch dadurch gegeben, dass man nicht jemanden aus der Kategorie „anders" gewählt hat. „Anders" hat eine Wahrscheinlichkeit von 0,25. Wegen der Aufsummierung auf 1 bzgl. der Zerlegung gilt dann:

P („Christ") = P(nicht „anders") = 1 – P(anders) = 1– 0,25 = 0,75.

Nun zum Beispiel 4. Auf Grund medizinischer Untersuchungen ergebe sich, dass die Körpergröße angenähert normalverteilt ist mit N(1,70, 0,10). Jede beliebige Einteilung in Messklassen der Körpergröße lässt sich dann durch diese Funktion approximieren. Damit können die relativen Häufigkeiten, die man für beliebige Messklassen mit Hilfe der Normalverteilung berechnen kann, ebenso als Wahrscheinlichkeiten interpretiert werden wie die relativen Häufigkeiten bei diskreten Ereignissen. Mit dieser Annahme ist die Messung der Körperlänge einer zufällig ausgewählten Person ein Zufallsexperiment unter der Voraussetzung irgendeiner vorgegebenen Zerlegung unter der Häufigkeitsverteilung N(1,70, 0,10). Das bedeutet, die Wahrscheinlichkeit, dass eine zufällig ausgewählte Person z.B. zwischen 1,60 und 1,75 groß ist, ist gleich der Fläche über [1,60;1,75] unter N(1,70; 0,10). Das lässt sich verallgemeinern:

> Ein Flächenstück über einem Intervall [a;b] unter einer stetigen Verteilungskurve eines Merkmals x in einer Population ist gleich der Wahrscheinlichkeit, dass das Merkmal bei einer zufällig ausgewählte Person einen Wert aus dem zugehörigen Intervall [a,b] hat.

Wie groß ist dann z.B. die Wahrscheinlichkeit, eine Person auszuwählen, die kleiner als 1,50 ist? Aus dem vorangehenden Kapitel ist bekannt, dass sich bis zum Wert $1.96 \cdot \sigma + \mu$ genau 0,025 = 2,5% der Fläche von $N(\mu, \sigma)$ befindet. Für die spezielle N(1,7, 0,1) ist dieser Wert - $1,96 \cdot 0,1 + 1,70 = -0,196 + 1,7 \approx 1,5$, so dass die Frage so beantwortet werden kann:

Körpergröße sei normalverteilt N(1,7; 0,1) =>
P (zufällig gewählte Person ist < 1,50m) =
Fläche unter N(1,7; 0,1) bis zum Wert 1,5 ≈ 0,025.
Die Wahrscheinlichkeit, eine Person kleiner als 1,50 m auszuwählen beträgt 0,025 = 2,5%.

8.3 Entsprechungen zwischen empirischen Verteilungen und Wahrscheinlichkeitsverteilungen

Durch die in den letzten beiden Beispiele festgestellte Gleichheit zwischen der relativen Häufigkeit einer Ausprägung in der Grundgesamtheit und der Wahrscheinlichkeit, dass ein zufällig ausgewähltes Element diese Ausprägung besitzt, entsteht eine Analogie zwischen allen bisherigen Begriffen, die zur deskriptiven Beschreibung der Häufigkeiten in einem Datensatz verwendet werden, und den Wahrscheinlichkeiten, die ein Zufallsexperiment auf diesen Daten bestimmen.

Als Entsprechung für die Personen auf der empirischen Seite, die eine bestimmte Ausprägung k eines Merkmals X besitzen, steht in der Wahrscheinlichkeitstheorie eine sog. Zufallsvariable X, die die Ausprägung (als Code-Zahl) des Merkmals X angibt, die bei der zufälligen Auswahl einer Person angetroffen wird.

> *Definition*: Eine **Zufallsvariable** ZV ist eine Funktion, die jedem möglichen Ergebnis eines Zufallsexperiments eine Zahl zuordnet. ZV sind sozusagen die Vercodungen. Beispiel Würfel: Ergebnis einer Zufallsvariable „Würfel" sind die Zahlen 1 bis 6; Beispiel „Körpergröße": Ergebnis einer ZV ist eine Zahl zwischen 1,20 m und 2,50 m

Analog zur Häufigkeitsverteilung der Ausprägungen eines Merkmals gibt es nun ebenso eine Wahrscheinlichkeitsverteilung für eine Zufallsvariable, und analog zur kumulierten Häufigkeitsverteilung eines Merkmals gibt es eine kumulierte Wahrscheinlichkeitsverteilung einer Zufallsvariable.

Nachdem nun schon die Analogien zwischen relativer Häufigkeit und Wahrscheinlichkeit, zwischen Zufallsvariablen und Vercodungen beschrieben sind, können als letztes auch noch wahrscheinlichkeitstheoretische Entsprechungen für Mittelwert und Varianz definiert werden. Der Mittelwert sagt aus, wie viel man im Durchschnitt erwarten kann. Der Mittelwert der Fernsehbeteiligung an einer Serie sagt z.B., wie viele Zuschauer langfristig die Serie sehen. Wenn nun ein Zufallsexperiment ständig wiederholt wird, wie z.B. das Werfen einer Münze, so kann man ebenfalls langfristige Aussagen machen, wie in Abb. 8.1 zu sehen ist. Man kann z.B. langfristige Durchschnitte berechnen, etwa die durchschnittliche Würfelzahl bei 100 oder mehr Würfen. Bei einer Wahrscheinlichkeitsverteilung spricht man nun statt vom Mittelwert vom Erwartungswert. Das ist der Wert, der sich ergibt, wenn man den Durchschnitt aus unendlich vielen Zufallsexperimenten bildet. Er wird wie folgt berechnet:

Definition: Sei X eine Zufallsvariable, seien (X_i), $i = 1,...k$, die Werte von X auf einer disjunkten Zerlegung und seien $P(X_i)$ die zugehörigen Wahrscheinlichkeiten
Der **Erwartungswert** $E(X)$ ist dann

$$E(X) = \sum_{i=1}^{k} X_i \, P(X_i)$$

Beispiel: der Erwartungwert beim Würfeln:

$$E(X) = \sum_{i=1}^{6} i \cdot 1/6 = 1/6 \cdot \sum_{i=1}^{6} i = 1/6 \cdot (1+2+3+4+5+6)$$
$$= 1/6 \cdot 21 = 3{,}5$$

Im langfristigen Durchschnitt würfelt man also eine 3,5; wenn man 100 Würfe addiert und durch die Anzahl der Würfe teilt, ergibt sich eine Zahl nahe bei 3,5.

Ebenso ist für Zufallsvariable die Varianz definiert als der Erwartungswert der quadrierten Abweichungen vom Erwartungswert, also ganz analog zur Definition der Varianz für empirische Verteilungen:

$$Var(X) = E((X - E(X))^2)$$

In der folgenden abschließenden Tabelle 8.1 sind die Entsprechungen zwischen den Begriffen, mit denen eine empirische Verteilung beschrieben wird, und den wahrscheinlichkeitstheoretischen Begriffen, mit denen die Verteilungen von theoretischen Zufallsvariablen beschrieben werden, aufgelistet. Der Unterschied ist, dass sich die empirischen Begriffe auf real existierende empirische Merkmale beziehen, während die wahrscheinlichkeitstheoretischen Begriffe die Eigenschaften von Ereignisräumen beschreiben, in denen den Ereignissen auf theoretische Weise Wahrscheinlichkeiten zugewiesen werden.

Tabelle 8.1: Gegenüberstellung empirischer und theoretischer Begriffe

Empirische Häufigkeitsverteilungen deskriptive Begriffe	Wahrscheinlichkeitsverteilungen, theoretische Begriffe
Merkmal	Ereignisraum
Ausprägung, Wert	Ereignis
Personen haben Wert k bei Merkmal X	Zufallsvariable X hat den Wert k
Kategoriale Daten: Häufigkeit $f(X=k)$, rel. Häufigkeit $p(x=k) = f(x=k)/N$	diskrete Wahrscheinlichkeit $P(X = k)$
kumulierte Häufigkeit $F(x < k)$	kumulierte Wahrscheinlichkeit $P(X < k) = F(x)$
Intervallskalierte Daten: rel. Häufigkeit, dass $f(a <= x < b) = F(b) - F(a)$	stetige W.-verteilung $P(a <= X < b) = F(b) - F(a)$
Mittelwert $\bar{X}$	Erwartungswert $E(X)$
Varianz s^2	Varianz $E((X - E(X))^2)$
Vercodung	Zufallsvariable

Die Übereinstimmung geht bis in die gebräuchlichen Buchstaben. Damit wird eine grundlegende Uminterpretation eines empirischen Datensatzes möglich:

> Interpretation eines empirischen Datensatzes in der induktiven Statistik:
> Die festgestellte Häufigkeitsverteilung eines Merkmals bei N Befragten ist der Ausgang von N Zufallsexperimenten, deren Ergebnisse durch diejenige Wahrscheinlichkeitsverteilung bestimmt sind, die durch die Häufigkeitsverteilung der Ausprägungen des Merkmals in der Grundgesamtheit gegeben ist.

Weitere Literatur: Clauß u.a. 1995[2]: 93-134, Hochstädter: 353-445, Knapp, Kühnel/Krebs: 107-154

Übungsaufgaben:
1. Die Wahrscheinlichkeit, mit einem Würfel eine Zahl zwischen 1 und 6 zu werfen, ist gleichverteilt. Wie groß ist dann die Wahrscheinlichkeit,
a) beim ersten Wurf eine 5 oder eine 6 zu werfen?
b) bei zwei Würfen nacheinander zusammen eine Zahl >= 11 zu werfen?
2. Der Intelligenzquotient IQ sei in der Bevölkerung normalverteilt mit N(100; 20). Wie groß ist die Wahrscheinlichkeit, dass eine beliebig ausgewählte Person einen IQ >= 133 hat?

Kapitel 9: Konfidenzintervalle

In diesem Abschnitt wird dargestellt, wie mit den in den beiden vorangehenden Teilen bereitgestellten Mitteln – den theoretischen Verteilungen und dem Wahrscheinlichkeits-Begriff – der Induktionsschluss von den Parametern der Stichprobe auf die wahren Parameter der Grundgesamtheit vollzogen werden kann.

9.1 Umformulierung empirischer Daten als Ergebnisse von Zufallsexperimenten

Zuletzt wurde ein empirischer Datensatz so uminterpretiert, dass er als Ergebnis eines Zufallsexperiments erscheint. Mit dieser Interpretation und mit den weiteren Begriffsbestimmungen des vorangehenden Abschnitts kann nun das zentrale mathematische Ergebnis exakter formuliert werden, das die Grundlage für die Bedeutung der Normalverteilung bildet und die Verbindung zwischen empirischen Verteilungen und theoretischen Verteilungen herstellt.

"Zentraler Grenzwertsatz"
Seien n > 30 und X_i, (i=1,...,n) voneinander unabhängige Zufallsvariable mit identischen Verteilungen, mit Erwartungswert $E(X) = \mu$ und Standardabweichung σ. Dann ist der Mittelwert der Zufallsvariablen approximativ normalverteilt mit folgenden Parametern

$$\overline{X} = \frac{1}{n}\sum_{i=1}^{n} X_i \approx N(\mu, \frac{\sigma}{\sqrt{n}})$$

Der Satz besagt, dass sich bei Hinzunahme immer weiterer identischer Zufallsexperimente die Verteilung der Mittelwerte dieser Zufallsexperimente immer mehr einer Normalverteilung annähert. Ein Beispiel dafür bieten die Summen bei ein-, zwei- und dreimaligem Würfeln. Die Wahrscheinlichkeitsverteilung des einmaligen Würfelwerfens ist natürlich die Gleichverteilung. Bei zweimaligem Werfen und bei dreimaligem Werfen erhält man die folgenden Kurven in Abbildung 9.1:

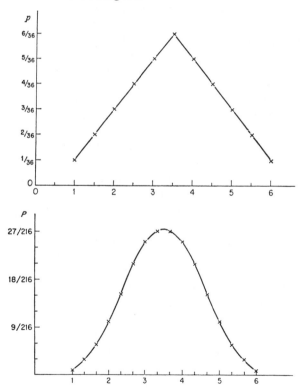

Abbildung 9.1: Wahrscheinlichkeitsverteilung bei 2- und 3-maligem Würfeln
 (Blalock: 184f.)

Angegeben ist jeweils die Wahrscheinlichkeit, d.h. der normierte Wert (bei zwei Würfen die Summe der Würfe geteilt durch 2, bei drei Würfen Summe/3). Schon bei drei Würfen zeigt sich die Gestalt der Normalverteilung. Je mehr Würfe man macht und aufsummiert, desto stärker nähert sich die Verteilung dieser Form an. Da aber die Augenzahl bei gleichzeitigem Wurf mehrerer Würfel, dividiert durch die Anzahl Würfel, dasselbe ist wie der Mittelwert von einem Würfel, der diese Anzahl oft geworfen wurde, zeigt dieses Beispiel, wie nach dem zentralen Grenzwertsatz die Normalverteilung immer genauer approximiert wird, je mehr identische Zufallsexperimente man veranstaltet.

An den nunmehr in der Sprache der Wahrscheinlichkeitstheorie formulierten Voraussetzungen des Satzes lässt sich ablesen, wann genau Stichproben geeignet sind für den Induktionsschluss von der Stichprobe auf die Grundgesamtheit: alle Elemente der Stichprobe müssen identische Zufallsexperimente darstellen, dieselbe Wahrscheinlichkeits-Verteilung besitzen. Dadurch ist festgelegt, dass man bei der Festlegung der Befragten für eine Stichprobe nur eine einzige Möglichkeit hat, die der Zufallsziehung aus der gesamten Grundgesamtheit. Denn sobald man ein bestimmtes Kriterium für die Auswahl wählt, grenzt dieses immer eine Teilmenge aus der Grundgesamtheit ab, die dann, weil nur sie dieses Kriterium besitzt, eine andere Wahrscheinlichkeits - Verteilung besitzt wie die übrigen.

Wenn man z.B. Aussagen über „die Frauen" machen will, kann man nicht eine Stichprobe von Brigitte-LeserInnen nehmen, da unklar ist, inwieweit sich die Brigitte-Leserschaft von anderen Frauen unterscheidet. Man darf also gerade kein Auswahl-Kriterium anwenden, und das heißt: Zufall. Diese wichtige Bedingung für Stichproben hat auch eine Bezeichnung:

> *Definition*: Eine Stichprobe heißt **repräsentativ**, wenn alle Fälle der Stichprobe ein identisches Zufallsexperiment nach den Voraussetzungen des zentralen Grenzwertsatzes darstellen.

Im weiteren wird natürlich angenommen, dass diese Voraussetzung immer erfüllt ist.

Was hat man nun mit dieser wahrscheinlichkeitstheoretischen Uminterpretation empirischer Daten gewonnen? Die Befragten einer einzigen Stichprobe bilden jetzt ein Zufallsexperiment, dessen Ausgang durch die Häufigkeitsverteilung der Population bestimmt ist. Die Parameter der bei den Befragten ermittelten Häufigkeitsverteilung weichen von den wahren Parametern der Verteilung in der Gesamtpopulation zufällig ab, d.h. nach den Gesetzen von Zufallsexperimenten. Der zentrale Grenzwertsatz z.B. beschreibt die Wahrscheinlichkeit dafür, dass sich der bei den Befragten ermittelte Mittelwert dem in der Population vorhandenen annähert. Es reicht also aus, nur eine einzige Stichprobe zu ziehen, weil man die Wahrscheinlichkeiten der Abweichungen in der Stichprobe mathematisch berechnen kann. Die drei theoretischen Verteilungen von Parametern aus Kapitel 7 lassen sich deshalb mit der obigen Uminterpretation als Wahrscheinlichkeitsverteilungen der empirischen Parameter auffassen, die von Stichproben berechnet werden:

Wahrscheinlichkeitsverteilungen empirischer Parameter
- Die Normalverteilung ist die Wahrscheinlichkeitsverteilung des Mittelwerts aus einer Zufallsstichprobe
- Die χ^2-Verteilung ist die Wahrscheinlichkeitsverteilung der Varianz einer Zufallsstichprobe
- Die Binomialverteilung ist die Wahrscheinlichkeitsverteilung des Anteils einer Ausprägung in einer Zufallsstichprobe.

9.2 Konfidenzintervalle

Als letzte Frage bleibt nun, wie die Kenntnis der Wahrscheinlichkeitsverteilung der Parameter einer Stichprobe dazu verhilft, auf die wahren Werte der Grundgesamtheit zu schließen. Als erstes Beispiel soll die folgende Frage beantwortet werden: Wie kann der unbekannte Mittelwert M einer Grundgesamtheit aus einer Stichprobe geschätzt werden? Angenommen sei zunächst noch, dass wenigstens die Standardabweichung der Grundgesamtheit bekannt ist und S beträgt. Eine Stichprobe vom Umfang n sei gezogen. Die theoretische Verteilung von Mittelwerten von Stichproben ist nach der Uminterpretation genau die Wahrscheinlichkeitsverteilung des Mittelwerts 8 dieser einen Stichprobe. Sie ist nach dem zentralen Grenzwertsatz die Verteilung $N(M, S/\sqrt{n})$, $\overline{X} \sim N(M, S/\sqrt{n})$.

Die Wahrscheinlichkeit eines Ereignisses entspricht der relativen Häufigkeit unter der Wahrscheinlichkeitsverteilung. Also lässt sich damit, dass innerhalb des Intervalls [$-1{,}96 \cdot S/\sqrt{n} + M$; $M + 1{,}96 \cdot S/\sqrt{n}$] 95% der Fläche dieser Verteilung liegen, folgende Wahrscheinlichkeit ableiten:

$P(-1{,}96 \cdot S/\sqrt{n} + M < \overline{X} < M + 1{,}96 \cdot S/\sqrt{n}) = 0{,}95$
In den 3 Teilen der Bedingung wird M abgezogen

$\Leftrightarrow P(-1{,}96 \cdot S/\sqrt{n} < \overline{X} - M < 1{,}96 \cdot S/\sqrt{n}) = 0{,}95$
Alle Teile der Bedingung werden mit -1 multipliziert

$\Leftrightarrow P(1{,}96 \cdot S/\sqrt{n} > M - \overline{X} > -1{,}96 \cdot S/\sqrt{n}) = 0{,}95$
In allen drei Teilen wird $\overline{X}$ addiert

$\Leftrightarrow P(1{,}96 \cdot S/\sqrt{n} + \overline{X} > M > \overline{X} - 1{,}96 \cdot S/\sqrt{n}) = 0{,}95$
Die Seiten der Ungleichung werden vertauscht

$\Leftrightarrow P(-1{,}96 \cdot S/\sqrt{n} + \overline{X} < M < \overline{X} + 1{,}96 \cdot S/\sqrt{n}) = 0{,}95$

Durch diese Äquivalenz-Umformungen wurden die Rollen des empirischen und bekannten Mittelwerts der Stichprobe $\overline{X}$ und des unbekannten wahren Mittelwerts M der Grundgesamtheit vertauscht, mit folgendem Resultat: die Wahrscheinlichkeit, dass der gesuchte wahre Wert innerhalb eines symmetrischen Intervalls um den geschätzten Wert liegt (letzte Zeile der Umformung), ist genauso groß wie die Wahrscheinlichkeit, dass der geschätzte Wert in einem bestimmten Schwankungsintervall um den wahren Wert liegt (erste Zeile der Umformung). Das führt zu einer neuen Definition:

> *Definition*: Sei m ein aus einer Stichprobe geschätzter Parameter eines wahren Werts M in der Grundgesamtheit und sei f die Wahrscheinlichkeitsverteilung des Parameters m. Ein **Konfidenzintervall zum Niveau** α um m ist ein Intervall [$f_{\alpha/2}$; $f_{1-\alpha/2}$], das um den geschätzten Parameter m herum liegt und in dem der unbekannte wahre Wert M sich mit Wahrscheinlichkeit $1-\alpha$ befindet. Man sagt auch „$1-\alpha$ %-Konfidenzintervall".
>
> $P(f_{\alpha/2} < M < f_{1-\alpha/2}) = 1 - \alpha$

Der entscheidende Unterschied zum Schwankungsintervall aus Kap. 7.3 ist, dass hier der wahre Parameter nicht mehr benötigt wird, sondern im Gegenteil eine Aussage über seine wahrscheinliche Größe gemacht wird: er liegt mit Wahrscheinlichkeit $1-\alpha$ zwischen $f_{\alpha/2}$ und $f_{1-\alpha/2}$. In Abbildung 9.2 sind eine Reihe solcher Konfidenzintervalle abgebildet, die sich aus jeweils anderen Stichproben ergeben haben könnten.

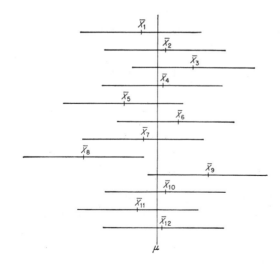

Abbildung 9.2: Verschiedene mögliche Konfidenzintervalle um einen wahren Parameter (Blalock: 210)

Damit ist die Frage beantwortet: der Schluss von der Stichprobe auf die unbekannten wahren Werte der Grundgesamtheit wird in der Weise vorgenommen, dass ein Intervall um den aus der Stichprobe geschätzten Wert angeben wird, innerhalb dessen sich der wahre Wert befindet, und zwar mit einer Wahrscheinlichkeit, die wählbar ist, denn der Wert für α ist nicht festgelegt.

Was bedeutet diese Angabe eines Niveaus α für die Sicherheit, mit man den wahren Wert bestimmen kann? Sei als Beispiel ein 5%-Niveau gewählt. Dann liegt mit 95% Wahrscheinlichkeit der wahre Wert in den Grenzen des ermittelten Konfidenzintervalls. 95% Wahrscheinlichkeit für den Erfolg eines Zufallsexperiments heißt aber nach der Definition der Wahrscheinlichkeit, dass auf lange Sicht 95 von 100 solcher Experimente Erfolg haben, jedoch 5% Misserfolg. Für das Konfidenzintervall bedeutet das, dass in - auf lange Sicht - 95 von 100 solcher Konfidenzintervalle sich der wahre Wert tatsächlich darin befindet, in 5 von 100 Konfidenzintervallen aber nicht. D.h. man kann das Niveau α auch so interpretieren, dass es die Wahrscheinlichkeit angibt, ein falsches Konfidenzintervall anzugeben. Das Niveau α eines Konfidenzintervalls für einen Parameter gibt die Wahrscheinlichkeit an, dass sich der gesuchte wahre Parameter nicht darin befindet. Wie man aus den konkreten Formeln entnehmen kann, ist es so, dass das Intervall um so länger wird, je kleiner dieser Fehler, d.h. das Niveau α, sein soll.

Vorgehen beim Bestimmen von Konfidenzintervallen für einen Kennwert x in einer Stichprobe:
1. Man ermittelt x aus der Stichprobe.
2. Man stellt die theoretische Wahrscheinlichkeitsverteilung f eines solchen Kennwerts x fest.
3- Man schätzt die Parameter der Wahrscheinlichkeitsverteilung f mit Hilfe von weiteren Angaben aus der Stichprobe.
4. Man setzt ein Niveau α für die Fehlerwahrscheinlichkeit fest. Man bestimmt die $f_{\alpha/2}$ und $f_{1-\alpha/2}$ – Werte für diese Wahrscheinlichkeitsverteilung.
5. Das Konfidenzintervall ist dann das Intervall [$f_{\alpha/2}$; $f_{1-\alpha/2}$].

Im folgenden soll ein Beispiel das Vorgehen bei der Berechnung eines Konfidenzintervalls demonstrieren. Folgende Frage sei gestellt:

Frage: schätzen sich die Deutschen insgesamt mehr links oder mehr rechts ein?

Als Datengrundlage dient eine bekannte Frage in Interviews, nämlich die Selbsteinschätzung auf einer Links-Rechts-Skala. Haben sich die Deutschen auf dieser Skala im Durchschnitt mehr links oder mehr rechts eingeordnet? Da die Skala 10-teilig ist und mit dem Wert 1 beginnt, besteht die Mitte genau aus dem Wert 5,5.

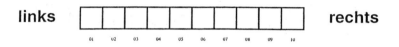

Abbildung 9.3: Links-Rechts-Selbsteinschätzungsskala aus dem ALLBUS

Tabelle 9.1: Links-Rechts-Selbsteinstufung 1994

Statistiken

LINKS-RECHTS-SELBSTEINSTUFUNG, BEFR.

N	Gültig	3380
	Fehlend	70
Mittelwert		5,03
Standardabweichung		1,67
Varianz		2,78

Dann stellt aber die tatsächliche Abweichung von diesem theoretischen Mittelwert der Skala dar, ob sich die Deutschen durchschnittlich auf dieser Skala mehr links oder mehr rechts von der vorgegebenen Mitte verorten. Damit ist natürlich nichts darüber gesagt, ob diese Mitte der Skala tatsächlich die Mitte in einem Kontinuum politischer Ansichten darstellt, oder ob etwa die Begriffe „links" und „rechts" überhaupt Pole darstellen oder zumindest Pole, die gleichweit von einer Mitte entfernt sind. Das sind kritische Fragen der Konstruktion einer solchen Skala. Hier interessiert nur, ob die Stichprobe hergibt zu behaupten, dass sich die Deutschen insgesamt im Durchschnitt links oder rechts von der Mitte eingeordnet haben.

Antwortkriterium also: Die Abweichung des tatsächlichen Mittelwerts dieser Skala für alle Deutschen vom theoretischen Mittelwert 5,5.

Die Skala hat in der ALLBUS-Stichprobe von 3380 Menschen den Mittelwert $\bar{X}$ = 5,03 (s. Tabelle 9.1), der fast einen halben Punkt hin zum linken Lager liegt. Das Problem des Schlusses auf die Grundgesamtheit ist nun: ist dieses Ergebnis aus der Stichprobe auf alle Deutschen übertragbar, angenommen, die Stichprobenziehung sei tatsächlich in der vorgeschriebenen zufälligen Weise erfolgt? Aus dem obigen ist klar, dass man hier nicht mit ja oder nein antworten kann, sondern nur mit Antworten derart:

mit x % Wahrscheinlichkeit ja
mit y % Wahrscheinlichkeit nein

Es soll zunächst eine Antwort mit mittlerem Sicherheitsniveau gegeben werden, d. h. eine Antwort zum Niveau α = 5%. Damit kann das Antwortkriterium präzisiert werden:

Antwortkriterium: Wie weit weicht der mittlere Skalenwert 5,5 vom 95%-Konfidenzintervall (Niveau α = 5%) des Mittelwerts der Skala von 5,03 ab?

Es muss also ein Konfidenzintervall konstruiert werden. Die Wahrscheinlichkeitsverteilung des Mittelwerts der Stichprobe ist eine Normalverteilung mit den Parametern Mittelwert der Stichprobe und Standardfehler, der aus der Standardabweichung der Grundgesamtheit berechnet werden muss. Die Standardabweichung oder die Varianz der Grundgesamtheit ist aber genauso unbekannt wie der wahre Mittelwert. Hier ergibt sich also noch einmal dasselbe Problem wie bei der Schätzung des Mittelwerts, die gerade stattfinden soll: wie sicher ist der Varianzwert der Stichprobe derselbe wie der Varianzwert in der Grundgesamtheit?

Aber dieses Problem sei zunächst wieder beiseite gelassen und die unbekannte Varianz durch die Varianz der Stichprobe geschätzt, die 2,78 beträgt (Tabelle 9.1). Die Wurzel daraus ist die Standardabweichung: 1,67. Mit der oben angegebenen Vorgehensweise ergibt sich:

1. Mittelwert der Stichprobe ist $\overline{X} = 5.03$
2. Der Mittelwert ist normalverteilt.
3. Die Parameter sind $\overline{X}$ und der Standardfehler. Er kann aus der geschätzten Standardabweichung der Grundgesamtheit 1,67, und dem Stichprobenumfang n berechnet werden. Also $\overline{X} \sim N(8, 1{,}67/\sqrt{3380}) = N(5{,}03; 0{,}028)$
4. Das Niveau α soll 0,05 sein. Damit sind die kritischen Werte die z_α – Werte der Standardnormalverteilung $z_{0.025} = -1{,}96$ und $z_{0.975} = 1{,}96$
5. Das Konfidenzintervall für den wahren Wert M in der Grundgesamtheit zum Niveau 95% ist dann
$[-1{,}96 \cdot 0{,}028 + 5{,}03; 5{,}03 + 1{,}96 \cdot 0{,}028] = [4{,}97; 5{,}08]$

Damit ist die Antwort auf die Frage, wie sich die Deutschen insgesamt auf der Links-Rechts-Skala verorten, gegeben:

Antwort: mit 95% Sicherheit schätzen sich die Deutschen im Durchschnitt links von der Mitte der Links-Rechts-Skala ein.

Will man nun ganz sicher gehen und die Wahrscheinlichkeit auf 99% vergrößern, so müssen in dieser ganzen Rechnung nur die f_α – Werte entsprechend verändert werden, weil α dann ja 0,01 ist. Einer Tabelle für die Normalverteilung kann man die entsprechenden und gleich noch andere Werte entnehmen:

Wahrscheinlichkeit = 99% $\Rightarrow$ $\alpha = 0{,}01$ und $z_{\alpha/2} = -2{,}57$.
Wahrscheinlichkeit = 99,9% $\Rightarrow$ $\alpha = 0{,}001$ und $z_{\alpha/2} = -3{,}3$
Konfidenzintervall Niveau 0,01:
$[-2{,}57 \cdot 0{,}028 + 5{,}03,\ 5{,}03 + 2{,}57 \cdot 0{,}028] = [4{,}95; 5{,}1]$
Konfidenzintervall Niveau 0,001:
$[-3{,}3 \cdot 0{,}028 + 5{,}03,\ 5{,}03 + 3{,}3 \cdot 0{,}028] = [4{,}93; 5{,}12]$

Man sieht, dass das Intervall, in dem mit immer größer werdender Wahrscheinlichkeit der wahre Wert liegt, immer länger wird. In bezug auf die Fragestellung sieht man aber auch, dass selbst bei der sehr hohen Forderung einer Wahrscheinlichkeit von 99,9% das Intervall immer noch weit von dem mittleren Wert 5,5 der Skala entfernt liegt, so dass fast mit Gewissheit behauptet werden kann, dass die Deutschen insgesamt sich auf dieser Skala im Durchschnitt ein wenig links von der Mitte einstufen.

Bisher wurde vorausgesetzt, dass die Varianz der Grundgesamtheit bekannt ist. Das ist i.A. nicht der Fall, sondern sie muss aus der Stichprobe geschätzt werden. Als Schätzwert für die Varianz der Grundgesamtheit nimmt man (ebenso wie beim Mittelwert) die Varianz der Stichprobe. Aus diesem Grund muss bei der Berechnung der Varianz der Stichprobe auch durch n-1 dividiert werden, nicht wie bei einer Grundgesamtheit durch n. Denn nur dann stellt die Varianz der Stichprobe eine optimale, d.h. „unverzerrte" Schätzung der Grundgesamtheits - Varianz dar. Dass bei dieser Verwendung der Stichproben – Varianz als Schätzung der Grundgesamtheits – Varianz die obigen Herleitungen richtig bleiben, sind tiefere Ergebnisse der Statistik.

Bei kleineren Fallzahlen als im zentralen Grenzwertsatz angegeben, also n < 30, ist allerdings die Wahrscheinlichkeitsverteilung des Stichprobenmittelwerts aus diesem Grund nicht mehr eine Normalverteilung, sondern die Approximation an die Normalverteilung erfolgt zu langsam. Der Mittelwert folgt dann einer noch anderen Verteilung, die hier nicht behandelt wird, der t-Verteilung. Bei großen Stichproben von n > 30 gibt es jedoch keinen wesentlichen Unterschied mehr zur obigen Berechnung an Hand der Normalverteilung.

Ist die Varianz S^2 der Grundgesamtheit unbekannt, wird zur Schätzung von S^2 die Stichproben-Varianz s^2 genommen. Bei kleinen Stichproben (n < 30) wird das Konfidenzintervall des Mittelwerts mit der **t-Verteilung** berechnet.

9.3 Konfidenzintervalle und Test auf Null

Im obigen Beispiel wurde das 95%-Konfidenzintervall für den Mittelwert aus empirischen Daten der Links-Rechts-Skala berechnet und mit einem theoretischen mittleren Wert dieser Skala verglichen. Da der theoretische Wert von 5,5 nicht im Intervall von [4,97; 5,08] lag, konnte geschlossen werden, dass mit 95%-iger Wahrscheinlichkeit sich auch alle Personen der Grundgesamtheit, also hier alle Deutschen, linker einschätzen als dieser mittlere Wert. Man nennt dieses Verfahren auch einen Test, nämlich den Test dafür, ob sich ein über eine Stichprobe geschätzter Parameter einer Grundgesamtheit tatsächlich von einem theoretischen Wert unterscheidet.

Definition: Ein **Test** stellt fest, ob sich ein aus einer Stichprobe geschätzter Parameter einer Grundgesamtheit von einem vorgegebenen Wert tatsächlich **unterscheidet**. Er wird durchgeführt, indem ermittelt wird, ob sich der vorgegebene Wert innerhalb des Konfidenzintervalls des geschätzten Werts zum Niveau α befindet. Liegt er innerhalb, so lautet das Test-Ergebnis: Kein Unterschied; liegt er außerhalb, so lautet es: es besteht ein Unterschied. Man sagt dann auch, der Unterschied ist **signifikant zum Niveau α**.

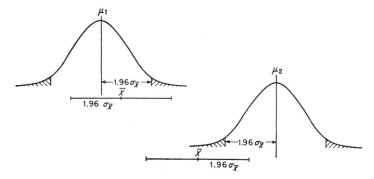

Abbildung 9.4: Test und Konfidenzintervall: nur unten sind $\overline{X}$ und μ signifikant unterschiedlich (Blalock 1979: 212)

Als Beispiel soll getestet werden, ob sich die Verortung auf der Links-Rechts-Einschätzung bei den Bundesbürgern vom Jahr 1994 auf das Jahr 1996 verändert hat.

Frage: Hat sich der Mittelwert für alle Bundsbürger auf der Links-Rechts-Skala von 1994 auf 1996 verändert?
Statistische Formulierung: Liegt der empirische Mittelwert der Daten von 1994 außerhalb eines Konfidenzintervalls zum Niveau α des Mittelwerts von 1996?

Tabelle 9.2: Links-Recht-Selbsteinstufung 1996

LINKS-RECHTS-SELBSTEINSTUFUNG, BEFR.		
N	Gültig	3442
	Fehlend	76
Mittelwert		5,20
Standardabweichung		1,77
Varianz		3,14

Aus den Daten der Tabelle 9.2 ergibt sich das Konfidenzintervall für 1996 zu

$[z_{\alpha/2} \cdot 1{,}77 / \sqrt{3442} + 5{,}20;\ 5{,}20 + 1{,}77/ \sqrt{3442} \cdot z_{1-\alpha/2}]$

Das ergibt z.B. zum Niveau $\alpha = 0{,}05 = 5\%$
$[-1{,}96 \cdot 0{,}03 + 5{,}20;\ 5{,}20 + 1{,}96 \cdot 0{,}03] = [\ 5{,}14;\ 5{,}26]$
oder zum Niveau $\alpha = 0{,}0001$
$[-4{,}0 \cdot 0{,}03 + 5{,}20;\ 5{,}20 + 4{,}0 \cdot 0{,}03] = [\ 5{,}08;\ 5{,}32]$
Da der Wert für 1994 5,03 beträgt und in beiden Fällen außerhalb der Konfidenzintervalle liegt, kann man mit sehr großer statistischer Sicherheit sagen, dass von 1994 auf 1996 die Selbsteinstufung der Deutschen auf dieser Skala im Durchschnitt „rechter" geworden ist, wenn auch nur ein klein wenig.

Antwort: Der Mittelwert der Links-Rechts-Selbsteinstufung von 1996 ist signifikant (zum Niveau 0,001) „rechter" als der von 1994.

Anzumerken ist hier, dass ein statistisch besserer Unterschiedstest, der nicht wie hier den Unterschied eines "wahren" Werts von einem Stichprobenwert, sondern den Unterschied zweier "wahrer" Werte aus den Stichproben ermitteln soll, beide Konfidenzintervalle berücksichtigen muss. Das leistet der sog. t-Test, der nicht zum Umfang dieses Buches gehört.

In vielen Fällen geht der Test darum, ob bestimmte Parameter, z.B. solche, die anzeigen wie stark ein Zusammenhang zwischen zwei Variablen ist (s. die folgenden Kapitel), überhaupt groß genug sind, dass man sagen kann, dass sie nicht nur zufällig von 0 abweichen. In diesem Fall ist – in der Test - Terminologie gesprochen – zu testen, ob die Parameter signifikant von 0 verschieden sind, zu einem bestimmten Niveau α.

9.4 Die Berechnung von Konfidenzintervallen für Anteilswerte

Als weiteres Beispiel soll ein Konfidenzintervall für einen Anteilswert x berechnet werden. Anteile sind, wie oben dargestellt wurde, binomialverteilt. In der ALLBUS- Stichprobe kann man diejenigen auszählen, die auf der Links-Rechts-Skala 9 oder 10 angekreuzt haben. Sie sollen hier verkürzt als „Extrem Rechte" bezeichnet werden. Es sind genau k = 39+41 = 80 Personen, das ist ein Anteil von k/n = x = 80/3380 = 2,37 % in der Stichprobe.

Frage: Wie groß ist der Anteil der „Extrem Rechten" in der Grundgesamtheit aller Deutschen (mit 95% Sicherheit) ?

Sei π der wahre Anteil „extrem rechter" Personen. Die Anzahl k in der Stichprobe ist dann binomialverteilt, mit den zwei Parametern der Stichprobengröße 3380 und des wahren Anteils, also k ~ B(3380; π). Das Konfidenzintervall müsste dann über diese Binomialverteilung berechnet werden. Da aber die Binomialverteilung schon für n > 20 gut durch die Normalverteilung approximiert werden kann, benutzt man die Approximation von Moivre-Laplace:

$k \sim B(n, \pi) \approx N(n\pi, \sqrt{(n\pi(1-\pi))}) \approx N(3380\pi, \sqrt{(3380\pi(1-\pi))})$.

Dann ist der Anteil $x = k/n$ verteilt nach $N(\pi, \sqrt{(\pi(1-\pi)/n)})$
(Um von der Verteilung von k, den absoluten Zahlen, auf die Verteilung von x, dem Anteil, zu kommen, werden Erwartungswert und Standardabweichung ebenfalls durch n geteilt – das ist ein Resultat des Rechnens mit Erwartungswerten. S.a. den Satz v. LaPlace in Kap. 7.6).
Der standardisierte Anteil $x_{st} = (x - \pi) / \sqrt{(\pi(1-\pi)/n)}$ ist dann $N(0,1)$-verteilt. D.h. mit 95% Sicherheit liegt diese Größe zwischen –1,96 und 1,96:

$$-1{,}96 < (x - \pi) / \sqrt{(\pi(1-\pi)/n)} < 1{,}96$$

Mit den entsprechenden Umformungen (wie oben in Kapitel 9.2) erhält man die folgenden Grenzen für den wahren Anteil π:

$$-1{,}96 \cdot \sqrt{(\pi(1-\pi)/n)} + x < \pi < x + 1{,}96 \cdot \sqrt{(\pi(1-\pi)/n)}$$

Wie schon bei der Mittelwertschätzung, muss auch hier die Varianz der approximierenden Normalverteilung mit Hilfe von Parametern der Stichprobe geschätzt werden. Hier wird in der Formal für die Standardabweichung als Schätzer für den wahren Anteil π der Anteil x in der Stichprobe eingesetzt. Dass dieser Schätzer wiederum – wie bei der Mittelwertberechnung die Standardabweichung der Stichprobe – ein „optimaler" Schätzer für die unbekannte Standardabweichung ist, ist ein Ergebnis statistischer Theorie (Beweis: Eckey u.a. 2000:471). Dann folgt

$$-1{,}96 \cdot \sqrt{(x(1-x)/n)} + x < \pi < x + 1{,}96 \cdot \sqrt{(x(1-x)/n)}$$

Für $x = 0{,}0237$ erhält man das folgende 95%-Konfidenzintervall für π:

$$[\,-1{,}96 \cdot \sqrt{(0{,}0237 \cdot 0{,}9763/3380)} + 0{,}0237;$$
$$0{,}0237 + 1{,}96 \cdot \sqrt{(0{,}0237 \cdot 0{,}9763/3380)}\,]$$

= [-0,005+ 0,0237; 0,0237 + 0,005]

Der ermittelte Wert von 0,0237 = 2,37% ist also bei einem 5% - Fehler-Niveau nur bis auf ± 0,005 = ± 0,5% genau angebbar. 0,5% sind aber bei 3450 Personen ca. 18 Personen, d.h. das 95% - Konfidenzintervall der absoluten Zahlen in der Stichprobe ist [63; 97] Personen, und mit 95% Wahrscheinlichkeit kann man nur sagen, dass zwischen 1,82 % und 2,82 % aller in Deutschland lebenden Personen sich auf dieser Skala als extrem rechts eingestuft haben.

In diesem Fall wurde die Varianz der approximierten Normalverteilung mit Hilfe der Anteilswerte in der Stichprobe geschätzt. Dadurch gibt es gewisse Verzerrungen, die mit Hilfe weiterer und anderer Verteilungen bzw. Formeln noch verbessert werden können, die man in Büchern finden kann. Das gilt insbesondere, wenn nicht die Bedingungen des Satzes von Laplace vorliegen, also vor allem dann, wenn die Stichprobe klein ist oder wenn die Anteile klein sind im Verhältnis zur Stichprobengröße.

9.5 Berechnung der nötigen Sample-Größe

Oft besteht das Problem, dass man sich überlegen muss, wie groß eigentlich die Stichprobe sein sollte. Aus dem Obigen ist klar, dass sie um so größer sein muss, je genauer die Ergebnisse sein sollen.

Es sei angenommen, dass der Anteil einer Bevölkerungsgruppe mit einem bestimmten Merkmal ermittelt werden soll. Die Aufgabe sei z.B., die Anzahl der „Extrem Rechten", d.h. derer, die 9 oder 10 ankreuzen, in einer Region genau zu schätzen. Man muss dazu zunächst die ungefähre Größe dieser Gruppe, etwa aus der ALLBUS-Schätzung oder anderen Untersuchungen, wissen; sie sei z.B. ca. 3%. Wie aus dem bisherigen hervorgeht, muss statistisch dann die Frage genauer gestellt werden: mit welchem Wahrscheinlichkeitsniveau, d.h. welcher Sicherheit α, sollen die Ergebnisse festgestellt werden, und wie groß soll der Toleranzbereich sein der Antwort sein, d.h. auf wieviel % genau soll die Anteilszahl sein? Diese Angaben seien wie folgt

Nötige Angaben: Anteil „Rechter" ca. 3%, 95% Sicherheit der Aussage, das Ergebnis soll auf ± 0.5% genau sein.
Frage: Wie groß muss die Stichprobengröße n sein?

Der Anteil ist binomialverteilt, und diese Binomialverteilung kann approximiert werden durch eine Normalverteilung um den wahren, unbekannten und zu schätzenden Anteil π. Diese Normalverteilung ist dann $N(\pi, \sqrt{\pi(1-\pi)/n})$. Daraus ergibt sich das Konfidenzintervall um den gesuchten Anteil π für das Niveau $\alpha = 0{,}05$ wie oben:

$$[-1{,}96 \cdot \sqrt{(\pi(1-\pi)/n)} + \pi,\ \pi + 1{,}96 \cdot \sqrt{(\pi(1-\pi)/n)}]$$

Die Länge dieses Intervalls ist $2 \cdot 1{,}96 \cdot \sqrt{(\pi(1-\pi)/n)}$. Das angestrebte Ergebnis schreibt nun vor, dass diese Länge gleich $\pm 0{,}5\% = \pm 0{,}005$, d.h. insgesamt $0{,}01$ sein soll. Damit gilt

$$3{,}92 \cdot \sqrt{(\pi(1-\pi)/n)} = 0{,}01$$

Aus dieser Gleichung kann man n, die nötige Stichprobengröße, isolieren:

$$392 \cdot \sqrt{(\pi(1-\pi)/n)} = 1$$
$$153664 \cdot \pi(1-\pi)/n = 1$$
$$153664 \cdot \pi(1-\pi) = n$$

Hier geht nun noch die vorab angestellte Schätzung von π, dem tatsächlichen erwarteten Anteil ein. Sie war hier 3%, d.h. $\pi = 0{,}03$. Damit geht die Gleichung weiter:

$$n = 153664 \cdot 0{,}03 \cdot 0{,}97 = 4472$$

Antwort also: Für die gewünschte Genauigkeit müssten etwa 4500 Personen mindestens befragt werden.

9.6 Exkurs:
Schätzung des Konfidenzintervall für eine Varianz

Als weiteres Beispiel für ein Konfidenzintervall soll die unbekannte Varianz S^2 einer Grundgesamtheit aus der Varianz s^2 der Stichprobe geschätzt werden. Weiter oben wurde festgestellt, dass die Stichprobenverteilung der Varianz einer χ^2-Verteilung folgt:

$$s^2 \sim (S^2/(n-1))\,\chi^2_{n-1}$$

Das Konfidenzintervall um S^2 hat die Form [$f_{\alpha/2}$; $f_{1-\alpha/2}$], wobei f hier mit χ^2 zusammenhängt. Um diesen Zusammenhang zu bestimmen, geht man genauso vor wie bei der obigen Berechnung für den normalverteilten Mittelwert. Weil s^2 wie angegeben verteilt ist, sind die Grenzen, in denen sich s^2 mit 95% Wahrscheinlichkeit ($\alpha = 0{,}05$) befindet, wie folgt:

$$P(S^2/(n-1))\,\chi^2_{n-1;\,\alpha/2} < s^2 < S^2/(n-1))\,\chi^2_{n-1;1-\alpha/2}) = 1 - \alpha.$$

Man bildet den Kehrwert aller Terme; dadurch kehren sich die Ungleichheitszeichen um:
$$P((n-1)/(S^2 \cdot \chi^2_{n-1;\,\alpha/2}) > 1/s^2 > (n-1)/(S^2 \cdot \chi^2_{n-1;\,1-\alpha/2})) = 1 - \alpha.$$

Man multipliziert alle Seiten mit σ^2:
$$P((n-1)/\chi^2_{n-1;\,\alpha/2} > S^2/s^2 > (n-1)/\chi^2_{n-1;\,1-\alpha/2}) = 1 - \alpha.$$

Man multipliziert alle Seiten mit s^2:
$$P(s^2(n-1)/\chi^2_{n-1;\,\alpha/2} > S^2 > s^2(n-1)/\chi^2_{n-1;1-\alpha/2}) = 1 - \alpha.$$

Man vertauscht noch die rechte und linke Seite, um die gewohnten Ungleichheitsrelationen wieder zu erhalten:
$$P(s^2(n-1)/\chi^2_{n-1;\,1-\alpha/2} < S^2 < s^2(n-1)/\chi^2_{n-1;\,\alpha/2}) = 1 - \alpha.$$

So steht wieder der unbekannte und gesuchte Parameter der Grundgesamtheit, die Varianz S^2, in der Mitte. Damit erhält man als Konfidenzintervall zum Niveau α für die wahre Varianz

$[s^2(n-1)/\chi^2_{n-1;\,1-\alpha/2};\ s^2(n-1)/\chi^2_{n-1;\,\alpha/2}]$

Aus den ALLBUS-Daten ergibt sich die Varianz der Stichprobe im Fall des Merkmals der Links-Rechts-Skala zu $s^2 = 2.778$. Da die χ^2-Verteilung mit der Stichprobengröße n selbst immer größer wird und sich der Normalverteilung annähert, ist sie in den meisten Tabellen nur für kleinere Werte tabelliert; es wird davon ausgegangen, dass man für größere Fallzahlen die obige (Kapitel 7.6) Approximation durch die Normalverteilung benutzt. Es sei deshalb hier zunächst angenommen, dass die Stichprobe nur 201 Befragte enthalte. Dann ergibt sich folgendes Konfidenzintervall zum Niveau α = 0,05:

$[200 \cdot 2{,}778\,/\chi^2_{200;0.975});\ 200 \cdot 2{,}778/\,\chi^2_{200;0.025}]$
= $[555{,}6/241{,}1;\ 555{,}6/162{,}7]$
= $[2{,}304;\ 3{,}41]$

(Ablesen der χ^2 - Werte in einer Tabelle, z.B. in Clauß u.a. 1995^2:389).

Man sieht, dass sich hier ein nicht - symmetrisches Intervall ergibt – der empirische Wert von 2,778 liegt nicht in der Mitte des Intervalls –, was daher kommt, dass die Varianz durch die Null nach links beschränkt ist, weil sie immer positiv ist. So wird das Intervall, obwohl es dieselbe Wahrscheinlichkeit, kleiner oder größer als der ermittelte Wert zu sein, angibt, nach links kleiner sein müssen.

Mit der Approximation der χ^2-Verteilung durch die Normalverteilung (Kapitel 7.6)kann ein solches Konfidenzintervall auch über die Normalverteilung ausgerechnet werden. Oben wurde angegeben, dass, wenn k ein χ^2-verteilter Parameter einer Stichprobe mit n > 30 ist, der transformierte Parameter

$k_{trans} = \sqrt{2k} - \sqrt{2f-1} \approx N(0,1)$ standardnormalverteilt ist.

Aus der Verteilung von s^2 folgt durch Umformung, dass die Größe s'^2

$$s'^2 = s^2 \cdot (n-1) / S^2 \quad \text{nach} \quad \chi^2 \text{ - verteilt ist.}$$

Wenn diese Größe mit der Formel transformiert wird, ist die transformierte Größe standardnormalverteilt und es besteht folgende Wahrscheinlichkeit für $\alpha = 0,05$, bei $f = n-1$, $n = 3401$ Befragte:

$$P(-1,96 < \sqrt{2s'^2} - \sqrt{2 \cdot 3400 - 1} < 1,96) = 0,95$$

$$P(80,5 < \sqrt{2s'^2} < 84,42) = 0,95$$

$$P(80,5 < \sqrt{2s^2(n-1)/S^2} < 84,42) = 0,95$$

Man quadriert alle Terme und setzt $n = 3401$ ein
$$P(6480,25 < 2 s^2 3400 / S^2 < 7126,74) = 0,95$$

Man dividiert durch $2 \cdot 3400 = 6800$
$$P(0,953 < s^2 / S^2 < 1,048) = 0,95$$

Man berechnet den Kehrwert aller Terme, die Ungleichheitsrelationen kehren sich um
$$P(1,049 > S^2 / s^2 > 0,954) = 0,95$$

Man multipliziert mit $s^2 = 2,778$
$$P(2,91 > S^2 > 2,65) = 0,95$$

Damit ist das 95% -Konfidenzintervall der Varianz, geschätzt durch die Approximation der χ^2 – Verteilung durch die Normalverteilung :

[2,65; 2,91]

> Das ist nun natürlich ein symmetrisches um $s^2 = 2{,}778$ liegendes Intervall, da hier durch die symmetrische Normalverteilung approximiert wurde, und ein viel kleineres, da jetzt die tatsächlichen 3401 Fälle berücksichtigt wurden und nicht nur 201 hypothetische wie oben bei der Schätzung über die χ^2-Verteilung.

Weitere Literatur zu diesem Kapitel: Hochstädter: 531-544, 555-556, 559-562, Mohr, Kühnel/Krebs: 237-250

Übungsaufgaben:
1. In der repräsentativen ALLBUS-Umfrage wurde die Frage gestellt, wie groß das Vertrauen in die Arbeitsämter sei. Es konnte als Antwort eine Zahl zwischen 1 (überhaupt kein Vertrauen) und 7 (sehr großes Vertrauen) angekreuzt werden. Für die Befragten aus den alten und neuen BL gibt es folgende Ergebnisse:
Alte Bundesländer: 2284 Befragte, Mittelwert 3,92, Standardabweichung 1,467.
Neue Bundesländer: 1081 Befragte, Mittelwert 3,35, Standardabweichung 1,512.
Berechnen Sie das 95%-Konfidenzintervall für die Mittelwerte der beiden Ländergruppen. Unterscheiden sich in der Grundgesamtheit ganz Deutschland die beiden Ländergruppen?

2. In der Shell-Jugendstudie von 1997 wurde der Zukunftspessimismus von 2102 befragten Jugendlichen mit einer metrischen Variable mit Werten von 8 = „sehr pessimistisch" bis 25 = „sehr optimistisch" erhoben. Fasst man die Jugendlichen mit Werten von 8 bis 17 als die „pessimistischen Jugendlichen" zusammen, so haben diese in der Untersuchung einen Anteil von 4,8%. Berechnen Sie aus den Daten das 95%-Konfidenzintervall für diesen Anteil.

Kapitel 10: Nominalskalierte Zusammenhangsmaße

10.1 Die Berechnung von Zusammenhangsmaßen

Bisher wurden im wesentlichen zwei Themen behandelt: 1. die Parameter eines einzigen Merkmals, also einer univariaten Verteilung, berechnet, und 2. statistische Modelle berechnet, mit denen man abschätzen kann, wie genau eine Verallgemeinerung ist, die diese an einer Stichprobe gewonnenen Parameter auf eine Population insgesamt überträgt. Im folgenden wird der Zusammenhang zwischen zwei Merkmalen Thema sein. Ein Zusammenhang zwischen sozialen Merkmalen festzustellen, ist der bei weitem häufigste Grund, aus dem Daten erhoben und statistische Verfahren auf sie angewendet werden. Empirische Untersuchungen möchten oft nicht nur feststellen, wie verbreitet ein bestimmtes Merkmal ist, sondern vor allem, welche Ursachen für seine Verbreitung sorgen. Als Beispiele seien genannt eine Untersuchung über Langzeitarbeitslose, die feststellen will, welche Bevölkerungsgruppen vor allem von Langzeitarbeitslosigkeit betroffen sind, oder eine Untersuchung über Rechtsextremismus, die feststellen will, welche persönlichen und sozialen Umstände damit zusammenhängen, dass ein Mensch Rechtsextremist wird.

Die Aussagen darüber, ob zwei Merkmale zusammenhängen, werden, wie bei einem einzigen Merkmal, aus Parametern abgeleitet, die aus der bivariaten Verteilung von zwei Merkmalen berechnet werden. Solche Parameter heißen Zusammenhangsmaße. Parameter für einen Zusammenhang sind Parameter bivariater Verteilungen. Vorne (Kap. 4.5, 4.6) wurden bivariate Verteilungen als Kreuztabellen und Streudiagramme eingeführt, ebenso schon ein Parameter zur Beschreibung eines Streudiagramms, die Kovarianz (Kap. 6.5). Die nächsten drei Kapiteln führen weitere Parameter bivariater Verteilungen ein.

Diese Parameter bivariater Verteilungen unterscheiden sich, genauso wie die Parameter univariater Verteilungen, je nach Skalenniveau. So sind Parameter nominalskalierter bivariater Daten Werte, die eine komplette Kreuztabelle kennzeichnen, dagegen Parameter metrisch skalierter bivariater Daten Werte, die ein Streudiagramm kennzeichnen.

Genau wie bei den univariaten Verteilungen stellt sich auch bei den Parametern für einen Zusammenhang zunächst die Frage, wie groß sie sind. Die Größe eines Zusammenhangsmaßes gibt aber i.A. an, wieviel Zusammenhang vorhanden ist, beantwortet also die Fragen

- Wie stark ist der Zusammenhang
- und bei mindestens ordinalskalierten Daten: welche Richtung hat er?

Als zweites stellt sich die Frage, inwieweit dieser Zusammenhang signifikant ist und sich nicht nur aus der Auswahl der Stichprobe ergibt, sondern auf die Grundgesamtheit übertragbar ist:

- Gibt es überhaupt einen Zusammenhang, ist er „signifikant", und wenn ja, zu welchem (Wahrscheinlichkeits-) Niveau?

Tabelle 10.1: Parameter und Fragestellung der zugehörigen statistischen Analyse

	Deskriptive Statistik, Parameter von Verteilungen	Inferenzstatistik, Statistische Modelle
Univariate Verteilungen	Lage- und Streuungsmaße: ihre Größe	Konfidenzintervalle der Maße: Genauigkeit ihrer Übertragbarkeit auf die Population
Bivariate Verteilungen	Zusammenhangsmaße: Stärke und Richtung des Zusammenhangs	Konfidenzintervalle der Maße: Test, ob der Zusammenhang auch in der Population besteht bzw. signifikant ist

Im Unterschied zum Induktionsschluss bei nur einem Merkmal, der die Übertragbarkeit der Parameter auf die Population feststellt, lässt sich über das Konfidenzintervall der Zusammenhangsmaße zusätzlich prüfen, ob die zwei Merkmale überhaupt zusammenhängen und nicht voneinander unabhängig sind.

Für diese Prüfung ist i.A. keine repräsentative Stichprobe nötig. Die Ursachen, die jede befragte Person eine bestimmte Antwort auf eine einzelne Frage geben lassen, etwa, ob die hier lebenden Ausländer sich anpassen müssten, können in allen möglichen persönlichen Merkmalen liegen; die Beantwortung ist also abhängig von der Repräsentativität der Stichprobe und ihrer Größe. Wenn jedoch nur der Zusammenhang zwischen zwei Merkmalen interessiert, etwa zwischen Geschlecht und den Ergebnissen bei einer Statistik-Klausur, so gibt es nur noch eine Ursache, nämlich – in diesem Beispiel – das Geschlecht. Deshalb muss die Stichprobe auch nur in bezug auf diese beiden Merkmale repräsentativ sein, d.h. man kann sich bestimmte Personen heraussuchen, die in ihrer Gesamtheit nur in etwa der bivariaten Verteilung der beiden interessierenden Merkmale entsprechen müssen. Für das Beispiel braucht man in der Stichprobe nur zu gewährleisten, dass dieselbe Statistik-Klausur von etwa gleichviel Studenten und Studentinnen geschrieben wird, die dieselbe Statistik-Vorlesung besucht haben. Wenn man dann feststellt, dass sich die Noten unterscheiden, dann hat sich erwiesen, dass das Geschlecht die Noten beeinflussen kann, unabhängig davon, in wie weit dieses Ergebnis für andere Zeiten und Orte gültig ist. Für die Prüfung von Zusammenhangs-Hypothesen ist deshalb die oft schwierig herzustellende Repräsentativität von Stichproben nur dann nötig, wenn die Ergebnisse auf beliebige Populationen verallgemeinert werden sollen.

Ein Zusammenhang zwischen zwei Merkmalen ist vor allem dann interessant, wenn das eine Merkmal als Ursache, das andere als Wirkung gedeutet werden kann, also die Ausprägungen des einen Merkmals auf die Ausprägungen des anderen Merkmals wirken. Die Variable, die die Ursache darstellt, wird als unabhängige Variable bezeichnet, diejenige, die die Wirkung erfährt, heißt abhängige Variable. In welcher Weise, d.h. mit welchem Mechanismus, diese Wirkung zustande kommt, darüber kann die statistische Feststellung eines Zusammenhangs überhaupt nichts aussagen. Die Statistik ist nur mit den Auswirkungen solcher Mechanismen konfrontiert, wie sie sich in den Daten zeigen.

Als ein einführendes Beispiel dienen im Folgenden zwei Tabellen aus einer Untersuchung zum Zusammenhang von Fernsehgebrauch und Geschlecht, die von Jutta Röser (1995) stammen. Frauen und Männer wurden befragt, welche Fernsehsendungen sie gerne sehen. Für Nachrichten und für Sportsendungen ergaben sich diese zwei Tabellen:

Fernsehgebrauch und Geschlecht

Nachrichten sehen gern	ja	nein	Summe
Frauen	90	10	100
Männer	47	3	50
Summe	137	13	150

Sport sehen gern	ja	nein	Summe
Frauen	31	69	100
Männer	33	17	50
Summe	64	86	150

Bei welcher Tafel kann man einen Zusammenhang feststellen? Offenbar werden Nachrichtensendungen etwa gleich gern gesehen von Frauen und Männern, während bei Sportsendungen eindeutig die Männer ihre Präferenzen haben. Die bedingte Verteilung von Frauen und Männern für jeweils die beiden Gruppen der „Gern-" und „Nichtgern-Seher" ist in etwa gleich bei Nachrichten, aber genau umgekehrt bei Sport. Das führt zu der folgenden Definition:

> *Definition*: Ein **statistischer Zusammenhang** von zwei Variablen liegt vor, wenn sich die bedingten Verteilungen der einen Variable für verschiedene Werte der anderen Variablen unterscheiden. Das Gegenteil heißt **statistische Unabhängigkeit**.

Wie diese Definition von Unabhängigkeit mit der aus der Wahrscheinlichkeitstheorie bekannten Definition der stochastischen Unabhängigkeit zweier Ereignisse zusammenhängt, wird im weiteren geklärt werden.

Um die Einwirkungen der Verteilung der einen Variablen auf die Verteilung der anderen Variablen in Parameter zu fassen, gibt es nun mehrere verschiedene Möglichkeiten, die allesamt angewendet werden und leider zu verschiedenen Zusammenhangsmaßen für den Zusammenhang führen. Es sind die folgenden:

Tabelle 10.2: Fünf Verfahren zur Feststellung von statistischem Zusammenhang

1. Größe der Abweichungen von der stochastischen Unabhängigkeit beider Merkmale (häufig bei Nominalskalenniveau)
2. Größe der Unterschiede zwischen Teilgruppen (häufig bei Nominalskalenniveau)
3. Zusammenfassung paarweiser Vergleiche von Fällen (häufig bei Ordinalskalenniveau)
4. Ausmaß der Reduktion der Vorhersagefehler, wenn die eine Variable zur Vorhersage der anderen verwendet wird (Proportional Reduction of Error = PRE – Maß) (häufig bei Ordinalskalenniveau)
5. Ausmaß, in dem Werteveränderungen einer Variable zu Werteveränderungen bei der anderen Variable führen (vor allem bei metrischem Skalenniveau)

In diesem Kapitel über Zusammenhangsmaße für nominalskalierte Daten werden die Verfahren 1., 2. und 4. angewendet.

10.2 Die Prozentsatzdifferenz

Da nominalskalierte Daten diskrete und wenige Kategorien aufweisen, liegt der Zusammenhang meist als Kreuztabelle vor. Es hat sich eingebürgert, dass in den Zeilen die Ausprägungen der unabhängigen (x), in den Spalten die der abhängigen Variablen (y) stehen.

Sogenannte Vierfeldertafeln stellen die bivariate Verteilung zweier dichotomer Variablen dar. Weil einige Maße speziell für sie konstruiert werden, hat sich dafür eine spezielle Notation eingebürgert, in der die Zelleninhalte mit kleinen Buchstaben bezeichnet werden:

Tabelle 10.3: Notation einer Vierfeldertafel

	y_1	y_2	Σ
x_1	a	b	a+b
x_2	c	d	c+d
Σ	a+c	b+d	a+b+c+d

Ein erstes Maß, das auf Verfahren 2 beruht, ist die Prozentsatzdifferenz. Dieses Maß eignet sich nur für Vierfeldertafeln. Berechnet werden die absoluten Differenzen der nach der unabhängigen Variablen bedingten prozentualen Häufigkeiten (Prozentuierung auf x_i) für eine Ausprägung der abhängigen Variable.

Definition: Die **Prozentsatzdifferenz d** (für Vierfeldertafeln) ist
$d = |a \cdot 100/(a+b) - c \cdot 100/(c+d)| = |b \cdot 100/(a+b) - d \cdot 100/(c+d)|$

Dieses Maß wird nun für die Fernsehbeteiligung in den obigen Tabellen berechnet. Als erstes ist festzulegen, welches die unabhängige Variable sein soll. Da das Geschlecht nicht beeinflussbar ist, ist es offenbar bei dieser Fragestellung die unabhängige Variable. Deshalb wird die Tabelle mit Geschlecht als unabhängiger Variable in Prozentwerte umgerechnet:

Tabelle 10.4: Fernsehgebrauch und Geschlecht in Prozent

Nachrichten sehen gern	ja	nein	Summe
Frauen	90,0	10,0	100,0
Männer	94,0	6,0	100,0
Summe	91,3	8,7	100,0

Sport sehen gern	ja	nein	Summe
Frauen	31,0	69,0	100,0
Männer	66,0	34,0	100,0
Summe	42,7	57,3	100,0

Dann ist
$d = |90-94| = |10-6| = 4$ für Nachrichten
$d = |31-66| = |69-34| = 35$ für Sport

Um diese Zahlen zu interpretieren, muss man wissen, wie groß d maximal und minimal sein kann. Das Minimum von d ist 0 und bedeutet Unabhängigkeit, das Maximum 100 und bedeutet perfekten Zusammenhang

$d = 0$ (Minimum) : vollständige Unabhängigkeit
$d = 100$ (Maximum): perfekter Zusammenhang

Auf Grund dieser Eingrenzung kann man schließen, dass Nachrichtensendungen nur sehr schwach eine Geschlechterdifferenzierung bewirken, aber Sportsendungen mehr von Männern gesehen werden. Aber wie viel mehr? Diese Schwierigkeit der Bewertung der relativen Stärke der erhaltenen Maßzahl besteht für alle weiteren Maßzahlen, die noch kommen werden. Ist ein d von 10 schon ein guter Zusammenhang oder erst ein d von 50? Mit welchen Worten wie „stark", „schwach" etc. man die Werte der Maße belegt, ist zum einen von den maximal und minimal erreichbaren Werten dieser Maße abhängig, zum zweiten davon, wie groß Zusammenhänge in der betrachteten Population i.A. sind, ist also von empirischer Erfahrung abhängig, und zum dritten eigene Interpretation. Wichtig ist deshalb, dass man bei konkreten Forschungsergebnissen immer die genaue Maßzahl angibt, damit die sprachliche Bezeichnung der Zusammenhangsstärke nachvollzogen werden kann.

Das Maß d fällt mit derselben Tabelle anders aus, wenn man die Rollen von abhängiger und unabhängiger Variable vertauscht. Maße mit dieser Eigenschaft heißen asymmetrisch. Zur Charakterisierung von d lässt sich also festhalten: d ist leicht zu berechnen und zu verstehen, aber es ist asymmetrisch und seine Größe ist schlecht zu interpretieren: wann ist d bedeutend?

10.3 Das Maß χ^2_{emp}

Eine nächste große Gruppe von Maßen bilden diejenigen, die auf Verfahren 1 beruhen. Diese Maße beruhen alle auf der χ^2 – Verteilung, d.h. das statistische Modell, nach dem diese Zusammenhangsmaße verteilt sind – wie die Mittelwerte etwa nach der NV verteilt waren – ist die χ^2-Verteilung. Sie heißen deshalb auch selber χ^2, also genauso wie die theoretische Verteilung, was missverständlich ist, weil hier derselbe Buchstabe für Werte aus theoretischen und empirischen Verteilungen benutzt wird und weil zweitens auch noch ein griechischer Buchstabe genommen wird, der eigentlich nur für theoretische Verteilungen reserviert ist. Deshalb wird hier immer ein „empirisch" an das χ^2_{emp} angefügt, wenn das deskriptive Zusammenhangsmaß, das aus einer Stichprobe berechnet wird, gemeint ist.

Die χ^2-Maße messen alle die Abweichung der Zelleninhalte von dem Zustand, wie die Zelleninhalte sein müssten, wenn die Merkmale unabhängig voneinander wären. Dabei benutzt man die wahrscheinlichkeitstheoretische Definition der Unabhängigkeit (s. Kap. 8.2): Wenn zwei Merkmale unabhängig voneinander sind, haben die Zelleninhalte der Kreuztabelle dieser beiden Merkmale eine ganz bestimmte Größe. Sind die Abweichungen von diesen Größen so groß, dass sie nicht mehr nur durch die Zufälle bei der Stichprobenziehung zustande gekommen sein können, dann besteht ein Zusammenhang zwischen beiden Variablen.

Um einen χ^2_{emp} – Wert zu berechnen, muss deshalb zunächst die Tabelle rekonstruiert werden, wie sie aussähe, wenn die Merkmale unabhängig wären. Die wahrscheinlichkeitstheoretische Definition der Unabhängigkeit ergibt: Wenn das Ereignis („Frau sein") und das Ereignis („gerne Sportsendungen sehen") unabhängig sind, dann ist die Wahrscheinlichkeit des Ereignisses („Frau sein und gerne Sportsendungen sehen") gleich dem Produkt der beiden Einzelwahrscheinlichkeiten („Frau sein") und („gerne Sportsendungen sehen").

Um eine allgemeine Definition geben zu können, muss zunächst eine zugrundeliegende beliebige Kreuztabelle in allgemeiner Form definiert werden. Wenn eine solche Tabelle dafür benutzt wird, um den Zusammenhang zweier kategorialer Merkmale darzustellen, wird sie auch „Kontingenztafel" genannt. (s.a. Kap. 3.1), ebenso steht „Kategorie" für die Ausprägungen der Merkmale.

Tabelle 10.5: Eine Kontingenztafel (Kreuztabelle) mit k Zeilen und m Spalten, sowohl mit f = absolute, als auch mit p = relative Häufigkeiten möglich

abhg. Var. Y / unabhg. Var. X	Kateg. „1": y_1	Kateg. „2": y_2	... „j" ... y_j	Kateg. „m": y_m	Σ (= Vert. d. unabhg. Variablen)
Kategorie „1": x_1	f_{11}, p_{11}	f_{12}, p_{12}	f_{1j}, p_{1j}	f_{1m}, p_{1m}	$f(x_1), p(x_1)$
Kategorie „2": x_2	f_{21}, p_{21}	f_{22}, p_{22}	f_{2j}, p_{2j}	f_{2m}, p_{2m}	$f(x_2), p(x_2)$
... „i" ...: x_i	f_{i1}, p_{i1}	f_{i2}, p_{i2}	f_{ij}, p_{ij}	f_{im}, p_{im}	$f(x_i), p(x_i)$
Kategorie „k": x_k	f_{k1}, p_{k1}	f_{k2}, p_{k2}	f_{kj}, p_{kj}	f_{km}, p_{km}	$f(x_k), p(x_k)$
Σ (=Verteilung der abhängigen Variablen)	$f(y_1), p(y_1)$	$f(y_2), p(y_2)$	$f(y_j), p(y_j)$	$f(y_m), p(y_m)$	n bzw. 1,0

Hierbei wird p berechnet als Anteil an der Population insgesamt n. In dieser Tabelle kann die Wahrscheinlichkeit, eine bestimmte Ausprägung eines Merkmals zu besitzen, direkt aus der entsprechenden relativen Randhäufigkeit abgelesen werden. Bei Unabhängigkeit beider Merkmale erwartet man gemäß ihrer Definition (s. Kap. 8.2) für jede Zelle eine Wahrscheinlichkeit, die dem Produkt der jeweiligen Randhäufigkeiten entspricht. Also kann man folgende Definition treffen:

Definition: Die **erwartete relative (p^e_{ij}) und absolute (f^e_{ij}) Häufigkeit** der Zelle (i,j) einer Kontingenztafel ist definiert durch

$$p^e_{ij} = p(x_i)\,p(y_j),$$

$$f^e_{ij} = p^e_{ij}\,n = p(x_i)\,p(y_j)\,n = \frac{f(x_i)\cdot f(y_j)}{n}$$

Als Beispiel werden die erwarteten relativen und absoluten Häufigkeiten der Tabelle für die Sportsendungen berechet:

Sport sehen gern	ja	nein	Summe
Frauen	$p^e_{11}=0{,}67\cdot 0{,}43$ $=0{,}29$ $f^e_{11}=(100\cdot 64)/150$ $=43$	$p^e_{12}=0{,}67\cdot 0{,}57$ $=0{,}38$ $f^e_{12}=(100\cdot 84)/150$ $=57$	$f(x_1) = 100$ $p(x_1) = 0{,}67$
Männer	$p^e_{21}=0{,}33\cdot 0{,}43$ $=0{,}14$ $f^e_{21}=(50\cdot 64)/150$ $=21$	$p^e_{22}=0{,}33\cdot 0{,}57$ $=0{,}19$ $f^e_{22}=(50\cdot 86)/150$ $=29$	$f(x_2) = 50$ $p(x_2) = 0{,}33$
Summe	$f(y_1) = 64$ $p(y_1) = 0{,}43$	$f(y_2) = 86$ $p(y_2) = 0{,}57$	150

Das bedeutet, bei Unabhängigkeit der Sportsendungen vom Geschlecht müssten jeweils 43 Frauen und 21 Männer die Sportsendungen gern sehen und jeweils 57 Frauen und 29 Männer sie nicht gern sehen.

Das Zusammenhangsmaß χ^2 misst nun jeweils die Abweichung von der Unabhängigkeit in jeder Zelle und summiert diese Abweichungen auf. In welcher Weise Abweichungen von einem Wert gemessen werden können, wurde schon bei der Herleitung der verschiedenen Streuungsmaße als Abweichung vom Mittelwert diskutiert (Kapitel 6.3). Für das Maß χ^2_{emp} verfährt man genauso wie bei der Varianz: man wählt die standardisierte quadrierte Differenz, für jede Zelle. Dann erhält man folgende Definition:

Definition: Das Zusammenhangsmaß χ^2_{emp} (**Chi-Quadrat**) ist definiert durch

$$\chi^2_{emp} = \sum_{\substack{i=1,\ldots,k \\ j=1,\ldots,m}} \frac{(f_{ij} - f^e_{ij})^2}{f^e_{ij}}$$

Als Beispiel die Berechnung von χ^2_{emp} aus den Daten der letzten und ersten Tabelle :

$\chi^2_{emp} = (31-43)^2/43 + (33-21)^2/21 + (69-57)^2/57 + (17-29)^2/29$
$= 144/43 + 144/21 + 144/57 + 144/29 = 3{,}34 + 6{,}85 + 2{,}53 + 4{,}96$
$= 17{,}68$

Die Bezeichnung χ^2_{emp} bedeutet also hier das Zusammenhangsmaß, das aus einer empirischen Kreuztabelle berechnet werden kann. Aber die Bezeichnung ist deshalb gut gewählt, weil dieses Maß eine Häufigkeitsverteilung der Form der χ^2 – Verteilung besitzt. Die Summe ist nämlich definiert als die Summe von normierten quadrierten Abweichungen, d.h. genauso, wie die Varianz definiert ist, und eine solche Summe ist χ^2 – verteilt (s. Kap. 7.4).

Was wäre der zu erwartende Wert von χ^2_{emp}, wenn Geschlecht und Sportsendungen unabhängig wären? Wenn beide Variablen stochastisch unabhängig sind, ist das Maß in der Population 0, weil dann alle Differenzen in den Zählern der obigen Summe 0 sind. Es wird bei empirischen Daten dann nur so weit von 0 abweichen, wie der Zufall eine Stichprobe produzieren kann, die nicht genau der Population entspricht.

Da man die theoretische Verteilung dieses Parameters weiß, kann man auch ein Konfidenzintervall angeben. Mit Hilfe des Konfidenzintervalls kann man dann feststellen, ob die Abweichungen von den erwarteten Häufigkeiten groß genug sind, um mit einer vorgegebenen Wahrscheinlichkeit nicht zufällig zu sein. Wenn das der Fall ist, sind die beiden Merkmale auch in der Population insgesamt nicht unabhängig. Um z.B. die Frage zu entscheiden, ob ein Zusammenhang zwischen Geschlecht und der Vorliebe für Sportsendungen besteht, muss nachgesehen werden, ob der empirische χ^2_{emp} – Wert tatsächlich groß genug ist, um nicht nur zufällig auf Grund der Stichprobenziehung von den erwarteten Werten abzuweichen. Bei der Prüfung auf Unabhängigkeit handelt es sich also um einen Test, ob χ^2_{emp} nicht nur zufällig von 0 verschieden ist (s. Kap. 9.3). Um den Test durchzuführen, muss der empirische Wert mit dem theoretischen χ^2 – Wert der Tabelle verglichen werden.

Dazu muss aber die theoretische χ^2-Verteilung genauer bestimmt werden. D.h., es müssen die Freiheitsgrade f derjenigen χ^2_f -Verteilung angegeben werden, die zu einer speziellen Kreuztabelle gehören. Freiheitsgrade bedeuten die Anzahl der unabhängigen Summanden, die in die Summe, mit der χ^2 berechnet wird, eingehen. Wieviele der vier Summanden, die aus den vier Feldern der Tabelle gebildet werden konnten, sind nun unabhängig voneinander? Es stellt sich heraus, dass man in einer Vierfelder-Tabelle nur eine einzige Zelle frei wählen kann. Denn durch die bestehenden festgelegten Randverteilungen sind bei der Wahl der Häufigkeit in einer Zelle sofort die Werte der anderen Zellen festgelegt.

Das bedeutet, von den 4 Summanden, die in die Summe für die Berechnung von χ^2_{emp} für eine Vierfeldertafel eingehen, kann tatsächlich nur einer frei variieren, d.h. die Verteilung hat nur einen Freiheitsgrad. Und das gilt allgemein auch für größere Tabellen.

> *Definition*: Sei χ^2_{emp} berechnet aus einer Kreuztabelle mit k Zeilen und m Spalten. Dann ist es χ^2 – verteilt mit (k-1)(m-1) **Freiheitsgraden** f (auch df = degrees of freedom):
>
> $\chi^2_{emp} \sim \chi^2_{(k-1)(m-1)}$

Die Freiheitsgrade der theoretischen χ^2 – Verteilung für die obige Vierfeldertafel sind f = 1. Für den Test des χ^2_{emp}- Werts der Sportsendungen - Tabelle muss man deshalb in der Tabelle dieser χ^2_1 – Verteilung nachsehen, wie groß der entsprechende Wert ist, bis zu dem z.B. 95% (bei einem Test – Niveau von α = 5%) aller Werte liegen, wenn die Abweichungen zufällig sind. In der Tabelle (s. Kap. 7.4) ergibt sich

$\chi^2_{1;\,0.05} = 3{,}84$

Das empirische $\chi^2_{emp} = 17{,}68$ ist größer als das theoretische $\chi^2_{1;0.05} = 3{,}84$. Das bedeutet, die empirisch festegestellten Abweichungsquadrate sind so groß, dass sie weit über die Grenze fallen, die 95% aller Stichproben an zufällig entstandenen Abweichungsquadrate produzieren. Wenn die obige Kreuztabelle zufällig zustande gekommen wäre, würde sie zu den 5% seltenen Tabellen gehören, die durch zufällige Abweichungen über dieser Grenze liegen. Im Umkehrschluss ergibt sich, dass die Abweichungen der obigen Tabelle von der Unabhängigkeit mit 95% Wahrscheinlichkeit nicht zufällig sind. D.h. sie sind signifikant zum Niveau 0,05. Sie sind sogar signifikant zum Niveau 0,001, denn $\chi^2_{1;\,0.001} = 10{,}8$, d.h. sie sind sogar mit 99,9% Sicherheit nicht zufällig.

Damit ist zunächst die Frage statistisch einwandfrei geklärt, dass es einen Zusammenhang zwischen Sportsendungen und überwiegend männlicher Fernsehbeteiligung gibt, also die zweite der oben formulierten Fragen an Zusammenhangsmaße beantwortet.

Zu beantworten bleibt die erste Frage nach der Stärke des Zusammenhangs. Und hier ist χ^2_{emp} eine schlechtes Maß. Denn es bleibt nicht gleich groß, wenn alle Zahlen der Tabelle mit demselben Faktor multipliziert werden. Man kann also nur die χ^2_{emp}-

Werte von genau gleich langen Datensätzen miteinander vergleichen.

10.4 Auf χ^2_{emp} – basierende Maße

Um diesem Problem abzuhelfen, sind verschiedene Maße vorgeschlagen worden, die alle auf dieselbe Standardisierung des Wertebereichs dieser Maße hinauslaufen. Dieser Standard bildet eine Grundlage, nach der sich ein großer Teil der Zusammenhangsmaße richtet:

Tabelle 10.6: Eigenschaften von Zusammenhangsmaßen

Eigenschaften von vielen Zusammenhangsmaßen M für zwei Variablen:
M = 0: die beiden Variablen sind stochastisch unabhängig.
Es ist mit einem Test oder dem Konfidenzintervall zu prüfen, ob ein kleines M tatsächlich signifikant von 0 abweicht.
M = 1: die eine Variable lässt sich komplett durch die andere vorhersagen.
0 < M < 1 : je größer M, desto stärker hängen die Variablen zu sammen.
Bei vielen Maßen gilt für sozialwissenschaftliche Daten:
M > 0,7: ein „sehr starker" Zusammenhang.
M > 0,5: ein „starker" Zusammenhang
M > 0,3: ein „mittlerer" Zusammenhang.
M < 0,3: ein „schwacher" Zusammenhang

Zwei beliebige soziale Merkmale hängen i.A. immer nur schwach zusammen, d.h. es gilt M < 0,3 für viele bivariate Verteilungen sozialwissenschaftlicher Daten. Das wird oft als eine Schwäche sozialwissenschaftlicher Empirie angesehen. Ist das eine Art „Fehler", den sozialwissenschaftliche Daten aufweisen? Man kann sich umgekehrt überlegen, was es bedeuten würde, wenn zwei beliebige soziale Merkmale i.A. stark zusammenhängen würden. Was wäre das für eine Gesellschaft? Dann könnte man aus der Kenntnis weniger Merkmale auf viele andere Merkmale schließen, z.B. aus einigen wenigen Anzeichen das Verhalten und die Ansichten eines Menschen vorhersagen. Es wäre eine in großem Maße vorherbestimmte und festgelegte Gesellschaft, die sehr wenig Freiheiten und Entwicklungsmöglichkeiten besäße. Deswegen sind die manchmal beklagten „schwachen" Ergebnisse sozialwissenschaftlicher Empirie die Kehrseite der ganz und gar nicht beklagenswerten Tatsache, dass soziale Zusammenhänge nicht auf den ersten Blick durchschaubar, sondern multidimensional, flexibel und vielfältig sind.

Damit das Maß χ^2_{emp} die obigen geforderten Eigenschaften erreicht, bieten sich mehrere Möglichkeiten an. Die erste heißt

---

Definition: Der Φ **(Phi) – Koeffizient** ist definiert durch:

$$\phi = \sqrt{\frac{\chi^2_{emp}}{n}}$$

Φ von einer Vierfeldertafel lässt sich leicht berechnen:

$$\phi = \frac{|ad - bc|}{\sqrt{(a+c)(b+d)(a+b)(c+d)}}$$

Offenbar ist Φ unabhängig von der Anzahl der Fälle n. Aber für größere Tabellen als Vierfeldertafeln kann Φ auch größer als 1 werden, erfüllt also nicht alle die Anforderungen an Zusammenhangsmaße, die in Tabelle 10.6 formuliert worden sind. Φ wird deshalb hauptsächlich für Vierfeldertafeln angewandt. Maximal, d.h. den Wert 1, nimmt Φ in Vierfeldertafeln auch nur dann an, wenn die Randverteilungen von Zeilen- und Spaltenvariable identisch sind. Je unterschiedlicher die Randverteilungen sind, desto kleiner wird das maximal mögliche Φ. Bei Vergleichen von Tabellen mit Hilfe des Φ – Koeffizienten sollte man also darauf achten, ob große Unterschiede in den Randverteilungen der Tabellen bestehen.

Über die Definition sind der χ^2_{emp} – Wert von Vierfeldertafeln und der Φ-Wert verbunden:

$\chi^2_{emp} = n \cdot \Phi^2$

Eine Beispiel-Berechnung wieder an der Sport-Fernsehsendungs-Tabelle:

$\Phi = (31 \cdot 17 - 69 \cdot 33)/ \sqrt{100 \cdot 50 \cdot 64 \cdot 86} = 0{,}33$

Was besagt nun ein Φ von 0,33? Wenn Φ in dieser Tabelle maximal 1 werden könnte, dann könnte man sagen, dass 33% der Abweichungen von der Unabhängigkeit (gemessen als quadrierte Differenzen) beim Interesse an Sportsendungen vom Geschlecht erklärt werden können. Da Φ aber wegen der Unterschiedlichkeit der Randverteilungen nicht ganz 1 werden kann, sind es tatsächlich etwas mehr als 33%.

Das Problem, für größere Tabellen auch größer als 1 werden zu können, vermeidet eine weitere Umformung von χ^2_{emp}:

> *Definition*: Der **Kontingenzkoeffizient C** ist definiert durch
> $$C = \sqrt{\frac{\chi^2_{emp}}{n + \chi^2_{emp}}}$$

Offensichtlich ist C immer kleiner als 1, erfüllt also auch wieder nicht genau die Anforderungen. In einer Vierfeldertafel ist z.B. das maximal mögliche $C_{max} = 0{,}707$. Am Beispiel der obigen Tabelle:

$C = \sqrt{17{,}68/(150+17{,}68)} = 0{,}32$

Der Kontingenzkoeffizient ist damit ähnlich groß wie der Φ-Koeffizient, aber er muss definitionsgemäß immer kleiner als Φ sein. Er ist aber wegen seiner Definition mit χ^2_{emp} im Nenner in seiner Größe nicht mehr inhaltlich, etwa als irgendwelche Abweichungen, zu interpretieren. Der maximal mögliche Wert von C kann nur für quadratische Tabellen genau angegeben werden. Um diese vielen Schwierigkeiten zu vermeiden, gibt es einen dritten Koeffizienten, der weiter verbreitet ist.

Definition: **Cramer's V** ist definiert durch

$$V = \sqrt{\frac{\chi^2_{emp}}{n \cdot \min(k-1, m-1)}}$$

wobei k die Zeilen- und m die Spaltenanzahl der Tabelle ist und „min" von zwei Zahlen die kleinere von beiden bedeutet.

Im Fall einer Vierfeldertafel ist offenbar $V = \Phi$, weshalb es für das Beispiel nicht neu berechnet werden muss. V kann nie größer als 1 werden, und V kann den Wert 1 auch für nicht-quadratische Tabellen erreichen. Aus dem Grund entspricht V noch am ehesten den Anforderungen an ein Zusammenhangsmaß, die oben formuliert worden sind. Sowohl beim Kontingenzkoeffizient C als auch bei Cramers V haben die Werte keine intuitive Bedeutung mehr, man kann sie zwar untereinander, von Tabelle zu Tabelle, vergleichen, aber sie nicht mehr inhaltlich interpretieren als irgendeine graduelle Abweichung.

10.5 Maße mit PRE-Interpretation

Ganz anders lassen sich dagegen Maße mit einer sog. PRE-Interpretation (PRE = „proportional reduction of error"), die auf der 4. Möglichkeit der Feststellung von Zusammenhang (Kap 10.1) beruhen, interpretieren. Ein PRE-Maß wird in der Weise berechnet, dass man sich fragt, in wieweit man alle Fälle besser auf die Kategorien der abhängigen Variable verteilen kann, wenn man weiß, welcher Kategorie der unabhängigen Variable jeder Fall angehört. Es geht also darum, die Zellen einer Kreuztabelle mit den richtigen Personen zu besetzen, wenn man die Randverteilungen kennt. Man hat z.B. die beiden Variablen Sportsendungen und

Geschlecht, und man weiß die Randverteilungen: 100 Frauen und 50 Männer, und 64 sportinteressierte Personen und 86 nicht an Sport Interessierte.

Geschlecht und Sportsendungen (Wiederholung)

Sport sehen gern	ja	nein	Summe
Frauen	31	69	100
Männer	33	17	50
Summe	64	86	150

Wenn man nichts über den Zusammenhang von Geschlecht und Sportsendungen weiß, macht man am wenigsten Fehler, wenn man jede Person in die Modalkategorie, die Ausprägung des Modus, einordnet. Man würde also, wenn man für eine konkrete Person vorhersagen soll, ob sie an Sportsendungen interessiert ist oder nicht, vorhersagen, dass sie nicht interessiert ist, weil die Mehrzahl, nämlich 86 von 150 Personen, der befragten Gruppe auch nicht an Sport interessiert ist. Man würde dann einen Fehler machen, und zwar von der Größe 64 Personen. Diese Größe des Fehlers dient im folgenden als Maßstab dafür, wie viel man den Fehler reduzieren kann, wenn die Kenntnis des Geschlechts hinzukommt.

Vorhersage ohne Kenntnis des Geschlechts:
Modalkategorie ist „Nicht gern Sport sehen" ⇒ die günstigste Vorhersage ist : alle Personen sind „Nicht gern Sport – Seher" ⇒ 64 Fehler.

Wenn man nun weiß, dass von den Männern die Mehrheit an Sportsendungen interessiert ist, dann wird der Fehler kleiner, wenn man für alle Männer vorhersagt, dass sie gerne Sportsendungen sehen. Die Fehler, die sich dann ergeben, sind erstens genau 17 Männer, die so fälschlicherweise als Sportinteressierte eingeordnet werden, und zweitens genau 31 Frauen, die als Nicht - Sportinteressierte eingeordnet werden. Die Gesamtanzahl der Fehler, die man also bei Hinzunahme unserer Kenntnis der geschlechtspezifischen Verteilung des Sportinteresses begeht, ist 31 + 17 = 48.

Vorhersage unter Berücksichtigung des Geschlechts:
Ist die Person Mann $\Rightarrow$ „Sieht gern Sport" $\Rightarrow$ 17 Fehler, ist die Person Frau $\Rightarrow$ „Sieht Sport nicht gern" $\Rightarrow$ 31 Fehler; zusammen 48 Fehler.

Damit wird die Fehleranzahl relativ zu der Vorhersage ohne Kenntnis des Geschlechts um genau folgenden Anteil reduziert:

(64-48) / 64 = 16 /64 = 0,25 = 25%

Und genauso ist das Maß λ (Lambda) definiert: Reduktion der Vorhersagefehler auf Grund der Einordnung in die häufigste, die modale Kategorie. Die genaue Formel, die nun auch für größere Tabellen gilt, ist:

Definition: λ (**Lambda**) ist definiert durch

$$\lambda = \frac{(\sum_{Kat.(u)} d_a) - D_A}{N - D_A}$$

wobei D Modalwerte der Randverteilungen, d Modalwerte der bedingten Verteilungen, A der Index für abhängige und U der Index für unabhängige Variable bedeutet.

Nach dieser Formel wird das λ der Tabelle wie folgt berechnet:
λ = ((69 + 33) – 86) / (150 – 86) = 0,25
Diese 0,25 können nun genau inhaltlich interpretiert werden, in der Weise, wie das Maß konstruiert ist: Der Zusammenhang zwischen Geschlecht und Interesse an Sportsendungen ist genau so stark, dass er die Vorhersagefehler, die man ohne Kenntnis dieses Zusammenhangs durch einfache Anwendung der Modalkategorie machen würde, um genau 25% reduziert.

So schön das Maß λ sich interpretieren lässt, hat es doch einige Nachteile. Es ist zunächst asymmetrisch. Wenn mit dieser Tabelle nicht die Sportsendungsbeteiligung durch das Geschlecht, sondern die Geschlechtszusammensetzung vor einer Leinwand, auf der eine Sportsendung läuft, vorhergesagt werden soll, erhält man ein anderes λ, nämlich:

$\lambda = ((33 + 69) - 100) / (150 - 100) = 2/50$

Die Rolle von abhängiger und unabhängiger Variabel ist dann vertauscht. Man sagt zunächst auf Grund der Daten voraus, dass alle Personen vor der Leinwand Frauen sein werden, da die Frauen in diesem Datensatz in der Mehrheit sind. Dabei macht man 50 Fehler, die Männer sind in diesem Fall der Fehler. Dann sagt man aber nach Sportinteresse differenziert voraus und macht dabei bei den Sportinteressierten genau 31 und bei den Nicht-Sportinteressierten genau 17 Fehler, also zusammen 48 Fehler. Das ist genau nur eine Reduktion um 2/50.

Ein weiterer Nachteil von λ ist, dass es den Wert 0 annehmen kann, obwohl alle anderen Maße χ^2, C, V nicht 0 sind und ganz offenbar beide Variablen nicht unabhängig sind. Wenn z.B. die folgende Änderung in der Tabelle geschieht:

Sport sehen gern	ja	nein	Summe
Frauen	30	70	100
Männer	25	25	50
Summe	55	95	150

dann ergibt sich $\lambda = ((70 + 25) - 95)/50 = 0/50 = 0$, obwohl offenbar keine Unabhängigkeit beider Variabler gegeben ist. Gute Voraussetzung für ein interpretierbares λ ist deshalb wiederum dann gegeben, wenn die Randverteilungen nicht zu ungleichmäßig und nicht zu sehr von einer einzigen Kategorie dominiert sind.

Ein verbessertes PRE-Maß, das diese Fehler von λ nicht besitzt, ist das folgende:

> *Definition*: **Goodman und Kruskal's** τ **(tau)** misst den Zusammenhang zweier kategorialer Variabler als Vorhersage-Verbesserung relativ zu einer Zufallsverteilung der Personen auf Basis der Randverteilungen.

Es ist kompliziert zu kalkulieren, so dass seine Berechnung lieber Computern überlassen wird (für eine genaue Beschreibung des Vorgehens s. Blalock 1979:307-310). Was τ von λ unterscheidet, ist, dass die Fehlerreduktion nicht gemessen wird in bezug auf eine Vorhersage über den Modalwert der abhängigen Variable, sondern in bezug auf eine zufällige Zuordnung aller Fälle nach der vorgegebenen Randverteilung der abhängigen Variable. τ wird damit genau dann 0, wenn die Variablen wirklich unabhängig sind. Der τ – Wert hat aber eine gute inhaltliche Interpretation: Ein τ von 0,33 bedeutet, dass 33% mehr Personen richtig vorhergesagt werden, wenn man das Interesse an Sportsendungen für eine Person nicht nur nach der allgemeinen Verteilung des Sportinteresses, sondern nach der nach Geschlecht unterschiedenen bedingten Verteilung des Sportinteresses vorhersagt.

Als Beziehung zwischen den Variablen gilt für *Vierfeldertafeln*:

$\Phi = V = \sqrt{\tau}$,
d.h. $\tau < \Phi$ und $\tau < V$ (da alle Werte zwischen 0 und 1 liegen).

Da auf diese Weise Φ und V mit τ verbunden sind, gilt für ihre Werte bei Vierfeldertafeln die entsprechende Interpretation: ihr Quadrat ist das Ausmaß der Vorhersage-Reduktion.

Nicht nur in der Literatur kommen alle Maße vor, sondern in empirischen Untersuchungen werden sie auch tatsächlich durcheinander verwendet. SPSS gibt alle diese Maße für nominalskalierte Daten aus. Der SPSS-Ausdruck ist wie folgt:

Tabelle 10.7: SPSS-Ausgabe nominalskalierter Zusammenhangsmaße

Chi-Quadrat-Tests

	Wert	df	Asymptotische Signifikanz (2-seitig)
Chi-Quadrat nach Pearson	16,692	1	,000
Anzahl der gültigen Fälle	150		

Richtungsmaße

			Wert	Asymptotischer Standardfehler	Näherungsweises T	Näherungsweise Signifikanz
Nominal- bzgl. Nominalmaß	Lambda	Symmetrisch	,158	,110	1,350	,177
		Sport sehen abhängig	,250	,096	2,302	,021
		Geschlecht abhängig	,040	,157	,250	,803
	Goodman- und-Kruskal-Tau	Sport sehen abhängig	,111	,052		,000
		Geschlecht abhängig	,111	,052		,000

Symmetrische Maße

		Wert	Näherungsweise Signifikanz
Nominal- bzgl. Nominalmaß	Phi	,334	,000
	Cramer-V	,334	,000
	Kontingenzkoeffizient	,316	,000
Anzahl der gültigen Fälle		150	

Beim Maß χ^2 wurde oben berechnet, ob die empirisch berechnete χ^2_{emp} - Summe von Abstandsquadraten groß genug war, um mit mehr als 95% Wahrscheinlichkeit nicht zufällig zu sein. Damit wurde getestet, ob der χ^2_{emp}-Wert auch in der Grundgesamtheit tatsächlich signifikant größer als 0 ist, weil man erst dann annehmen kann, dass die beiden Variablen tatsächlich abhängig sind. In der Spalte „Asymptotische Signifikanz" der SPSS-Ausgabe ist das α- Niveau angegeben, zu dem der χ^2_{emp} –Wert gerade noch signifikant ist. Für ein Niveau von 5% würde an dieser Stelle 0,05 stehen. Dieses Niveau ist hier offenbar kleiner als 0,000 und damit ist χ^2_{emp} hochsignifikant zu einem Niveau kleiner als 0,1%. In ganz analoger Weise kann man, allerdings auf eher schwierig zu berechnenden theoretischen Verteilungen beruhend, auch für alle anderen Maße angeben, ob sie signifikant von 0 verschieden sind, also eine Abhängigkeit anzeigen. Das geschieht jeweils in der Spalte „Näherungsweise Signifikanz". Und in derselben Weise, wie das Konfidenzintervall für Mittelwerte und Streuungen angegeben wird, kann man auch Konfidenzintervalle für diese Maße angeben, wenn man die Standardfehler der Verteilungen dieser Maße kennt. Auch die Standardfehler werden hier für einige Maße ausgegeben. (Zu „Näherungsweises T" siehe nächstes Kap.11.4)

Die Vielfalt der möglichen Zusammenhangsmaße wird sich noch einmal wiederholen, wenn im nächsten Abschnitt die Maße für ordinalskalierte Daten behandelt werden. Erst auf metrischem Skalenniveau hat sich eine Vereinheitlichung auf ein allseits akzeptiertes Maß durchgesetzt. Der Unterschied der hier vorgestellten Maße beruht vor allem darauf, erstens nach welchem Konzept sie den Zusammenhang messen, nämlich a) Abweichung von Unabhängigkeit und b) Reduktion der Vorhersagefehler (PRE) und zweitens auf den unterschiedlichen Methoden, die Maße auf den Bereich zwischen 0 und 1 zu standardisieren. In der folgenden Tabelle sind diese Unterschiede und die verschiedenen Vorzüge und Nachteile der Maße zusammengefasst:

Tabelle 10.8: Übersicht über die Zusammenhangs-Maße von nominalskalierten Variablen

Maß	Mess-Methode	Nachteile	einf. Interpret.	Maximum ist 1	0 bei Unabhäng. keit	Geeignet für k ≠ m
χ^2	Abweich. v. Unabhgkeit	um so größer, je mehr Fälle	nein	nein	ja	ja
Φ	Abweich. v. Unabhgkeit	wird > 1 bei größeren Tabellen	nein	nein	ja	nein
C	Abweich. v. Unabhgkeit	ist immer kleiner als 1	nein	nein	ja	nein
V	Abweich.v. Unabhgkeit		nein	ja	ja	ja
λ	PRE bei Prognose nach Modus	kann 0 sein, auch wenn Abhängigkeit vorh.	ja	ja	nein	ja
τ	PRE bei Prognose nach Randverteilung	Berechnung schwer nachvollziehbar	ja	ja	ja	ja

Weitere Literatur zu diesem Kapitel: Clauß u.a. 1995[2]: 63 - 74, 216-218, Hochstädter 138 – 147, 649 – 652, Blalock 1979: 307 – 312, Kühnel/Krebs 307-365

Übungsaufgaben:
1. In einer repräsentativen Studie zur Ehe wurde untersucht, ob christliche Religiosität auf die Eheschließung Einfluss hat. Dazu

wurden verheiratete Personen u.a. befragt, ob sie schon vor ihrer Ehe mit dem Partner unverheiratet zusammengelebt hätten. Es ergab sich die folgende Tabelle:

Konfession * Unverheiratet zusammengelebt Kreuztabelle

Anzahl

		Unverheiratet zusammengelebt		Gesamt
		ja	nein	
Konfession	Christlich	507	982	1489
	andere oder keine	368	334	702
Gesamt		875	1316	2191

Berechnen Sie Φ und χ^2_{emp}. Stellen Sie fest, ob in der Grundgesamtheit tatsächlich ein Zusammenhang zwischen beiden Merkmalen besteht, und wenn ja, wie stark er ist.

2. In einer Untersuchung über den Zusammenhang von Geschlecht und Computernutzung wurden je 50 Männern und Frauen gefragt, ob sie den Computer „*viel*" oder „*wenig*" nutzen (Grenze kann z.B. eine bestimmte Anzahl Stunden pro Tag sein). Es ergibt sich, dass 20% mehr Männer als Frauen angeben, den Computer „*viel*" nutzen. In der Untersuchung wird fortgefahren: „*... wie diese Zahl von 20% zeigt, ist der Computer bei Männern schon mehr in den Alltag eingedrungen als bei den Frauen*". Abgesehen von der Anlage der Untersuchung und der spezifischen Fragestellung, ist diese Behauptung in dieser Form statistisch korrekt? Was benötigen Sie aus der Sicht einer/s StatistikerIn, um diese Behauptung zu beurteilen?

Kapitel 11: Ordinalskalierte Zusammenhangsmaße

11.1 Wie sollten Maße für ordinalskalierte Merkmale aussehen?

In diesem Abschnitt geht es darum, wie der Zusammenhang zwischen zwei Merkmalen gemessen werden kann, wenn sie beide Ordinalskalenniveau besitzen. Die dafür geeigneten Maßzahlen heißen auch Rangkorrelationsmaße.

> *Definition*: Der Zusammenhang zwischen zwei ordinalskalierten Merkmalen wird mit **Rangkorrelationsmaßen** gemessen.

Diese Maße sind deshalb besonders wichtig für sozialwissenschaftliche Daten, weil sie gerade dann eingesetzt werden können, wenn qualitative Daten ausgewertet werden sollen, also Daten, die nicht mit Zahlen gemessen, sondern nur in Kategorien eingeteilt werden können. In den Sozialwissenschaften fallen viele solche Daten an, weil die sozialen Phänomene oft nur sprachlich vermittelt erfasst werden können. Einige Beispiele:

- Der Inhalt von Fernsehsendungen soll daraufhin ausgewertet werden, *wie viel* Gewalt sie zeigen.
- Erzählte Lebensläufe sollen daraufhin ausgewertet werden, *wie stark* der tatsächliche Verlauf mit dem vom Befragten geschilderten Verlauf übereinstimmt.
- Verwaltungserlasse sollen daraufhin ausgewertet werden, *wie stark* sie politisch beeinflusst sind.
- Offene Interviews mit Jugendlichen sollen daraufhin ausgewertet werden, *wie rechts* die Jugendlichen sind.

- Literarische Texte sollen daraufhin untersucht werden, *wie* *"romantisch"* sie sind.

In diesen Fällen ist die zu messende Stärke (*"wie"*) i.A. kein Merkmal mit Intervallskalenniveau, sondern hat nur eine kleine Zahl von Einteilungen, die sich ordinal ordnen lassen: z.B. viel Gewalt, einige Gewalt, wenig Gewalt, keine Gewalt. Oder rechtsextreme Orientierung deutlich vorhanden, eher vorhanden, eher nicht vorhanden, nicht vorhanden. Man nennt speziell für nominal- und ordinalskalierte Daten diese Ausprägungen der Merkmale auch Kategorien. Das erste Problem bei der Auswertung solcher Daten ist, die Anzahl solcher Kategorien festzulegen und die Befragten bzw. die Texte und Fernseh-Sendungen in diese Kategorien einzuordnen. Danach kann dann für zwei solcher Merkmale die Stärke des Zusammenhangs festgestellt werden. Sowohl bei der Einordnung der Fälle in die Kategorien als auch bei der Feststellung des Zusammenhangs zweier solcher Merkmale können die in diesem Kapitel zu besprechenden Maße eingesetzt werden.

Als grundsätzlicher Unterschied zu nominalen Daten besitzen die ordinalskalierten Daten die zusätzliche Information über die Ordnung der Kategorien. Daher ist eine Richtungsangabe möglich: die Kategorien können in eine Rangfolge geordnet werden. Als Beispiel dienen zwei Merkmale, die in der ALLBUS – Umfrage erhoben worden sind. Zum einen wieder das Bildungsniveau, das in 5 Kategorien vorliegt: kein Abschluss Hauptschule, Realschule. Fachhochschulreife, Abitur. Dann die Antwort auf die Frage: Wie hoch ist Ihr politisches Interesse: Sehr stark, stark, mittel, wenig, überhaupt nicht. Weil die Antworten sprachlich formuliert sind und nur wenige Kategorien vorliegen, liegt bei vorsichtiger Interpretation auch bei dieser Frage kein Intervallskalenniveau vor (obwohl es oft für eine solche 5er-Skala, auch Likert-Skala genannt, angenommen wird). Eine mögliche Vercodung, die die Kategorien ordinal ordnet, ist die folgende:
kein Abschluss = 1, Hauptschule = 2, ..., Abitur = 5. Ebenso sehr starkes politisches Interesse = 5, ... überhaupt kein politisches Interesse = 1.

Die Richtung der Vercodung ist offenbar nicht festgelegt: für die Schulbildung ist die 1, also ein kleine Zahl, für die geringste Bildung einsehbar, aber ob man für politisches Desinteresse eine 5 oder eine 1 verteilt, ist Geschmacksache. Es gebe nun 7 Befragte, die nach dem ersten Merkmal Schulbildung in einer Rangreihe geordnet werden. Dann gibt es 3 grundsätzlich verschiedene Möglichkeiten von Rängen, die diese Befragten auf dem zweiten Merkmal erzielen können. Die 3 Möglichkeiten sind in der folgenden Tabelle in den drei letzten Spalten dargestellt:

Befragter	Schulbildung	Pol. Int.(1)	Pol. Int. (2)	Pol. Int. (3)
1	1	1	5	1
2	2	2	4	2
3	2	2	4	2
4	3	3	3	5
5	3	3	3	5
6	4	4	2	4
7	5	5	1	3

Im Fall (1) und (2) bestehen sog. monotone Beziehungen: im Fall (1) sind alle Ränge in beiden Merkmalen immer gleich, im zweiten immer genau invers. Im dritten Fall sind sie auf den ersten drei Rängen gleich, auf den letzten drei Rängen invers. Wie sehen solche Beziehungen in einer Kreuztabelle beider Merkmale aus? Dabei werden die Merkmale beide in der für sie festgelegten Rangfolge, aufsteigend nach den Codes, geordnet:

Fall (1)

	y_1	y_2	y_3	y_4	y_5
x_1	1	0	0	0	0
x_2	0	2	0	0	0
x_3	0	0	2	0	0
x_4	0	0	0	1	0
x_5	0	0	0	0	1

Fall (2)

	y_1	y_2	y_3	y_4	y_5
x_1	0	0	0	0	1
x_2	0	0	0	2	0
x_3	0	0	2	0	0
x_4	0	1	0	0	0
x_5	1	0	0	0	0

Fall (3)

	y_1	y_2	y_3	y_4	y_5
x_1	1	0	0	0	0
x_2	0	2	0	0	0
x_3	0	0	0	0	1
x_4	0	0	0	1	0
x_5	0	0	2	0	0

Fall (1) und Fall (2) führen zur Besetzung der Diagonalen in der Kreuztabelle, sie bilden eine lineare Beziehung zwischen den beiden Merkmalen. Wenn das der Fall ist, lässt sich mit der Kenntnis des einen Merkmals das andere ohne Fehler vorhersagen. Fall 3 lässt sich als eine U-förmige Beziehung zwischen den Merkmalen beschreiben.

Der Unterschied zu Kreuztabellen von nominalskalierten Daten liegt darin, dass sich die Fälle 1 und 2 unterscheiden lassen in einen positiven und einen negativen bzw. inversen Zusammenhang. Beim ersten steigt man in der Rangfolge beider Merkmale gleichzeitig, beim zweiten steigt man im einen Merkmal genau dann, wenn man im anderen Merkmal fällt. Dabei sieht man, dass diese Unterscheidung natürlich von der Art der Rangreihenbildung bei den Merkmalen abhängt. Bei den als Beispiel verwendeten Merkmalen Schulbildung und politisches Interesse würde man z.B. erwarten, dass ein Zusammenhang derart besteht, dass bei höherer Schulbildung das politische Interesse steigt. Wenn man dann die Ränge von Schulbildung von 1 = ohne Abschluss bis 5 = Abitur verteilt hat, wird man einen positiven Zusammenhang bekommen, wenn das politische Interesse mit 1 = gering bis 5 = hoch vercodet worden ist, andrerseits einen negativen Zusammenhang, wenn es mit 1 = hoch und 5 = gering vercodet worden ist.

Wenn man von diesen Idealfällen zu einem normalen Datensatz übergeht, dann sind natürlich auch alle anderen Felder der Kreuztabelle besetzt. Dann gilt es zu erfassen, ob sich aus den Daten in irgendeiner Weise eine Häufung auf einer der Diagonalen erkennen lässt, d.h. man muss ein Maß dafür haben, inwieweit die tatsächlichen Daten von diesen Idealfällen abweichen. Also sollten Maßzahlen für den Zusammenhang ordinalskalierter Daten so geeicht werden, dass – wie bei Maßen nominalskalierter Daten auch – die Stärke des Zusammenhangs in einer Zahl zwischen 0 und 1, aber zusätzlich die Richtung des Zusammenhangs an Hand des Vorzeichens + (gleichgerichteter Zusammenhang) oder – (gegenläufiger oder inverser Zusammenhang) abgelesen werden kann.

Eigenschaften von Zusammenhangsmaßen M für ordinalskalierte Daten (s. auch Tabelle 10.6)
M hat Werte in [-1.0; 1.0];
$M = -1$: bedeutet perfekter inverser Zusammenhang,
$M = 1$: bedeutet perfekter positiver Zusammenhang
$M = 0$: bedeutet: kein Zusammenhang

11.2 Relationen von Paaren und ihre Summen

In welcher Weise ist nun der generelle Zusammenhang zwischen zwei ordinalen Merkmalen messbar, wenn nicht die idealen Verhältnisse des obigen Beispiels vorliegen? Die im Folgenden verwendeten Maße beruhen alle auf demselben Prinzip, dem Prinzip des Paarvergleichs. Das Prinzip nutzt genau die besondere Qualität einer ordinalen Skala aus, dass man zu je zwei Kategorien immer nur genau eine der drei Relationen $>$, $<$ oder $=$ hat. Es gebe zwei Personen A und B und zwei ordinale Merkmale X und Y, deren Ausprägungen in einer Rangreihe geordnet sind. Bzgl. jedes der beiden Merkmale weisen die Personen dann genau eine dieser drei Relationen auf, z.B.

A hat $x = 3$ und $y = 2$, B hat $x = 5$ und $y = 3 \Rightarrow x_A < x_B$, $y_A < y_B$
A hat $x = 3$ und $y = 4$, B hat $x = 5$ und $y = 4 \Rightarrow x_A < x_B$, $y_A = y_A$
...

Wenn nun zwischen X und Y ein positiver Zusammenhang besteht, so wird man erwarten, dass immer, wenn $A < B$ bzgl. X, dann auch $A < B$ bzgl. Y ist, und dasselbe gilt für $>$. Im Beispiel: Wenn die Schulbildung von A größer als die von B, dann ist auch sein politisches Interesse größer. Und was nur für dieses Paar (A,B) gilt, wird für um so mehr Paare gelten, je stärker der Zusammenhang der beiden Merkmale ist. Ein Maß für den Zusammenhang zweier ordinaler Merkmale sollte also auf einem irgendwie gearteten Vergleich aller Paare der Untersuchung beruhen. Deshalb muss zunächst genauer klassifiziert werden, welche Arten von Paaren man mit drei möglichen Relationen auf zwei Merkmalen sinnvollerweise unterscheiden kann.

Es ist eine weitere Besonderheit ordinaler Merkmale, dass auch die dritte Relation der Gleichheit auftreten kann: $x_A = x_B$. Denn bei intervallskalierten Merkmalen, wie etwa Körpergröße, kann man immer genau genug messen, um letztlich doch einen feinen Unterschied in den beliebig teilbaren Messwerten herauszubekommen, so dass die Relation der Gleichheit bei intervallskalierten Daten nur vernachlässigbar selten (mit Maß 0) vorkommt. Dagegen macht sie bei ordinalen Daten meist einen erheblichen Teil der Fälle aus, da die Anzahl der Kategorienkombinationen zweier Merkmale meist deutlich kleiner ist als die Fallzahl. Deshalb haben sich alle Rangkorrelationsmaße, die auf Paarvergleichen beruhen, mit dem Problem, wie sie diese Gleichheitsrelation behandeln können, auseinander zu setzen.

Tabelle 11.1: Mögliche Relationen von Paaren von Untersuchungsfällen

Mögliche Relationen von Paaren von Untersuchungsfällen
1. A und B haben dieselbe Ungleichheitsrelation (**concordante** Paare): $x_A < x_B$ und $y_A < y_B$, oder: $x_A > x_B$ und $y_A > y_B$ Anzahl aller concordanten Paare N_c
2. A und B haben die entgegengesetzte Ungleichheitsrelation (**discordante** Paare) $x_A < x_B$ und $y_A > y_B$, oder: $x_A > x_B$ und $y_A < y_B$ Anzahl aller discordanten Paare N_d
3. A und B haben in X Gleichheit, sonst Ungleichheit (**gebunden oder „tied" in X**) $x_A = x_B$ und $y_A < y_B$, oder: $x_A = x_B$ und $y_A > y_B$ Anzahl aller Paare tied in $X = T_x$
4. A und B haben in Y Gleichheit, sonst Ungleichheit (**gebunden oder „tied" in Y**) $x_A < x_B$ und $y_A = y_B$, oder: $x_A > x_B$ und $y_A = y_B$ Anzahl aller Paare tied in $Y = T_y$
5. A und B haben in X und in Y Gleichheit (**gebunden oder „tied" in X und Y**) $x_A = x_B$ und $y_A = y_B$ Anzahl aller doppelt gebundenen Paare $= T_{xy}$

Wieviele solcher Paare gibt es? Das ist eine Formel aus der Kombinatorik:
Anzahl aller möglichen Paare bei N Personen (ohne Unterscheidung der Reihenfolge) = $N(N-1)/2$
Z.B. gibt es bei 5 Untersuchungseinheiten $5 \cdot 4 / 2 = 10$ Paare, z.B. für die Untersuchungseinheiten Nr. 1 bis 5 die folgenden:
(1,2), (1,3), (1,4), (1,5), (2,3), (2,4), (2,5), (3,4), (3,5), (4,5).
Ein Unterscheidung der Reihenfolge ist nicht nötig, da die obigen 5 Paartypen dieselben bleiben, wenn man A und B vertauscht.

Auf den Summen der 5 Paartypen und der Gesamtanzahl der Paare beruhen die Rangkorrelationsmaße. Im Folgenden sollen an einem Beispiel die einzelnen Anzahlen dieser Paare berechnet werden. Die Berechnung wird einfacher, wenn man sich klarmacht, in welchen Beziehungen die verschiedenen Paartypen in einer Kreuztabelle der beiden Merkmale X und Y liegen. Für je ein Paar A und B stellt man an Hand ihrer Ausprägungen in X und Y die Zelle fest, in der A liegt, und die Zelle, in der B liegt, und verbindet sie mit einer Linie. Dann gilt:

- Concordant sind alle Paare, bei denen diese Linie von links oben nach rechts unten geht.
- Discordant sind alle Paare, bei denen diese Linie von links unten nach rechts oben geht.
- Gebunden in X sind alle Paare, bei denen die Linie senkrecht in den Spalten x verläuft (X ist hier ausnahmsweise waagerecht abgetragen)
- Gebunden in Y sind alle Paare, bei denen die Linie waagerecht in den Zeilen y verläuft
- Doppelt gebunden sind alle Paare, die in derselben Zelle liegen

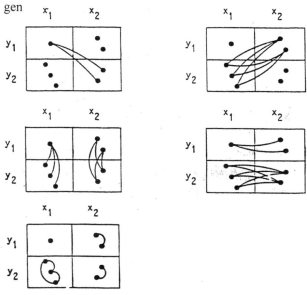

Abbildung 11.1: Mögliche Lagen von Paaren in Bezug auf ordinale Ordnungsrelationen (nach Benninghaus: 244)

Die Anzahlen der 5 verschiedenen Paartypen heißen N_c, N_d, T_x, T_y, T_{xy}. Die Berechnung erfolgt an einer Beispieltabelle, die nicht quadratisch ist, d.h. bei der die beiden Merkmale nicht dieselbe Anzahl an Ausprägungen haben. Die Zahlen sind eine Zufallsstichprobe aus dem ALLBUS-Datensatz von 1994 für die beiden oben erwähnten Merkmale, deren Kategorien zusammengefasst wurden.

V1 ist die Schulbildung: Rang 1 = Hauptschule
                                        Rang 2 = mindestens Realschule
V2 ist das politische Interesse: Rang 1 = mehr als mittel
                                        Rang 2 = mittel
                                        Rang 3 = weniger als mittel

V1 \ V2	1	2	3	Σ
1	a = 3	b = 16	c = 6	25
2	d = 17	e = 14	f = 3	34
Σ	20	30	9	59

Anzahl concordanter Paare: $N_c = a(e + f) + bf$
 $= 3(14 + 3) + 16 \cdot 3 = 51 + 48 = 99$
Anzahl discordanter Paare: $N_d = c(d + e) + bd$
 $= 6(17+14) + 16 \cdot 17 = 186+272 = 458$
Anzahl in V2 gebunden: $T_x = ad + be + cf$
 $= 3 \cdot 17 + 16 \cdot 14 + 6 \cdot 3 = 51+224+18 = 293$
Anzahl in V1 gebunden: $T_y = a(b + c) + bc + d(e + f) + ef$
 $= 3(16+6) + 16 \cdot 6 + 17(14+3) + 14 \cdot 3 = 66+96+289+42 = 493$
Anzahl doppelt gebunden: $T_{xy} = a(a-1)/2 + ... + f(f-1)/2$
 $= 3(3-1)/2 + 16(16-1)/2 + 6(6-1)/2 + 17(17-1)/2 + 14(14-1)/2$
 $+ 3(3-1)/2 = 3+120+15+136+91+3 = 368$
Anzahl Paare insgesamt: $N(N-1)/2 = 59 \cdot 58/2 = 59 \cdot 29 = 1711$

Es gilt per definitionem: $N_c + N_d + T_x + T_y + T_{xy} = N(N-1)/2$ (damit kann man die Rechnung kontrollieren!)

11.3 Die Berechnung der Maße

Die Maßzahlen für die Stärke des Zusammenhangs beider Merkmale beruhen sinnvollerweise alle auf einem Vergleich der concordanten mit den discordanten Paaren. Wenn in einer quadratische Kreuztabelle nur eine der beiden Diagonalen besetzt ist, gibt es nur discordante oder nur concordante Paare. Wenn alle Paare concordant sind, dann kann man für jeweils zwei Personen den „Größer" - Unterschied bzgl. des einen Merkmals auch bei dem anderen Merkmal feststellen; dann hat das Maß den Wert 1. Wenn alle Paare discordant sind, dann ist ein „Größer" – Unterschied bei einem Merkmale genau mit einem „Kleiner"-Unterschied beim anderen Merkmal verknüpft; dann hat das Maß den Wert -1.

Wenn es genau gleich viel concordante und discordante Paare gibt, kann man von einem Unterschied in einem Merkmal mit der gleichen Wahrscheinlichkeit denselben oder den entgegengesetzten Unterschied im anderen Merkmal voraussagen, so dass dann das Maß 0 sein sollte. Die Differenz von concordanten und discordanten Paaren ist deshalb die wichtigste Größe bei allen Maßen. Bezieht man diese Differenz auf die Anzahl aller con- bzw. discordanten Paare, so erhält man eine erste Maßzahl, die γ genannt wird:

Definition: Das Maß γ (**Goodman und Kruskals Gamma**) wird berechnet als

$$\gamma = \frac{N_c - N_d}{N_c + N_d}$$

Wenn es nur concordante Paare gibt, ist $N_d = 0$ und $\gamma = 1$, entsprechend $N_c = 0$ und $\gamma = -1$ bei nur discordanten Paaren.

Für diese Maßzahl spielen offenbar die gebundenen Paare überhaupt keine Rolle; es könnten also beliebig viele gebundene Paare hinzukommen, ohne dass sich γ ändert. Deshalb gibt es weitere Maße, die die „Ties" berücksichtigen. Dazu gehören die verschiedenen τ's von Kendall. Das naheliegendste wäre, in den Nenner alle mögliche Paare zu schreiben, also

---

Definition: Das Maß τ_a (**Kendalls Tau - a**) wird so berechnet:

$$\tau_a = \frac{N_c - N_d}{\frac{1}{2} \cdot N(N-1)}$$

Diese Maßzahl τ_a hat wiederum den Nachteil, dass sie niemals die Extremwerte 1 oder –1 annehmen kann, wenn gebundene Paare vorhanden sind. Kendall hat deshalb weitere Veränderungen des Nenners vorgeschlagen und weitere Maßzahlen konstruiert:

Definition: Die Maße τ_b **und** τ_c (**Tau - b und Tau - c**) werden wie folgt berechnet:

$$\tau_b = \frac{N_c - N_d}{\sqrt{N_c + N_d + T_x} \sqrt{N_c + N_d + T_y}}$$

$$\tau_c = \frac{N_c - N_d}{\frac{1}{2} N^2 \, {}^{m-1}\!/\!{}_m} \quad \text{mit } m = \text{Minimum(Zeilen, Spalten)}$$

Beide Kennwerte versuchen, die gebundenen Paare in ihrem Maß zu berücksichtigen. Bei τ_b wird der Zusammenhang als um so kleiner gemessen, je mehr gebundene Paare auftreten. Das erscheint sinnvoll, wenn man bedenkt, dass bei Bindungen eine Vorhersage auf Grund des einen Merkmals nicht möglich ist. τ_b kann jedoch die Maximalwerte von + oder – 1 nur in quadratischen Tabellen erreichen, in denen Zeilen- und Spaltenzahl gleich sind, da in rechteckigen Tabellen notwendigerweise immer Ties auftreten. τ_c kann auch bei nichtquadratischen Tabellen + oder – 1 werden und ist dort i.A. etwas höher als τ_b, hat aber einen schwer zu interpretierenden Nenner.

Wenn man die Größen der Nenner vergleicht, kommt man auf die Beziehung

$\tau_a \leq \tau_b \leq \gamma$

wobei die Gleichheit erreicht wird, wenn keine Ties vorhanden sind.

Die bisherigen Maßzahlen waren alles symmetrische Maße, in denen die Bindungen in dem einen oder anderen Merkmal gleich behandelt wurden. Es gibt noch weitere Maßzahlen von Somer, die diese Ties unterschiedlich berücksichtigen und deshalb asymmetrisch sind.

Definition: Das Maß d (Somer's d) ist asymmetrisch und wird so berechnet:

$$d_{xy} = \frac{N_c - N_d}{N_c + N_d + T_x}$$

$$d_{yx} = \frac{N_c - N_d}{N_c + N_d + T_y}$$

Die symmetrische Form ist Somers d_s

$$d_s = \frac{N_c - N_d}{N_c + N_d + \frac{1}{2}(T_y + T_x)}$$

Dabei bedeutet der Index xy, dass x von y bewirkt wird, und umgekehrt yx, dass x die Ursache von y ist. Die Annahme dabei ist folgende: wenn Merkmal X die Ursache von Merkmal Y, also X die unabhängige und Y die abhängige Variable ist, dann darf der Fall eigentlich nicht auftreten, dass ein Unterschied in X keine Wirkung in Y hat, dass also Ties in Y auftreten; für Ties in Y gibt es also eine Verringerung der Stärke des Maßes.

Offenbar sind Somers d's immer kleiner als γ:

$d_{yx} < \gamma$, und es gilt $\tau_b^2 = d_{xy} d_{yx}$.

Damit wären die gebräuchlichsten Maße beschrieben. Eine Berechnung mit den im obigen Beispiel berechneten Paarsummen:

γ = (99-458)/557 = - 0,664
τ_b = (99-458)/ ($\sqrt{(557+293)}\sqrt{(557+493)}$) = -359 / 944,61= -0,380
d_{xy} = (99-458)/ (99+458+293) = -0,422

Der Zusammenhang ist negativ: Wenn die Schulbildung von Rang 1 = Hauptschule auf Rang 2 = mindestens Realschule steigt, geht das politische Interesse im Rang von 3 = weniger als mittel auf Rang 1 = mehr als mittel zurück. Hier kommt die Vercodung zum Tragen: bei höherer Schulbildung geht der „Rang" des politischen Interesses zurück, was jedoch bedeutet, dass das politische Interesse zunimmt, da ein geringerer Rang hier höheres politisches Interesse bedeutet. Die Stärke des Zusammenhangs ist mittelmäßig, d.h. es besteht auf jeden Fall ein Zusammenhang, aber er erklärt nur einen mittelgroßen Teil der Beziehung. Mit Hilfe der obigen Formeln weiß man aber genauer, was ein τ_b dieser Größe 0.38 aussagt: es gibt etwa 5 mal soviel discordante wie concordante Paare (99 zu 493), bei etwa doppelt soviel gebundenen Paaren (293 + 493 + 368), über die wegen ihrer Bindung nichts ausgesagt werden kann.

11.4 Konfidenzintervalle und Signifikanz

Zwei Fragen stellen sich, wenn man die aus einer Stichprobe berechneten Rangkorrelationsmaße auf die Grundgesamtheit ausdehnen will:
1. Ist ein festgestellter positiver oder negativer Zusammenhang wirklich von 0 verschieden, d.h. gibt es überhaupt einen Zusammenhang zwischen den Merkmalen, oder ist er nur durch den Zufall bei der Auswahl der Stichprobe verursacht? (Zusammenhang $\neq$ 0)
2. Wenn ja, mit welcher Sicherheit ist das in der Stichprobe festgestellte Maß auch das Maß für die Grundgesamtheit, m.a.W. wie groß ist das Konfidenzintervall um den geschätz-

ten Wert zu einem vorgegebenen Sicherheits-Niveau α? (Zusammenhang ± welche Grenzen)
Um diese Fragen zu beantworten, benötigt man, wie auch schon in den vorigen Abschnitten für andere Parameter, die Angabe über die Verteilung der Maße. Da alle eben definierten Maße genau dann 0 werden, wenn der Zähler 0 wird, basiert die Verteilung aller dieser Maße auf der Differenz $S = N_c - N_d$. Sie ist, wenn der wahre Wert 0 ist, wie folgt normalverteilt.

Wenn in der Grundgesamtheit kein Zusammenhang besteht und die Anzahl gebundener Paare klein ist, ist die Größe $S = N_c - N_d$ normalverteilt um 0 mit Varianz

$$s_S^2 = \frac{1}{18} N(N-1)(2N+5)$$

d.h. $S \approx N(0, s_S)$

(Blalock 1979:438, die Formel bei Vorhandensein von vielen Ties Blalock 1979:463f.).

Die erste Frage, ob es überhaupt einen Zusammenhang gibt, kann reduziert werden auf die Frage, ob der Zähler aller dieser Maße, die Größe S, auch in der Grundgesamtheit von 0 verschieden ist, oder ob die Abweichung von S von 0 nicht durch Zufall zustande gekommen ist. Die erste Frage wird also durch einen Test auf Null beantwortet (s. Kap. 9.3). Deshalb wird zunächst S standardisiert,

$S_{standardisiert} = (S - 0) / s_S$

damit es standardnormalverteilt wird. Wenn S dann signifikant (zum Niveau α) nicht Null sein soll, muss es außerhalb des Konfidenzintervalls um 0 zum Niveau α liegen, z.B. muss für α = 0,05

$| S_{standardisiert} | > z_{\alpha/2} = 1,96$

gelten. Mit dem obigen Beispiel:

S = 99-458 = -359,
$s_S^2 = 1/18 \, (\, 59 \, (\, 59\text{-}1) \, (\, 118 + 5) = (1/18 \,) \, (59 \cdot 58 \cdot 123) = 23383$
$s_S = \sqrt{23383} = 152$
$| \, S \, | \, / \, s_S = 359 / 152 = 2{,}36 > 1{,}96$,

d.h. es gibt eine statistische Signifikanz zum 5%-Niveau, dass der Überhang der discordanten Paare nicht zufällig auf Grund der Stichprobe zustande gekommen sein kann, dass also der Zusammenhang: je höher das Bildungsniveau, desto höher das politische Interesse, in der Population, hier „alle Deutsche", besteht.

Aus der Varianz von S kann ebenfalls ein Standardfehler für die verschiedenen Maße berechnet werden. Mit einem solchen Standardfehler kann man ein Konfidenzintervall um das geschätzte Maß berechnen und damit die zweite Frage der Sicherheit der Stärke des Zusammenhangs beantworten. Das geht nach der bekannten Formel eines Konfidenzintervalls zum Niveau α um den geschätzten Wert, z.B. für τ_b

---

Sei $s\tau$ Standardfehler von τ_b, dann ist
$[\, - s\tau \cdot z_{\alpha/2} + \tau_b \, ; \, \tau_b + s\tau \cdot z_{1-\alpha/2}]$
das Konfidenzintervall zum Niveau α von τ_b

Weil alle hier behandelten Maße annähernd normalverteilt sind, kann als „z", der Verteilungsfunktion der Maße die Standardnormalverteilung genommen werden; im Fall von $\alpha = 5\%$ z.B.

$[\, - s\tau \, 1{,}96 + \tau_b \, ; \, \tau_b + s\tau \, 1{,}96]$

Der folgende Ausdruck (Tabelle 11.2a) ist das Ergebnis, das SPSS für diese ganzen Koeffizienten bringt, und zwar genau beim obigen Problem des Zusammenhangs von Schulbildung (V12 in ALLBUS 94) und politischem Interesse (V117 in ALLBUS 94).

Tabelle 11.2a: Zusammenhangsmaße für die Beziehung zwischen Schulabschluss und politischem Interesse (mit SPSS)

ALLGEMEINER SCHULABSCHLUSS * POLITISCHES INTERESSE, BEFR. <ORDINAL> Kreuztabelle

Anzahl

		POLITISCHES INTERESSE, BEFR. <ORDINAL>					
		SEHR STARK	STARK	MITTEL	WENIG	UEBERHAUPT NICHT	Gesamt
ALLGEMEINER SCHULABSCHLUSS	VOLKS-, HAUPTSCHULAB	75	219	741	386	228	1649
	MITTL.REIFE,REALSC	87	189	460	209	72	1017
	FACHHOCHSCHULREFE	22	54	72	15	1	164
	ABITUR,HOCHSCHULEI.	81	175	172	52	9	489
Gesamt		265	637	1445	662	310	3319

Symmetrische Maße

		Wert	Asymptotischer Standardfehler	Näherungsweises T	Näherungsweise Signifikanz
Ordinal- bzgl. Ordinalmaß	Kendall-Tau-b	-,246	,014	-17,271	,000
	Kendall-Tau-c	-,222	,013	-17,271	,000
	Gamma	-,361	,020	-17,271	,000
Anzahl der gültigen Fälle		3319			

Richtungsmaße

		Wert	Asymptotischer Standardfehler	Näherungsweises T	Näherungsweise Signifikanz
Somers-d	Symmetrisch	-,246	,014	-17,271	,000
	ALLGEMEINER SCHULABSCHLUSS abhängig	-,232	,013	-17,271	,000
	POLITISCHES INTERESSE, BEFR. <ORDINAL> abhängig	-,262	,015	-17,271	,000

Betrachtet man zunächst die Kreuztabelle der absoluten Zahlen, so sieht man, dass in der ersten Zeile die Werte von links nach rechts tendenziell größer werden, während sie in der letzten Zeile in der Tendenz kleiner werden; es gibt also eine Tendenz zu einer Häufung von rechts oben nach links unten, d.h. zu einem inversen Zusammenhang, dessen Stärke allerdings vom mittleren, schwer zu erfassenden Teil der Tabelle abhängt.

SPSS gibt zunächst die Werte der Koeffizienten an. Man bemerkt

- γ ist mit Abstand der größte Wert, da er Ties nicht berücksichtigt,
- Somers d's sind unterschiedlich, u.a. da hier eine unsymmetrische Tabelle vorliegt,
- die Werte (außer γ) liegen recht gut beieinander, bei ca. 0,24.

Die zweite Spalte gibt den Standardfehler des geschätzten Werts an. Damit kann ein 95% - Konfidenzintervall, z.B. für τ_b zum Niveau 5%, berechnet werden:

[- 0,014·1,96 – 0,246; - 0,246 + 0,014 · 1,96] =
[-0,027 – 0,246; - 0,246 + 0,027] = [- 0,273 ; - 0,219]

In diesen Grenzen liegt mit 95%-iger Wahrscheinlichkeit der wahre Wert in der Grundgesamtheit. Wie man an der Größe dieses Intervalls sieht, liegen bis auf γ alle anderen Maße innerhalb dieses Konfidenzintervalls, so dass es im Hinblick auf die statistische Genauigkeit der Maße hier keinen Unterschied zwischen den verschiedenen Maßen gibt.

In der dritten Spalte gibt SPSS die Prüfgröße in der Skalierung der Standardnormalverteilung an, die mit dem Wert für das gewünschte Signifikanzniveau α verglichen werden kann (z.B. 1,96 für α = 5%), um zu testen, ob überhaupt ein Zusammenhang besteht. Nach den obigen Ausführungen müsste die Größe genau die erste Spalte, dividiert durch die zweite Spalte sein, denn durch diese Division wird das Maß standardisiert. Ganz so einfach liegen die Dinge aber nicht, weil der Standardfehler nämlich noch davon abhängt, welches der wahre Wert tatsächlich ist, so dass der Standardfehler bei einem wahren Wert ungleich 0 ein anderer ist, als bei einem wahren Wert gleich 0, der beim Signifikanztest vorausgesetzt wird. Deshalb ist die dritte Spalte nur angenähert die erste durch die zweite. Ist die Größe in der dritten Spalte größer als die Größe der Prüfverteilung, die die Grenze der „zufälligen" Streuung für das gewählte Niveau bildet (z.B. 1,96 für 5%-Niveau bei Normalverteilung), dann ist das Zusammenhangs-Maß nicht zufällig so groß.

Die vierte Spalte gibt, wie schon am Ende von Kapitel 10.5 besprochen, den Anteil derjenigen Stichproben an, die, wenn der wahre Wert 0 ist, durch Zufall noch größer als der Wert der dritten

Spalte sein können. Diese Zahl ist gleichbedeutend mit dem Signifikanzniveau der Prüfgröße. Hier besteht mit sehr hoher Wahrscheinlichkeit ein Zusammenhang beider Merkmale, da der Wert in der vierten Spalte kleiner als 0,000 ist.

11.5 Vergleich und Kritik der Maße

11.5.1 Vergleich der Maße

An der Vielfalt der Maße kann man schon sehen, dass es bei der Messung des Zusammenhangs ordinaler Merkmale kein Standard-Verfahren gibt. In der folgenden Aufstellung sind ihre Eigenheiten verglichen:

Vergleich der Eigenschaften der Zusammenhangsmaße
1. Alle Maße sind 0 bei Gleichheit von con- und discordanten Zahlen, da alle im Zähler die Differenz $N_c - N_d$ haben, positiv beim Überwiegen von concordanten, und negativ beim Überwiegen von discordanten Paaren.
2. γ ist immer am größten, weil es überhaupt keine Ties im Nenner berücksichtigt.
3. Alle Maße, die Ties im Nenner berücksichtigen, können in einer nichtquadratischen Tabelle nicht + oder − 1 werden, da dort notwendigerweise immer Ties auftreten.
4. Bei Nichtvorhandensein von Ties sind alle Maße gleich.
5. Die Extremwerte + und − 1 werden außer bei γ und τ_c nur für solche quadratischen Matrizen angenommen, bei denen nur die Diagonale besetzt ist.

Je nachdem, welche Maßzahl man wählt, bekommt man eine andere Angabe über die Stärke des Zusammenhangs. Wenn man diese Angaben untereinander vergleichen will, muss man jedenfalls berücksichtigen, wie sie berechnet werden; erst auf dieser unterschiedlichen Berechnungsgrundlage können sie Besonderheiten der Daten widerspiegeln

Welches Maß man nun bei einer eigenen Auswertung nehmen sollte, ist nicht statistisch zu entscheiden, sondern nur inhaltlich. Insbesondere muss dabei entschieden werden, welche Rolle die

Bindungen, die Ties, für die Interpretation haben. Beim obigen Beispiel vom Zusammenhang zwischen Bildung und politischem Interesse sollten die Ties berücksichtigt werden, da sie einen großen Teil der Paarbeziehungen ausmachen. Man könnte zusätzlich hier eine klare Ursache-Wirkungs-Beziehung postulieren derart, dass auf jeden Fall die Schulbildung Ursache des politische Interesses ist, da sie in den allermeisten Fällen bei den Befragten, die alle über 18 Jahre alt sind, dem jetzigen politischen Interesse zeitlich vorhergegangen ist. Deshalb könnte man hier z.B. Somers d mit politischem Interesse als abhängiger Variabler nehmen.

Die Frage der unterschiedlichen Höhe der Maße spielt allerdings praktisch zum Glück gar keine so große Rolle, da sie oft so nahe beieinander liegen, dass sie statistisch, d.h. im Konfidenzintervall, sich gar nicht unterscheiden. Am häufigsten verwendet wird das Maß τ_b, weil es für Vierfeldertafeln den gleichen Wert annimmt wie das Kontingenzmaß Φ aus dem vorigen Kapitel und wie der Korrelationskoeffizient r, der im folgenden Kapitel erklärt wird.

11.5.2 Kritische Bewertung der Maße
1. Wenn die Maße 0 sind, bedeutet das nicht immer, dass die beiden Merkmale unabhängig sind! D.h. die Bedeutung des Werts 0, die man von den Kontingenzmaßen aus dem vorigen Kapitel kennt und die man eigentlich erwartet, ist hier nicht gegeben. Ein Beispiel:

5			5
		10	10
	10		10
5	10	10	25

Bei dieser Tabelle ist $N_c = 5 (10 + 10) = 5 \cdot 20 = 100$, und $N_d = 10 \cdot 10 = 100$, so dass alle Maße im Zähler und damit insgesamt 0 werden. Aber offenbar sind beide Merkmale nicht stochastisch unabhängig, denn dann müssten sich die Randverteilungen in der Tabelle wiederfinden, d.h. sie müsste wie folgt aussehen:

1	2	2	5
2	4	4	10
2	4	4	10
5	10	10	25

2. γ kann 1 und die anderen Maße ebenfalls sehr groß werden, obwohl kein eindeutiger Zusammenhang besteht. Ein Beispiel:

10	5		15
	5	5	10
		5	5
10	10	10	30

Bei dieser Tabelle ist $N_d = 0$, da das untere Dreieck komplett 0 ist. Deshalb ist γ hier 1, und die anderen Maße sind in einem solchen Fall je nach Größe der Ties ebenfalls recht groß. Trotzdem kann man aus einem Merkmal nicht eindeutig auf das andere schließen.

3. Die Maße sind nicht stabil, wenn die Anzahl der Kategorien verändert wird. Bei einem guten Maß sollte man erwarten, dass die Stärke des Zusammenhangs stabil bleibt, wenn man eine Kategorie in zwei Hälften aufteilt oder zwei gleichwertige Kategorien zusammenlegt. Das ist nicht der Fall, die Maße sind i.A. größer, je weniger Kategorien gebildet werden. Wieder ein Beispiel:

a	b	a+b
c	d	c+d
a+c	b+d	a+b+c+d

Hier ist $N_c = ad$ und $N_d = bc$, und z.B. $\gamma = (ad-bc) / (ad+bc)$.
Die zweite Kategorie des ersten Merkmals wird gleichmäßig aufgeteilt:

a	b/2	b/2	a+b
c	d/2	d/2	c+d
a+c	(b+d)/2	(b+d)/2	a+b+c+d

Man sollte erwarten, dass diese Änderung das Maß nicht verändert, da die grundsätzlichen Relationen der ersten Kategorie zu den beiden neuen gleichgeblieben sind und die zwei neuen Kategorien untereinander unabhängig sind. Für die veränderte Tabelle gilt aber:
$N_c = a(\ d/2 + d/2) + b/2 \cdot d/2$, $N_d = b/2\ (\ c + d/2) + b/2 \cdot c$,
so dass mit
$N_c - N_d = ad + b/2 \cdot d/2 - b/2 \cdot d/2 - bc = ad - bc$
der Zähler aller Maße zwar gleich bleibt, der Nenner hingegen,
$N_c + N_d = ad + b/2 \cdot d/2 + b/2 \cdot d/2 + bc = ad + bc + bd/2$
zu nimmt, so dass alle Maße kleiner werden bei einer Vergrößerung der Zahl der Kategorien, die nur eine stochastisch unabhängige Kategorienteilung vornimmt.

Der letzte Kritikpunkt ist eine zentrale Schwierigkeit bei diesen Maßen. Wie eingangs erwähnt, sind ordinalskalierte Merkmale mit wenigen Kategorien häufig gerade bei vielen sozialwissenschaftlichen Daten anzutreffen. Und fast immer ist die Anzahl der Kategorien, d.h. der Ausprägungen eines solchen Merkmals nicht durch eine irgendwie „natürliche" Ordnung vorgegeben, wie es z.B. bei den Schulbildungsabschlüssen der Fall ist, sondern wird von der Forscherin festgelegt. Aber wenn diese Maße von der gewählten Anzahl der Kategorien abhängen, haftet dadurch der Feststellung der Stärke eines Zusammenhangs zwischen zwei solchen Merkmalen eine gewisse Willkür an.

Eine gängige Praxis bei der Feststellung von Zusammenhängen ist z.B. die Dichotomisierung oder bestenfalls Trichotomisierung von Merkmalen, d.h. die Zusammenlegung von ursprünglich einer größeren Zahl von Kategorien zu zwei oder höchstens drei. Das hängt damit zusammen, dass i.A. bei Auswertungen von sprachlichem Material immer nur kleine Fallzahlen auftreten. Man kann sich nicht 1000 Lebensläufe erzählen lassen oder 500 Jugendliche 3 Stunden lang interviewen. Bei kleinen Fallzahlen unter 100 oder sogar 50 stellt sich dann beim Aufstellen einer Kreuztabelle immer das Problem, dass einzelne Zellen gar nicht oder nur mit sehr kleinen Zahlen besetzt sind. Aus diesem Grund geht man dann dazu über, Kategorien zusammenzufassen, um damit größere Zahlen in den Zellen zu erhalten. Aber gerade diese Praxis verändert die Ergebnisse der Messung des Zusammenhangs, wie eben gezeigt wurde, in Richtung darauf, dass die Maße einen stärkeren Zusammenhang anzeigen, als bei der ursprünglichen Kategorisierung zu erwarten gewesen wäre. Es besteht deshalb die Gefahr einer artefaktischen Zusammenhangs-Feststellung zwischen Merkmalen durch die falsche Wahl der Kategorieanzahl.

Tabelle 11.2b: wie Tabelle 11.2a, nur nach Dichotomisierung

Schulabsschluss * Politisches Interesse Kreuztabelle

Anzahl

		Politisches Interesse		Gesamt
		Stark	Wenig	
Schulabsschluss	Haupt u. Real	299	661	960
	FHS und Abitur	332	77	409
Gesamt		631	738	1369

Richtungsmaße

		Wert	Asymptotischer Standardfehler	Näherungsweises T	Näherungsweise Signifikanz
Somers-d	Symmetrisch	-,458	,023	-18,411	,000
	BILD abhängig	-,422	,023	-18,411	,000
	POL abhängig	-,500	,024	-18,411	,000

Symmetrische Maße

		Wert	Asymptotischer Standardfehler	Näherungsweises T	Näherungsweise Signifikanz
	Kendall-Tau-b	-,459	,023	-18,411	,000
	Kendall-Tau-c	-,419	,023	-18,411	,000
	Gamma	-,810	,025	-18,411	,000
Anzahl der gültigen Fälle		1369			

Als Beispiel für den Effekt der Zusammenlegung von Kategorien sind in der obigen Tabelle 11.2b die Maße für dieselben Merkmale noch einmal berechnet nach einer Dichotomisierung der Merkmale in jeweils zwei Kategorien, wobei für die Dichotomisierung des politischen Interesses außerdem diejenigen, die „mittel" angegeben haben, ganz aus der Analyse ausgeschlossen wurden

Wie man sieht, steigen alle Koeffizienten beträchtlich, vor allem γ, so dass der Eindruck entsteht, dass hier doch ein einigermaßen hoher Zusammenhang besteht. Diesen Eindruck hatte man mit den Originalkategorien dagegen eher nicht, und das dürfte der Wirklichkeit eher entsprechen.

11.6 PRE-Interpretation der Maße

Um verständlicher zu machen, wie eine Rangkorrelationsmaßzahl interpretiert werden kann, hat man das Konzept des „proportional reduction of error" (PRE) entwickelt. Wenn man weiß, dass beide Merkmale perfekt zusammenhängen, bedeutet das Folgendes: wenn man von zwei Personen ihren Unterschied in einem Merkmal kennt und von einer Person das andere Merkmal weiß, dann kann man für die zweite Person das zweite Merkmal sicher vorhersagen. Wenn andererseits die beiden Merkmale überhaupt nicht zusammenhängen, könnte man mit dem Wissen, dass zwei Personen sich auf dem einen Merkmal unterscheiden, nichts anfangen; die beste Methode, das zweite Merkmal für die zweite Person vorherzusagen, wäre zu raten, d.h., man wird in der Hälfte der Fälle raten, dass das zweite Merkmal größer als bei der ersten Person ist, und in der anderen Hälfte der Fälle raten, dass es kleiner ist.

Voraussage des zweiten Merkmals y für Person B bei Kenntnis des Unterschieds zwischen A und B im ersten Merkmal x:

Person	1. Merkmal	2. Merkmal (perfekt. Zush.)	2. Merkmal (kein Zush.)
A	x=2	y=3	y = 3
B	x=4	y > 3, da $x_A < x_B$	mal y>3, mal y<3

Diese beiden Prognosemöglichkeiten dienen als Basis des PRE-Konzepts. Man macht für jedes Paar mit Kenntnis des Unterschieds im ersten Merkmal zwei Vorhersagen für den Unterschied im zweiten Merkmal:

Das PRE-Konzept („proprtional reduction of error"):
Prognose 1: Man berücksichtigt die Kenntnis des ersten Merkmals nicht, sondern rät den Unterschied im zweiten Merkmal.
Prognose 2: Man prognostiziert den Unterschied im zweiten Merkmal auf Grund der Kenntnis beim ersten Merkmal.
Anzahl Fehler (= falsch prognostiz. Paare) bei Prognose 1: E_1
Anzahl der Fehler bei Prognose 2: E_2

Die **Fehlerreduktion PRE** ist dann definiert als
PRE = $(E_1 - E_2) / E_1$

Erwartbar ist zunächst, dass mit Kenntnis des Zusammenhangs auf dem ersten Merkmal weniger Fehler gemacht werden als mit der Methode des reinen Ratens. Dann wird die Zahl PRE positiv. Sie bleibt 0, wenn die Kenntnis des ersten Merkmals nichts erbringt für die Prognose und die Fehlerzahl E_2 deshalb genauso groß ist wie beim Raten. Sie wird dagegen 1, wenn der Zusammenhang perfekt ist: dann werden alle zweiten Merkmale richtig vorhergesagt und E_2 ist 0, so dass PRE = 1 wird. Ein PRE von 0,5 besagt also, dass der Zusammenhang zwischen den Merkmalen gerade so stark ist, dass für jedes zweite Paar aus der Kenntnis des Unterschieds im ersten Merkmal der Unterschied im zweiten Merkmal erschlossen werden kann.

Für die oben definierten Maße kommt es nun darauf an, ob sie eine solche PRE-Interpretation besitzen, d.h. ob entsprechende

Prognoseregeln für sie angegeben werden können. Das ist für die Maßzahl γ einfach.

PRE-Interpretation von γ:
Prognoseregel 1 (γ): Zufallsprognose: egal, wie der Unterschied im ersten Merkmal ist, prognostiziere in der Hälfte der Fälle einen positiven und in der Hälfte einen negativen Unterschied im zweiten Merkmal. Der Fehler, den man dann macht, ergibt sich zu $0{,}5 \cdot (N_c + N_d)$, weil man genau die Hälfte der concordanten und genau die Hälfte der discordanten Paare falsch rät.

Prognoseregel 2 (γ): Sage den Unterschied im zweiten Merkmal genau so vorher wie er bei der Mehrzahl aller Paare im ersten Merkmal ist. Der Fehler, den man dann begeht, ist genau der, dass man entweder alle discordanten oder alle concordanten Paare falsch vorhersagt, je nachdem, welche in der Minderzahl sind. Es gilt also:

γ : PRE-Prognoseregel1: $E_1 = 0{,}5 \, (N_c + N_d)$,
γ : PRE-Prognoseregel2: $E_2 = \min(N_c, N_d)$
Damit wird
$PRE = (E_1 - E_2) / E_1$
$= (0{,}5 \, (N_c + N_d) - \min(N_c, N_d)) / (0{,}5 \, (N_c + N_d))$.
Nun werden die zwei Fälle unterschieden:
a) $\min(N_c, N_d) = N_d$.
Dann ist
$PRE = (0{,}5 \, (N_c + N_d) - N_d) / (0{,}5 \, (N_c + N_d))$
$= (N_c + N_d - 2N_d) / (N_c + N_d) = \gamma$
b) $\min(N_c, N_d) = N_c$.
Dann ist die Beziehung invers, da die discordanten Beziehungen überwiegen, und
$PRE = (0{,}5 \, (N_c + N_d) - N_c) / (0{,}5 \, (N_c + N_d))$
$= (N_c + N_d - 2N_c) / (N_c + N_d) = -\gamma$
Aus a) und b) zusammen folgt $PRE = \pm \gamma$

Mit diesen beiden Regeln ist also der Wert von γ direkt zu interpretieren als die zusätzliche prozentuale Anzahl der Paare, deren Unterschied im zweiten Merkmal über reines Raten hinaus richtig vorhergesagt werden kann, wenn man den Unterschied im ersten Merkmal berücksichtigt.

Diese mögliche PRE-Interpretation von γ ist davon abhängig, dass bei γ die gebundenen Paare, die Ties, nicht berücksichtigt werden müssen. Es lassen sich aber auch für τ_b entsprechende Vorhersage-Regeln finden, die es möglich machen, die Maßzahl τ_b in ähnlicher Weise wie hier bei γ als prozentualer Anteil der Prognose-Verbesserung durch Kenntnis der Unterschiede im ersten Merkmal zu interpretieren.

Wie ist mit der PRE-Interpretation z.B. der Wert von $-0{,}246$ für τ_b aus der obigen Tabelle zu interpretieren? Der Wert besagt dann folgendes: wenn man die Kenntnis des Zusammenhangs, dass mehr Schulbildung zu stärkerem politischen Interesse führt, ausnutzt, kann man bei der Vorhersage des politischen Interesses aus der Schulbildung etwa ein Viertel der Fehler, die man bei reinem Raten machen würde, vermeiden, die Vorhersage ist etwa um ein Viertel besser.

11.7 Monotonie und Nichtlinearität

11.7.1 Nichtlinearität in der Beziehung der Merkmale
Aus einem weiteren Grund kann die Zusammenlegung von Kategorien auf eine kleine Zahl dazu führen, dass man bei der Interpretation der Daten auf eine falsche Fährte geführt wird. Noch einmal das erste Beispiel mit dem Vergleich der Rangreihen:

	y_1	y_2	y_3	y_4	y_5
x_1	100	0	0	0	0
x_2	0	200	0	0	0
x_3	0	0	0	0	100
x_4	0	0	0	100	0
x_5	0	0	200	0	0

Wenn eine solche Kreuztabelle vorliegt, messen alle hier vorgestellten Maße „falsch". Denn alle Maße würden Werte kleiner als 1 angeben, d.h. sie würden anzeigen, dass nur ein geringer Zusammenhang zwischen beiden Merkmalen besteht. Tatsächlich besteht aber ein perfekter Zusammenhang, denn jeder Kategorie des einen Merkmals ist genau eine Kategorie des anderen Merkmals zugeordnet. Nur ist dieser Zusammenhang nicht monoton, d.h. immer wenn sich ein Paar in einem Merkmal in einer Richtung unterscheidet, kann man diesen Unterschied in derselben Richtung auf das andere Merkmal übertragen, sondern er ist je nach gewählter Kategorie verschieden. Man spricht hier allgemein von einem nichtlinearen Zusammenhang:

> *Definition*: **Monotoner bzw. linearer Zusammenhang** von ordinalen Merkmalen bedeutet, dass bzgl. aller ihrer Kategorien dieselbe Art des Zusammenhangs besteht.
> **Nichtlinearer Zusammenhang** bedeutet, dass die Art des Zusammenhangs zwischen den Merkmalen auch von den jeweiligen Kategorien abhängt.

Werden die letzten drei Kategorien in der obigen Kreuztabelle zusammengelegt, so bleibt völlig verborgen, dass hier ein nichtlinearer, perfekter Zusammenhang besteht, weil dann nur noch Werte auf der Diagonalen erscheinen. Eine Verkleinerung der Kategorienanzahl kann also dazu führen, dass nichtlineare Zusammenhänge schwerer erkannt werden können.

Das Problem des Bestehens und Erkennens nichtlinearer Zusammenhänge ist im übrigen kein spezielles Problem von Rangkorrelationsmaßen, sondern wird im Gegenteil für Zusammenhangsmaße von intervallskalierten Daten verschärft auftreten. Fast alle herkömmlichen statistischen Zusammenhangsmaße beruhen auf der Annahme, dass die Zusammenhänge zwischen den untersuchten Merkmale monoton sind. Man spricht deshalb auch von einem linearen Modell, das diese Maße unterstellen. Wenn die Daten tatsächlich solche U-förmige Beziehung aufweisen wie in diesem Beispiel, so stellen auf der meist nicht hinterfragten Grundlage dieses linearen Modells die Maße einfach einen weniger starker Zusammenhang fest. Diese Maße können deshalb nur im Rahmen der Unterstellung eines monotonen Zusammenhangs richtig interpretiert werden; sie können selbst keinen Hinweis auf Nichtlinearität der Zusammenhänge geben.

Die Entscheidung darüber, ob bei einer Datenstruktur wie oben ein geringer monotoner Zusammenhang oder ein perfekter U-förmiger Zusammenhang festgestellt wird, liegt deshalb allein bei den Forschern. Er muss sich aus inhaltlichen Überlegungen ergeben. Beim Beispiel des Zusammenhangs Schulbildung – politisches Interesse wäre z.b. die Frage zu beantworten, ob es Gründe dafür gibt, dass mit immer höherer Schulbildung das Interesse an Politik wieder abnimmt, z.b. weil dadurch grundsätzlich andere Beschäftigungen einen Stellenwert gewinnen, die das Interesse an Politik mindern. Das könnte man sich z.b. für Gesellschaften vorstellen, in denen als höchstes Bildungsgut eine esoterische bzw. religiöse Schulung gilt.

11.7.2 Nichtlinearität durch Einfluß von Drittvariablen.
Neben inhaltlichen Gründen gibt es einen zweiten wichtigen Grund, der dazu führen kann, dass nichtlineare Beziehungen zwischen Merkmalen bestehen. Das ist der Einfluss von einem weiteren, dritten Merkmal. Als Beispiel dafür folgen drei SPSS-Berechnungen mit Daten des ALLBUS 1994. Die beiden Merkmale sind das Alter (V247 im ALLBUS 1994) in drei Kategorien jung, mittel und älter, und die Zustimmung zu der Behauptung: „Hausfrau sein ist genauso erfüllend wie gegen Bezahlung zu arbeiten" (V360) in den drei Kategorien „Stimme zu", „weder noch" und „Stimme nicht zu". Die dahinter stehende Vermutung ist, dass sich gerade bei den Frauen in bezug auf die Erfüllung durch das Hausfrauendasein in den letzten beiden Generationen viel verändert hat. Die entsprechende Kreuztabelle für die befragten Frauen insgesamt zeigt ein uneinheitliches Bild und die Maße sind ziemlich niedrig bei etwa 0,2. Sie zeigen immerhin das erwartete Vorzeichen: je älter die Frauen sind, desto eher stimmen sie der Behauptung zu (Tabelle 11.3).

Tabelle 11.3: Zusammenhang zwischen Alter und Zustimmung zum „Hausfrauen-Dasein" bei Frauen

Anzahl

		Erfüllendes Hausfrauenarbeit			Gesamt
		Stimme zu	weder noch	Lehne ab	
ALT3	jung	119	58	239	416
	mittel	197	63	404	664
	alt	308	56	182	546
Gesamt		624	177	825	1626

Richtungsmaße

		Wert	Asymptotischer Standardfehler	Näherungsweises T	Näherungsweise Signifikanz
Somers-d	Symmetrisch	-,206	,022	-9,402	,000
	Alter abhängig	-,219	,023	-9,402	,000
	Erfüllendes Hausfrauenarbeit abhängig	-,195	,021	-9,402	,000

Symmetrische Maße

		Wert	Asymptotischer Standardfehler	Näherungsweises T	Näherungsweise Signifikanz
Ordinal- bzgl. Ordinalmaß	Kendall-Tau-b	-,206	,022	-9,402	,000
	Kendall-Tau-c	-,191	,020	-9,402	,000
	Gamma	-,324	,033	-9,402	,000
Anzahl der gültigen Fälle		1626			

Wenn dieser geringe Zusammenhang auf den Einfluss einer dritten Variablen zurückzuführen ist, welche könnte das dann sein? Es hat sich ebenfalls die schulische Ausbildung der Frauen geändert, so dass dieser Einfluss kontrolliert werden sollte. Es werden deshalb nun nur diejenigen Frauen mit mindestens Fachhochschulreife ausgewählt. Die Kreuztabelle für diese Teilgruppe ergibt eindeutig, was auch gut an den Maßen abzulesen ist, dass für diese Frauen überhaupt kein Zusammenhang zwischen ihrem Alter und der Zustimmung zum Hausfrauendasein besteht (Tabelle 11.4).

Tabelle 11.4: Zusammenhang zwischen Alter und Zustimmung zum „Hausfrauen-Dasein" bei Frauen mit mindestens Fachhochschulreife

Anzahl

		Erfüllendes Hausfrauenarbeit			Gesamt
		Stimme zu	weder noch	Lehne ab	
ALT3	jung	25	17	67	109
	mittel	18	16	82	116
	alt	17	2	18	37
Gesamt		60	35	167	262

Richtungsmaße

		Wert	Asymptotischer Standardfehler	Näherungsweises T	Näherungsweise Signifikanz
Somers-d	Symmetrisch	-,035	,061	-,566	,571
	Alter abhängig	-,038	,067	-,566	,571
	Erfüllendes Hausfrauenarbeit abhängig	-,032	,057	-,566	,571

Symmetrische Maße

		Wert	Asymptotischer Standardfehler	Näherungsweises T	Näherungsweise Signifikanz
Ordinal- bzgl. Ordinalmaß	Kendall-Tau-b	-,035	,062	-,566	,571
	Kendall-Tau-c	-,030	,052	-,566	,571
	Gamma	-,060	,106	-,566	,571
Anzahl der gültigen Fälle		262			

Es ist also nach diesem Befund so, dass sich nicht die generelle Zustimmung der Frauen zum Hausfrauendasein in den letzten zwei Generationen verändert hat, sondern dass diese Änderung nur mit der höheren Bildung der jüngeren Frauen zusammenhängt. Nicht, weil die Frauen jünger sind, haben sie eine andere Meinung zum Hausfrauendasein, sondern weil sie eine bessere Schulbildung haben.

Weitere Literatur zu diesem Kapitel: Clauß 1995^2:77 – 81, Hochstädter 151 – 161, Blalock 436-447, Liebetrau, Kühnel/Krebs: 366-378

Übungsaufgaben:
1. In einer Studie zur Lesefähigkeit von Schulkindern wurde nach der Dauer des täglichen Fernsehkonsums gefragt. Die folgende Tabelle enthält die Werte für Vielseher (= mehr als 3 Std. Fernsehen pro Tag) und Wenigseher (= weniger als 1 Std. Fernsehen pro Tag).

Fernseh-konsum	*gering*	*Lesefä-higkeiten mittel*	*hoch*	*Summe*
Wenigseher	2	5	7	14
Vielseher	8	13	5	26
Summe	10	18	12	40

a) Berechnen Sie Gamma.
b) Unter Annahme, dass die Auswahl der Kinder eine Stichprobe darstellt, soll geprüft werden, ob ein Zusammenhang auch in der Grundgesamtheit besteht, für ein Niveau von 95% und 99% Sicherheit.

Kapitel 12: Korrelation und Regression

In diesem Kapitel werden Zusammenhangsmaße für zwei metrische Merkmale behandelt. Bei den Zusammenhangsmaßen für kategoriale Daten aus den vorangehenden Kapiteln gab es eine Reihe von verschiedenen Maßen, unter denen, je nach dem Erkenntnisinteresse, eine Auswahl getroffen werden musste. Dieses Problem entfällt bei metrischen Daten, hier gibt es nur die zwei Maße Korrelation r und Determinationskoeffizient R^2, die eine ähnliche inhaltliche Interpretation besitzen.

12.1 Die Beispiel-Daten

Als Beispiel soll im folgenden der Zusammenhang zwischen der Ausbildungsdauer in Schule und Hochschule und der „subjektiven Schichteinstufung", der Zuordnung der eigenen Person zu einer von 5 ordinal geordneten sozialen Schichten, untersucht werden (Tabelle 12.1). Gründe, weshalb diese beiden Variablen zusammenhängen, lassen sich mehrere vorstellen. Je länger die Ausbildung dauert, desto höher werden einerseits die Bildungsabschlüsse, und mit höheren Bildungsabschlüssen steigt auch das Einkommen und die berufliche Position, so dass auch die tatsächliche Schichtzugehörigkeit steigt. die wiederum subjektiv richtig wahrgenommen wird. Andererseits steigt mit der Länge der Ausbildungsdauer auch der Grad des Wissens und der Bildung und damit die Teilnahme an kulturellen, politischen u. gesellschaftlichen Aktivitäten, die zum größeren Teil von Personen aus den höheren Schichten besucht werden, zu denen man sich dann subjektiv zugehörig fühlen kann.

Tabelle 12.1: Subjektive Schichteinstufung und Anzahl der schulischen Ausbildungsjahre

SUBJEKTIVE SCHICHTEINSTUFUNG, BEFR.

		Häufigkeit	Gültige Prozente	Kumulierte Prozente
Gültig	UNTERSCHICHT	70	2,1	2,1
	ARBEITERSCHICHT	1130	33,8	35,9
	MITTELSCHICHT	1788	53,5	89,5
	OBERE MITTELSCHICHT	281	8,4	97,9
	OBERSCHICHT	16	,5	98,4
	KEINER DER SCHICHTEN	55	1,6	100,0
	Gesamt	3340	100,0	

DAUER DER SCHULAUSBILDUNG IN JAHREN

		Häufigkeit	Gültige Prozente	Kumulierte Prozente
Gültig	5	9	,3	,3
	6	12	,4	,6
	7	50	1,5	2,2
	8	1117	34,1	36,3
	9	403	12,3	48,6
	10	879	26,9	75,5
	11	122	3,7	79,2
	12	165	5,0	84,2
	13	141	4,3	88,5
	14	47	1,4	90,0
	15	60	1,8	91,8
	16	75	2,3	94,1
	17	78	2,4	96,5
	18	42	1,3	97,8
	19	31	,9	98,7
	20	25	,8	99,5
	21	8	,2	99,7
	22	6	,2	99,9
	23	1	,0	99,9
	25	2	,1	100,0
	Gesamt	3273	100,0	

Durch den längeren Aufenthalt im Bildungssystem kann auch die eigene Selbsteinschätzung als gebildeter Mensch zum subjektiven Gefühl der höheren Schichtzugehörigkeit führen.

Man kann also einen positiven Zusammenhang vermuten: je länger die Ausbildungsdauer, desto höher die subjektive Schichteinstufung. Beide Variablen werden als metrisch angesehen. Bei der Ausbildungsdauer, die in Jahren gemessen wird, ist das unproblematisch, bei der Schichteinteilung in 5 Stufen: Unterschicht (Code: 1), Arbeiterschicht (2), Mittelschicht (3), obere Mittelschicht (4) und Oberschicht (5), ist das dadurch zu rechfertigen, dass diese Begriffe selbst ein Kontinuum von Schichten nahe legen, das fein unterteilbar ist. Um die Veränderung in der Schichteinteilung für jede Zahl von Ausbildungsjahren deutlicher hervortreten zu lassen, wird hier zunächst der Durchschnitt (Mittelwert) der subjektiven Schichteinstufung für jede Anzahl von Ausbildungsjahren berechnet. So entsteht ein neuer Datensatz mit nur noch 2 Merkmalen von je 20 Fällen, der Ausbildungsdauer und der dazugehörigen durchschnittlichen subjektiven Schichteinstufung (s. Tabelle 12.2, Spalte 1 und 2):

Tabelle 12.2: Ausbildungsdauer und durchschnittliche subjektive Schichteinstufung und daraus berechnete Werte

1	2	3	4	5
Ausbildungsjahre	Durchschnittl. subj. Schicht	Schuljahre - Mittelwert	subj.Schicht - Mittelwert	Schuljahre x subj. Schicht
5	2,4286	-9,5500	-0,5849	5,5861
6	2,1667	-8,5500	-0,8468	7,2404
7	2,2500	-7,5500	-0,7635	5,7644
8	2,4762	-6,5500	-0,5373	3,5191
9	2,6146	-5,5500	-0,3989	2,2140
10	2,6463	-4,5500	-0,3672	1,6706
11	2,8609	-3,5500	-0,1526	0,5418
12	2,9103	-2,5500	-0,1032	0,2630
13	3,1290	-1,5500	0,1155	-0,1791
14	3,0233	-0,5500	0,0098	-0,0054
15	2,8696	0,4500	-0,1439	-0,0648
16	3,0476	1,4500	0,0341	0,0495
17	3,2388	2,4500	0,2253	0,5520
18	3,3243	3,4500	0,3108	1,0723
19	3,5517	4,4500	0,5382	2,3951
20	3,5652	5,4500	0,5517	3,0069
21	3,5000	6,4500	0,4865	3,1379
22	3,6667	7,4500	0,6532	4,8661
23	3,0000	8,4500	-0,0135	-0,1141
25	4,0000	10,4500	0,9865	10,3089
Summe				51,82

Aus den Spalten 1 und 2 erhält man folgendes Streudiagramm:

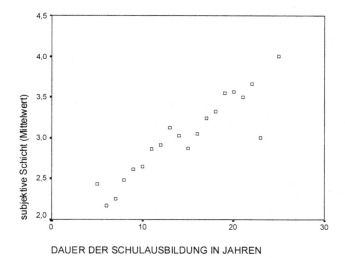

Abbildung 12.1: Streudiagramm Ausbildungsdauer vs. durchschnittliche subjektive Schichteinstufung

12.2 Die Korrelation r

Als ersten Weg, den Zusammenhang in eine Zahl zu fassen, wird das Ausmaß beschrieben, in dem die eine Variable variiert, wenn die andere Variable verändert wird, also das Ausmaß, in dem sie kovariieren. Das ist die fünfte Möglichkeit der Beschreibung für „Zusammenhang" (s. Kap. 10.1).

Als ein Maß dafür wurde früher (Kap. 6.5) die Kovarianz definiert: Die **Kovarianz cov** zwischen zwei metrischen Daten ist

$$\text{cov}_{xy} = \frac{1}{n-1} \sum_{i=1}^{n} (x_i - \overline{x})(y_i - \overline{y})$$

Der Wert der Kovarianz beträgt für die obigen Daten 51,82/19 = 2,7274 (Berechnung s. Spalten 3, 4 und 5 der Tabelle 12.2)

Sie ist zunächst positiv ($cov_{xy} > 0$) und zeigt damit an, dass die Vermutung stimmt: je länger die Ausbildungsdauer, desto höher die subjektive Schichteinstufung. Das Problem bei der Kovarianz ist, dass ihre Größe von der Größe der Ausprägungen und ihrer Streuungen abhängt. Wird z.B. die Ausbildungsdauer in Monaten gemessen statt in Jahren, steigt ebenfalls die Kovarianz um den Faktor $12^2 = 144$.

Die Frage, wie man den Zusammenhang zweier Variabler unabhängig von ihrer Größenordnung beschreiben kann, führt auf folgende Beobachtungen: Jede einzelne Variable hängt wiederum von ihrem Bezugspunkt ab, d.h. von ihrem Durchschnittswert, also Mittelwert. Wenn man von Unter- oder Oberschicht spricht, so setzt man die Einteilung relativ zum Mittelwert aller Schichteinstufungen an. Und zweitens muss man berücksichtigen, dass die beiden Variablen verschieden weit um diesen Mittelwert streuen. Wenn es z.B. vor allem nur sehr kurze und sehr lange Ausbildungszeiten gäbe, wäre ein weniger starker Zusammenhang zu erwarten als bei gleichmäßiger Verteilung der Ausbildungszeiten.

Deshalb ist der erste Schritt bei der Entwicklung eines von den absoluten Variablenwerten unabhängigen Maßes, beide Variablen erst zu standardisieren, bevor man ein Zusammenhangsmaß definiert. Was geschieht dann? Abbildung 12.2 zeigt diese Veränderung:

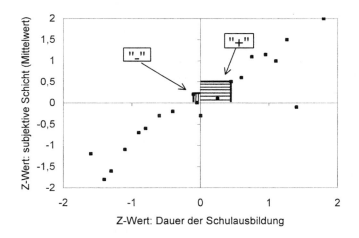

Abbildung 12.2: Streudiagramm der standardisierten Variablen mit dem Rechteck zum Fall i

In der Grafik ändert sich die Bezeichnung der Achsen, weil beide Variable jetzt gleichmäßig mit derselben mittleren Abweichung von 1 um den Mittelpunkt (0,0) streuen. Der Zusammenhang beider Variabler, sichtbar als „Gestalt" der Punktwolke, ändert sich nicht. Die neuen standardisierten Werte x_i^z, y_i^z lassen sich aber besser interpretieren.

Jedes Produkt $x_i^z \cdot y_i^z$ stellt dann die Rechteck-Fläche eines in einem der Quadranten aufgespannten Rechtecks dar, dessen eine Ecke (0,0) und gegenüberliegende Ecke (x_i^z, y_i^z) ist. Rechtecke in den Quadranten II und IV sind negativ, in I und III positiv. Man bildet nun die Summe aller dieser Rechteckflächen, d.h. die Summe R der standardisierten Produkte

$$R = \sum_{i=1}^{n} x_i^z y_i^z$$

Als Summe von positiven und negativen Werten stellt sie sozusagen die „mittlere", von der standardisierten Punktwolke aufgespannte Fläche dar, die sich ergibt, wenn man alle negativen und positiven Flächen miteinander ausgleicht.

Der Maximalwert für R wird dann erreicht, wenn alle Eckpunkte genau auf einer der beiden Diagonalen durch den Ursprung liegen. Denn weil beide Variablen jetzt ganz gleich skaliert sind und auch deshalb dieselbe Streuungsbreite haben, ist der Zusammenhang beider Variabler um so stärker, je mehr sich die jeweiligen Abweichungen von 0, x_i und y_i, gleichen. Denn dann gibt es erstens nur positive oder nur negative Flächen, und zweitens wird der Gesamtinhalt dieser Flächen maximal, wie sich aus einer genauen Kalkulation der Rechteckflächen herleiten lässt.

Wenn alle Wertepaare auf einer Diagonalen liegen, dann entspricht jeder Abweichung vom Mittelwert in der einen Variable eine (im Verhältnis der beiden Streuungen) genau gleiche Abweichung vom Mittelwert in der anderen Variable, d.h. beide Variable variieren immer zusammen in dieselbe Richtung mit derselben Stärke.

Wenn andererseits die Hälfte der Punkte in den Quadranten I und III, und die andere Hälfte in den anderen beiden Quadranten liegt und beide Hälften eine gleichgroße Fläche aufspannen, dann gibt es zu nahe beieinander liegenden Abweichungen vom Mittelwert in der einen Variable entgegengesetzt auseinanderliegende Abweichungen in der anderen Variable, d. h. die Variationen der beiden Variablen sind maximal unterschiedlich. R nähert sich um so mehr 0, je mehr die Punkte in allen Quadranten gleichmäßig verteilt sind. Die Zahl R gibt also genau das Ausmaß an, in dem die Variablen zusammen variieren, und zwar unabhängig von ihrer speziellen Skalierung.

Beim maximalen Zusammenhang liegen also alle Wertepaare auf der Diagonalen von links unten nach rechts oben, d.h. es gilt $y_i = x_i$ für alle i. Dann hat R den Wert + (n-1) oder – (n-1):

$$R = \sum_{i=1}^{n} x_i^z y_i^z = (n-1) \cdot (1/(n-1)) \cdot \sum_{i=1}^{n} x_i^z y_i^z = (n-1) \cdot s^2_x$$
$$= (n-1) \cdot 1 = n-1$$

weil $y_i = x_i$ gilt und x standardisiert und deshalb die Standardabweichung von x, $s^2_x = 1$ ist (s. Kap. 6.3). Wenn man also definiert:

$$r = (1/n-1) \sum_{i=1}^{n} x_i^z y_i^z$$

dann erfüllt r die Anforderungen an ein Maß für den Zusammenhang von zwei Variablen: Es wird 0, wenn kein Zusammenhang besteht, 1 oder –1 für perfekten positiven oder negativen Zusammenhang, und nimmt sonst nur Werte dazwischen an. Und man kann r mit der hergeleiteten Interpretation inhaltlich verstehen als die mittlere Fläche, die die Punkte des Streudiagramms mit den Mittelwertachsen bilden, wenn man die Vorzeichen der Flächen berücksichtigt und positive und negative Flächen sich gegeneinander aufheben. r heißt die Korrelation. Es werden oft zwei weitere Formeln angegeben, die aber nach Umformungen mit der obigen identisch sind (der Faktor 1/(n-1) im Zähler kürzt sich jeweils gegen denselben Faktor im Nenner heraus):

Definition: Die **Korrelation** (Pearson-Bravais- oder Produkt-Moment-Korrelationskoeffizient) zwischen zwei metrischen Merkmalen ist:

$$r = \frac{\sum_{i=1}^{n}(x_i - \bar{x})(y_i - \bar{y})}{\sqrt{\sum_{i=1}^{n}(x_i - \bar{x})^2 \sum_{i=1}^{n}(y_i - \bar{y})^2}} = \frac{\text{cov}_{xy}}{s_x \cdot s_y}$$

Wie Punktwolken für verschiedene Werte von r aussehen können, zeigen die folgenden Bilder:

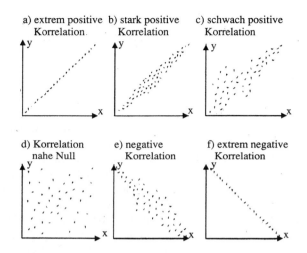

Abbildung 12.3: Punktwolken im Streudiagramm für verschiedene Werte von r (Clauß 1995[2]: 66)

Für die Berechnung der Korrelation zwischen den beiden Beispiel-Variablen werden die Standardabweichungen benötigt:

	N	Standardabweichung
Schulausbildung in Jahren	20	6,00
subjektive Schicht (Mittelwert)	20	,4959

Zusammen mit Spalte 5 der Tabelle 12.2, in der die Summe der zentrierten Produkte steht, ergibt sich:

$r = cov_{xy} / s_x s_y = (51,82/19) / (6,00 \cdot 0,4959) = 0,916$

Da der Maximalwert 1 ist, liegt also eine recht hohe Korrelation vor. Andererseits gibt es auch nur wenige Daten, nämlich 20, so dass zu erwarten ist, dass der Zufall noch einen großen Einfluss hat, weil nicht durch eine große Fallzahl ein Ausgleich von positiven und negativen Abweichungen stattfinden kann. Um abzuschätzen, ob diese Höhe der Korrelation signifikant vom Zufall abweicht, muss deshalb wieder eine Konfidenzintervall-Tabelle herangezogen werden. Für r gibt es ein spezielle Tabelle, in der diejenigen Werte von r eingetragen sind, die höchstens von $(1-\alpha) \cdot 100\ \%$ der Stichproben durch Zufall erreicht werden, also die oberen Grenzen des Konfidenzintervalls für r = 0. Wenn der empirisch ermittelte r-Wert darüber liegt, ist er signifikant.

Tabelle 12.3: „Zufallshöchstwerte" von r (Clauß 1995^2:407)

Freiheitsgrade	Irrtumswahrscheinlichkeit α			
	5%	1%	0,27%	0,1%
	Zufallshöchstwerte von r			
5	0,75	0,87	0,93	0,95
10	0,58	0,71	0,78	0,82
15	0,48	0,61	0,68	0,72
20	0,42	0,53	0,61	0,65
25	0,38	0,49	0,55	0,60
30	0,35	0,45	0,51	0,55
35	0,32	0,42	0,48	0,52
40	0,30	0,39	0,45	0,49
50	0,27	0,35	0,41	0,44
60	0,25	0,33	0,37	0,41
70	0,23	0,30	0,35	0,38
80	0,22	0,28	0,33	0,36
90	0,21	0,26	0,31	0,34
100	0,19	0,25	0,29	0,32
120	0,18	0,23	0,27	0,30
150	0,16	0,21	0,24	0,26
200	0,14	0,18	0,21	0,23
300	0,11	0,15	0,17	0,19
400	0,10	0,13	0,15	0,16
500	0,09	0,11	0,13	0,15

Die „Freiheitsgrade" für r, die in dieser Tabelle benötigt werden, haben den Wert n – 2, wenn n = Anzahl der Fälle ist. (durch die beiden Standardabweichungsberechnungen im Nenner gehen 2 „freie" Variationen der Daten verloren). Wie man sieht, kann r durch reinen Zufall recht hoch werden, wenn es von geringen Fallzahlen berechnet wird: Für n = 20, wie im Beispiel, also für 18

Freiheitsgrade, dürfen erst Werte ab etwa 0,46 als signifikanter Zusammenhang interpretiert werden (0,46 ermittelt als „Interpolation" für 18 Freiheitsgrade zwischen den 0,42 für 20 Freiheitsgrade und 0,48 für 15 Freiheitsgrade in der Tabelle 12.3).
Das Ergebnis einer Korrelationsberechnung in SPSS zeigt Tabelle 12.4:

Tabelle 12.4: Korrelationsausgabe in SPSS

Korrelationen

		Schulausbildung in Jahren	subjektive Schicht (Mittelwert)
Schulausbildung in Jahren	Korrelation nach Pearson	1,000	,916
	Signifikanz (2-seitig)	,	,000
	N	20	20
subjektive Schicht (Mittelwert)	Korrelation nach Pearson	,916	1,000
	Signifikanz (2-seitig)	,000	,
	N	20	20

12.3 Die Regressionsgerade

Als zweite Möglichkeit für die Berechnung des Zusammenhangs diene wieder die Verbesserung der Vorhersagequalität der ersten Variable, wenn Informationen über die zweite Variable herangezogen werden, also ein PRE-Maß. Um die Verbesserung der Vorhersagegüte messen zu können, muss man zunächst wieder ein Maß für die Vorhersagegüte definieren. Bei dieser Herangehensweise dienen wieder die bekannten Abweichungsquadrate als Maß, die schon für die Definition der Streuung definiert worden sind. Die erste Variable x sei die unabhängige Variable, die die zweite, abhängige Variable y beeinflusse. Wenn man nichts über die Ausprägung der unabhängigen Variable weiß, was sollte dann für die abhängige Variable vorhergesagt werden? Man wird für jeden Fall genau den Mittelwert vorhersagen, weil genau dann die Summe über alle Fehler, die man macht, die Summe der Abstandsquadrate ist, und die ist minimal gegenüber allen anderen Vorhersagen

(Kap. 6.3). Der Referenzwert, auf den sich jede Verbesserung der Vorhersage durch Hinzunahme der unabhängigen Variable bezieht, ist also

$$SAQ_y = \sum_{i=1}^{n} (y_i - \bar{y})^2$$
$$= \text{Vorhersagefehler ohne Berücksichtigung von X}$$

Der Referenzwert, auf den sich die Vorhersageverbesserung bezieht, sind also die Abstandsquadrate von y (Abbildung 12.4a)

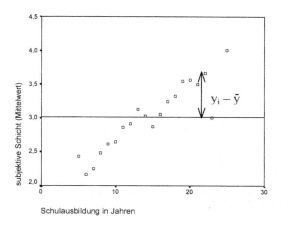

Abbildung 12.4a: Mittelwert als Referenz für die Residuen

Wie kann man nun die Vorhersage verbessern, wenn die unabhängige Variable einbezogen wird? Wenn die Mittelwertlinie etwas gekippt wird, kann man offenbar gleichzeitig alle eingezeichneten Abstände verkleinern. Wenn man allerdings zu weit kippt, werden die Abstände wieder größer. Das Verfahren wäre also, eine Gerade zu finden, bei der die eingezeichneten Abstandsquadrate in ihrer Summe gerade minimal werden (Abbildung 12.4b).

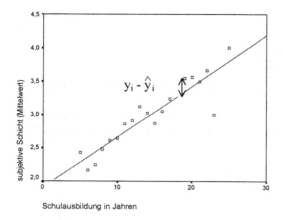

Abbildung 12.4b: Regressionsgerade als Referenz für die Residuen

Dazu muss die allgemeine Definition einer Gerade in einem Koordinatensystem herangezogen werden. Sie lautet:

Definition: Eine **Gerade** ist definiert durch die Formel
y = a + bx
a heißt der **Achsenabschnitt**, b die **Steigung**.

Steigt x um 1, so steigt y um b. Je größer b ist, desto steiler ist die Gerade; genauer ist b der Tangens des Steigungswinkels. Wenn eine solche Gerade y = a + bx mit kleinstem „Abstand" zu den Punkten des Streudiagramms gefunden worden ist, dann kann für jeden Wert der unabhängigen Variablen x_i eine Schätzung $\hat{y}_i$ anstelle des tatsächlichen y_i angegeben werden, indem man x_i in die Gleichung der Geraden einsetzt (das $^\wedge$ über dem y steht für einen aus einem mathematische Modell, hier einer Geraden, geschätzten y-Wert) :

$\hat{y}_i = a + b\, x_i$

Mit diesen Schätzwerten erhält man entsprechend als Maß für die Güte der Vorhersage unter Einbeziehung der unabhängigen Variablen

$$SAQ_{\hat{y}i} = \sum_{i=1}^{n}(y_i - \hat{y}_i)^2 = \sum_{i=1}^{n}(y_i - (a+bx_i))^2$$
= Vorhersagefehler mit Berücksichtigung von X

Mit den Mitteln der Differentialrechnung lassen sich nun die Werte für diejenige Gerade, die diese Abweichungen minimiert, berechnen. Es sind die folgenden

---

Die Abweichungsquadrate von der Regressionsgeraden werden genau dann minimal, wenn b und a folgende Werte haben:

$$SAQ_{\hat{y}} = \sum_{i=1}^{n}(y_i - \hat{y}_i)^2 = \sum_{i=1}^{n}(y_i - (a+bx_i))^2 = \text{Min!}$$

$$\Leftrightarrow b = \frac{\text{cov}_{xy}}{s_x^2}, a = \bar{y} - b\bar{x}$$

Definition: Die Gerade y = a + bx mit diesen Werten heißt **Regressionsgerade** und a und b die **Regressionskoeffizienten**.

Die Abbildung 12.4b zeigt die Regressionsgerade für die Beispiel-Daten. SPSS gibt folgende Werte aus für die Daten aus Tabelle 12.2, Spalte 1 und 2:

Koeffizienten

Modell		Nicht standardisierte Koeffizienten		Standardisierte Koeffizienten	T	Signifikanz
		B	Standardfehler	Beta		
1	(Konstante)	1,913	,122		15,626	,000
	Schulausbildung in Jahren	,076	,008	,916	9,695	,000

Der Wert für a wird dort mit „Konstante" bezeichnet und beträgt 1,913, und der Wert für b ist 0,07556 ≈ 0,076. Damit ergibt sich als Formel für die Regressionsgerade:
$\hat{y}_i = 1,913 + 0,076 \cdot x_i$
Mit ihr kann man alle Schätzwerte $\hat{y}_i$ berechnen, z.B.
$\hat{y}_1 = 1,913 + 0,076 \cdot 5 = 2,293$
$\hat{y}_2 = 1,913 + 0,076 \cdot 6 = 2,369$
In den folgenden Spalten der SPSS-Tabelle wird u.a. der Standardfehler für den Wert b, mit dem man ein Konfidenzintervall für b berechnen kann, und die Signifikanz von b ausgegeben. Wie für die in den vorigen Kapiteln besprochenen Maße üblich, bedeutet der Wert der Signifikanz in der letzten Spalte die Fehlerwahrscheinlichkeit bzw. das α-Niveau, zu dem b gerade noch signifikant von 0 verschieden ist. Hier ist α < 0,000... und damit b ganz sicher größer als 0, was gleichbedeutend damit ist, dass die festgestellte Steigerung der subjektiven Selbsteinschätzung durch längere Ausbildung auf die Grundgesamtheit aller Deutschen übertragbar ist.

12.4 Der Determinationskoeffizient

Wenn man mit diesen Formeln eine Regressionsgerade berechnet hat, kann man damit die Vorhersage der abhängigen Variable aus den Werten der unabhängigen beträchtlich verbessern. Die folgende Abbildung 12.5 zeigt das Residuum eines y_i-Wertes, seinen Abstand vom Mittelwert insgesamt, als Summe des Abstands des geschätzten Werts vom Mittelwert und des Abstands von $\hat{y}_i$ y_i von y_i Die Abweichung eines Wertes y_i vom Mittelwert lässt sich auf diese Weise zerlegen in einen durch die Regressionsgerade „vorhersagbaren" Teil und die dann noch verbleibende Abweichung, den unerklärten Rest:

$$(y_i - \bar{y}) = (y_i - \hat{y}_i) + (\hat{y}_i - \bar{y})$$

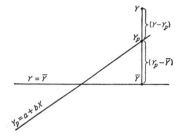

Abbildung 12.5: Residuenzerlegung (Blalock:407)

Die Fehler der Vorhersage, d.h. Abstände der vorhergesagten zu den tatsächlichen Datenpunkten, verkleinern sich offenbar durch die konstruierte Regressionsgerade. Was geschieht nun, wenn man nicht nur einen Datenpunkt, sondern die Summen der Abstandsquadrate, also die Varianzen, betrachtet? Hier ergibt sich dasselbe Resultat. Wenn man nämlich ausrechnet

$$\sum_{i=1}^{n}(y_i - \bar{y})^2 = \sum_{i=1}^{n}((y_i - \hat{y}_i) + (\hat{y}_i - \bar{y}))^2 =$$

$$\sum_{i=1}^{n}(y_i - \hat{y}_i)^2 + 2\sum_{i=1}^{n}(y_i - \hat{y}_i)(\hat{y}_i - \bar{y}) + \sum_{i=1}^{n}(\hat{y}_i - \bar{y})^2$$

ergibt sich, dass der mittlere Summand immer Null ist (Beweis: Hochstaedter:135), so dass am Ende folgende Formel steht:

$$\sum_{i=1}^{n}(y_i - \bar{y})^2 = \sum_{i=1}^{n}(y_i - \hat{y}_i)^2 + \sum_{i=1}^{n}(\hat{y}_i - \bar{y})^2$$

$SAQ_y = SAQ_{nicht\text{-}erklärt} + SAQ_{erklärt}$

Totale Summe Abstandsquadrate =
nicht-erklärte Abstandsquadrate + erklärte Abstandsquadrate

Mit Hilfe dieser Zerlegung wird nun eine weitere Maßzahl R^2, der Determinationskoeffizient, definiert, der die Verbesserung der Vorhersage durch die Regressionsgerade als Anteil der aufgeklärten SAQ misst.

Definition: Der **Determinationskoeffizient R^2** ist definiert als

$$R^2 = \frac{SAQ_{erklärt}}{SAQ_y} = \frac{SAQ_y - SAQ_{unerklärt}}{SAQ_y}$$

Wenn in der Zerlegungsformel alle Terme durch (n-1) dividiert werden, steht auf der linken Seite die Varianz $s^2_y = SAQ_y/(n-1)$. Deshalb spricht man bei dieser Formel auch von einer Zerlegung der Varianz in einen durch die Vorhersage erklärten Teil und einen nicht-erklärten Teil. Das Maß R^2 hat deshalb die folgende inhaltliche Interpretation: es ist der Anteil der Streuung in der abhängigen Variablen, gemessen mit der Varianz, der durch einen linearen Zusammenhang der beiden Variablen erklärt werden kann, es ist der „Anteil erklärter Varianz".

Die Berechnung von R^2 für die Beispiel-Daten geht wie folgt: zunächst müssen die "Residuen", die Abstände, die durch die Regressiongerade nicht erklärt werden, berechnet werden. Der erste geschätzte Wert, y_1, wurde oben berechnet: $\hat{y}_i = 2{,}293$; dieser Werte und die folgenden geschätzten Werte stehen in Spalte 3 der folgenden Tabelle 12.5. Der tatsächliche erste y-Wert ist 2,4286. Das bedeutet, der Abstand von der Regressionsgeraden ist $y_1 - \hat{y}_i = 2{,}486 - 2{,}293 = 0{,}1356$. Genau diese Residuen stehen für alle Fälle i in der Spalte 4 der Tabelle 12.5. Dann müssen diese Werte quadriert werden. Diese Werte stehen in der Spalte 5. Die Summe der Spalte 5 ist dann genau die Summe der Abstandsquadrate, die nicht erklärt sind, also

$SAQ_{nicht-erklärt} = 0{,}7510$

Tabelle 12.5: Berechnung der nicht erklärten SAQ

1 Schuljahre	2 Durchschnittl. subj. Schicht	3 Regression subj. Schicht	4 Residuen	5 nicht erklärte Abst.quadr.
5	2,4286	2,2930	0,1356	0,0189
6	2,1667	2,3690	-0,2023	0,0400
7	2,2500	2,4422	-0,1922	0,0370
8	2,4762	2,5179	-0,0417	0,0017
9	2,6146	2,5936	0,0210	0,0004
10	2,6463	2,6692	-0,0229	0,0005
11	2,8609	2,7449	0,1160	0,0135
12	2,9103	2,8206	0,0898	0,0081
13	3,1290	2,8962	0,2328	0,0542
14	3,0233	2,9719	0,0514	0,0026
15	2,8696	3,0475	-0,1780	0,0317
16	3,0476	3,1232	-0,0756	0,0057
17	3,2388	3,1989	0,0399	0,0016
18	3,3243	3,2745	0,0498	0,0025
19	3,5517	3,3502	0,2015	0,0406
20	3,5652	3,4259	0,1394	0,0194
21	3,5000	3,5015	-0,0015	0,0000
22	3,6667	3,5772	0,0895	0,0080
23	3,0000	3,6528	-0,6528	0,4262
25	4,0000	3,8042	0,1958	0,0384
Summe				0,751

Aus der Standardabweichung s_y von y, die 0,4959 beträgt (s. Kap 12.2), lässt sich Summe der Abstandsquadrate SAQ_y, das Referenzmaß zur Vorhersageverbesserung, berechnen (s. die Definition der Varianz s_y^2 in Kap. 6.3):

$$SAQ_y = s_y^2 \cdot (n-1) = 0{,}4959^2 \cdot 19 = 0{,}2459 \cdot 19 = 4{,}6721$$

Also ist der Determinationskoeffizient:

$$\begin{aligned} R^2 &= (SAQ_y - SAQ_{\text{nicht-erklärt}})/SAQ_y \\ &= (4{,}6721 - 0{,}7510)/4{,}6721 = 0{,}839 \end{aligned}$$

Das bedeutet, dass mit dieser Regressionsgerade fast 84% der Varianz von y erklärt werden kann. M.a.W.: die Variation des Mittelwerte der subjektiven Schichteinstufung wird zu 84% dadurch erklärt, dass die durchschnittliche subjektive Schichteinstufung pro weiterem Ausbildungsjahr um denselben Betrag zunimmt.

Ein so großes R^2 ist für sozialwissenschaftliche Daten ungewöhnlich. I.A. gelten, wie für die anderen Maße auch, Werte von über 0,3 als gut bestätigte Zusammenhänge, Werte von über 0,7 als sehr gut.

SPSS gibt den Wert von R^2 bei der Regressionsgeraden-Berechnung mit aus (in der dritten Spalte):

Modellzusammenfassung

Modell	R	R-Quadrat	Korrigiertes R-Quadrat	Standardfehler des Schätzers
1	,916[a]	,839	,830	,2043

[a] Einflußvariablen: (Konstante), Schulausbildung in Jahren

Bisher wurden als Beispiel-Daten zur Veranschaulichung veränderte Rohdaten verwendet, nämlich jeweils der Mittelwert der subjektiven Schichteinstufung, der sich für alle Personen mit derselben Ausbildungsdauer ergibt. Mit den tatsächlichen Individualdaten, in der jede Person einzeln mit ihrer subjektiven Schichteinstufung von 1 bis 5 eingeht, ergibt sich ein viel schwächerer Zusammenhang:

Modellzusammenfassung

Modell	R	R-Quadrat	Korrigiertes R-Quadrat	Standardfehler des Schätzers
1	,375[a]	,141	,140	,61

[a] Einflußvariablen: (Konstante), DAUER DER SCHULAUSBILDUNG IN JAHREN

Die Koeffizienten der Regressionsgerade bleiben jedoch in etwa gleich:

Koeffizienten

Modell		Nicht standardisierte Koeffizienten		Standardisierte Koeffizienten	T	Signifikanz
		B	Standardfehler	Beta		
1	(Konstante)	1,784	,042		42,990	,000
	DAUER DER SCHULAUSBILDUNG IN JAHREN	,088	,004	,375	22,265	,000

Das Streudiagramm der individuellen Daten sieht ungewöhnlich aus und zeigt, dass die Schicht-Einstufungsskala nur unter Vorbehalt als metrisch anzusehen ist. Denn da die Skala der subjektiven Schichteinstufung nur 5 Werte aufweist, können die Punkte im Streudiagramm, die den Ort jedes Individuums anzeigen, auch nur auf den zugehörigen 5 parallelen Linien liegen (Abbildung 12.5):

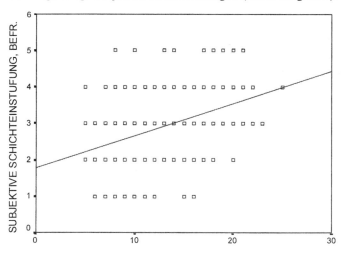

Abbildung 12.6: Streudiagramm und Regressionsgerade von Ausbildungsjahren und subjektiver Schichteinstufung

Dieser beträchtliche Unterschied zwischen der Analyse der Individualdaten und der oben zusammengefassten Daten demonstriert, weshalb gerade in den Sozialwissenschaften ganz prinzipiell keine besonders hohen Korrelationen und Determinationskoeffizienten zu erwarten sind: die individuellen Streuungen sind immer recht hoch, sowohl bei univariaten als auch bei bivariaten Verteilungen. Welcher Schicht man sich zugehörig fühlt, ist eben im realen Leben niemals nur von einer einzigen Variablen wie der Ausbildungsdauer, sondern von einer Vielzahl von Einflüssen abhängig, die zusätzlich ständigen Veränderungen unterliegen. Aus diesem Grunde ist es für die Sozialwissenschaften schon ein Erfolg, wenn sie die Varianz einer abhängigen Variable zu 30% aufklären kann, d.h. einen Determinationskoeffizienten von $R^2 = 0,3$ erreicht.

12.5 Die Beziehung zwischen Korrelation r, Regressionskoeffizient b und R^2

Die Korrelation wird mit r und der Determinationskoeffizient mit R^2 bezeichnet. Es besteht im bivariaten Fall in der Tat genau diese Beziehung zwischen den beiden, dass der Determinationskoeffizient das Quadrat der Korrelation ist. Das soll im folgenden kurz gezeigt werden.

$$\hat{y}_i = a + bx_i, \overline{y} = a + b\overline{x} \Leftrightarrow \hat{y}_i - \overline{y} = b(x_i - \overline{x})$$

$$\Leftrightarrow \sum_{i=1}^{n}(\hat{y}_i - \overline{y})^2 = b^2 \sum_{i=1}^{n}(x_i - \overline{x})^2 \text{, mit } b = \frac{\text{cov}_{xy}}{s_x^2}$$

$$\Leftrightarrow \sum_{i=1}^{n}(\hat{y}_i - \overline{y})^2 = \frac{\text{cov}_{xy}^2}{s_x^2 s_x^2} \sum_{i=1}^{n}(x_i - \overline{x})^2$$

$$\Leftrightarrow R^2 = \frac{\sum_{i=1}^{n}(\hat{y}_i - \overline{y})^2}{\sum_{i=1}^{n}(y_i - \overline{y})^2} = \frac{cov_{xy}^2}{s_x^2 s_x^2} \cdot \frac{\sum_{i=1}^{n}(x_i - \overline{x})^2}{\sum_{i=1}^{n}(y_i - \overline{y})^2}$$

$$= \frac{cov_{xy}^2}{s_x^2 s_x^2} \cdot \frac{s_x^2(n-1)}{s_y^2(n-1)} = \frac{cov_{xy}^2}{s_x^2 s_y^2} = r^2$$

Damit gilt die inhaltliche Interpretation des Determinationskoeffizienten R^2 als Prozentsatz der aufgeklärten Varianz ebenso für das Quadrat der Korrelation, r^2.

12.6 Rang-Korrelation

Es gibt ein weiteres Korrelationsmaß, das für Ordinaldaten konstruiert ist, also eigentlich ein Rangkorrelationsmaß ist und in das vorherige Kapitel gehört. Es erscheint aber in diesem Kapitel, weil es wegen seiner Berechnungsmethode eher zu den hier behandelten Maßen passt. Es vergleicht nämlich die Distanz der Rangplätze der beiden Merkmale, die sie für jeden Fall aufweisen, und behandelt diese Distanzen als metrische Abstände d:

$d_i = x_i - y_i$ mit x_i, y_i = Rangplatz des Merkmals X bzw. Y für Fall i

Als Beispiel dienen Daten aus dem letzten Kapitel (11.1), die ein Beispiel für drei verschiedene Möglichkeiten des Zusammenhangs zwischen Schulbildung und politischem Interesse bieten. Schulbildung hat die Ränge 1 bis 5 (kein Abschluss bis Abitur) und politisches Interesse ebenso von 1 bis 5 (sehr wenig bis sehr viel). In Tabelle 12.6 sind für die drei Möglichkeiten perfekter positiver (Spalte 2), perfekter inverser (3) und u-förmiger Zusammenhang (4) die jeweiligen Rangplatzdifferenzen aufgelistet.

Tabelle 12.6: Rangplatzdifferenzen

Schul-niveau (1)	Polit. Inter. (2)	$d_i =$ (1)- (2)	Polit. Inter. (3)	$d_i =$ (1)- (3)	Polit. Inter. (4)	$d_i =$ (1)- (4)
1	1	0	5	4	1	0
2	2	0	4	2	2	0
3	3	0	3	0	5	2
4	4	0	2	2	4	0
5	5	0	1	4	3	2

Mit diesen Differenzen wird folgendes Maß berechnet:

Definition: Der **Spearmansche Rangkorrelationskoeffizient r_s** ist

$$r_s = 1 - \frac{6 \sum_{i=1}^{n} d_i^2}{n(n^2 - 1)}$$

Für die drei Zusammenhänge ergibt sich:

$r_s((1) \text{ und } (2)) = 1$
$r_s((1) \text{ und } (3)) = 1 - 6(16+4+0+4+16)/(5(25-1))$
$\qquad\qquad\qquad = 1 - 240/120 = -1$
$r_s((1) \text{ und } (4)) = 1 - 6(0+0+4+0+4)/5(25-1)) = 1 - 48/120 = 0,6$

r_s schwankt ebenfalls zwischen -1 und $+1$ mit den bekannten Bedeutungen. Dieses Maß wird oft eingesetzt, um festzustellen, wie weit Beurteilungen voneinander abweichen. Dann bilden die Urteile der Gutachter die Merkmale, und die Begutachteten sind die Fälle. Es seien z.B. Universitäten begutachtet worden und bzgl. der Betreuung der Studierenden durch zwei verschiedene Begutachtungskommissionen in eine Rangreihe gebracht worden, mit folgendem Ergebnis:

Tabelle 12.7: Rangreihen von zwei verschiedenen Gutachtern

Universität	Gutacht. 1	Gutacht. 2	d_i^2
A	1	3	4
B	2	1	1
C	3	2	1
D	4	5	1
E	5	4	1

Der Rangkorrelationskoeffizient ist dann
$r_s = 1 - 6 (1+1+1+1+4) / 5 (25-1) = 1 - 48/120 = 1-0,4 = 0,6$
und zeigt eine mittlere Übereinstimmung an.

Der entscheidende Unterschied dieses Maßes zu den anderen Rangkorrelationsmaßen aus Kap. 11 ist, dass es hier etwas ausmacht, wie viel Kategorien die Differenz bilden, wenn sich zwei Fälle unterscheiden, d.h. es wird nicht nur darauf geachtet, wie bei den anderen Maßen, ob die Relation zwischen den Kategorien dann kleiner oder größer ist, sondern auch, wie viele Kategorien kleiner oder größer. Das Paar (A,C) z.B. würde bei allen Maßen aus Kap. 11 das gleiche Gewicht bekommen wie das Paar (D,C), nämlich beide würden als ein discordantes Paar in die Berechnung eingehen. In der Spearmanschen Berechnungen bekommt das Paar (A,C) aber erheblich mehr Gewicht, weil die Rangunterschiede dort doppelt so hoch sind wie beim Paar (D,C). Der Spearmansche Koeffizient interpretiert so in die Ordnung der Kategorien einen Abstand hinein, der über die strikt ordinale Datenqualität hinausgeht und die Daten über die Rangreihen der Kategorien intervallskaliert. Er liegt deshalb i.A. auch immer über den Werten der anderen Rangkorrelationsmaße, ausgenommen γ, das ja nur eine eingeschränkte Zahl Paare berücksichtigt.

Wenn nun die Daten nach ordinalen Merkmalen geordnet sind, gibt es natürlich wieder das Problem der Ties, d.h. hier, dass in einer Rangliste eine Reihe von Fällen als gleich beurteilt wurden. Dann erfolgt die Zuordnung der Ränge zu den Fällen nicht über die Ränge der Merkmalskategorien. Vielmehr werden zunächst grundsätzlich genau so viele Rangplätze verteilt, wie Fälle da sind. Haben dann eine Reihe von Fällen dieselbe Kategorie, sind also gebunden, so erhalten sie den Rangplatz, der dem Durchschnittswert ihrer Ränge entspricht. Ein Beispiel:

Fall	Kategorie	Rangplatz	Rangpl. f. Berechnung
1	1	1	1
2	2	2	2,5 = (2+3)/2
3	2	3	2,5 = (2+3)/2
4	3	4	5 = (4+5+6)/3
5	3	5	5 = (4+5+6)/3
6	3	6	5 = (4+5+6)/3
7	4	7	7

Da eine große Zahl solcher Ties den Koeffizienten wiederum nicht die gewünschte Skala von −1 bis + 1 annehmen lässt, gibt es dann noch eine Korrekturformel, die bei Vorhandensein von Ties angewendet werden muss (s. z.B. Clauß 1995^2:78).

Als Beispiel für die Rangkorrelation folgt die SPSS-Berechnung des Spearmanschen Koeffizienten für die beiden Merkmale aus Kap. 11.4 (s. die dortige Tabelle 11.2 zum Vergleich):

Symmetrische Maße

		Wert	Asymptotischer Standardfehler	Näherungsweises T	Näherungsweise Signifikanz
Ordinal- bzgl. Ordinalmaß	Kendall-Tau-b	-,246	,014	-17,271	,000
	Kendall-Tau-c	-,222	,013	-17,271	,000
	Gamma	-,361	,020	-17,271	,000
	Korrelation nach Spearman	-,284	,016	-17,087	,000
Anzahl der gültigen Fälle		3319			

Man sieht, dass Spearmans Koeffizient höher liegt als die τ's, sogar so hoch, dass er außerhalb des 95% - Konfidenzintervalls z.B. von τ_b fällt. Er unterscheidet sich also signifikant von den anderen Werten, weil er eine höhere Datenqualität annimmt, als eigentlich vorhanden ist.

12.7 Übersicht über alle Zusammenhangsmaße

Die folgende Übersicht Tabelle 12.8 stellt alle behandelten Zusammenhangsmaße in einer Tabelle dar. Wie gezeigt worden ist, sind die Maße für Daten mit Nominal- und Ordinalskalenqualität uneinheitlicher, problematischer und inhaltlich schwieriger zu interpretieren als die Maße für metrische Daten. Das ist einer der Gründe, weshalb auch in den Sozialwissenschaften möglichst immer Intervallskalenniveau angestrebt wird, bei dem dann die Zusammenhänge eindeutiger zu beschreiben sind. Da aber gerade soziale Daten oft dieses Niveau nur unter fragwürdigen Annahmen erreichen, sollte man im Zweifelsfall auch immer in der Lage sein, die anderen Maße auf die Daten anzuwenden, und sei es nur deshalb, um die Ergebnisse, die unter der Annahme von Intervallskalenqualität gewonnen wurden, gegen Einwände bzgl. ihrer Skalenqualität abzusichern. Nur in seltenen Fällen werden sich dabei die Ergebnisse widersprechen.

Tabelle 12.8: *Übersicht über die Zusammenhangsmaße*

Maß	Interpretation	Formel	Voraussetzungen	Vorteile	Nachteile
I Intervallskalierte Daten					
Pearsons und Breavis Korrelationskoeffizient r	Kovarianz	$r = \dfrac{ss_{xy}}{s_x s_y} = \sqrt{\dfrac{\left(\sum(x-\bar{x})(y-\bar{y})\right)^2}{\sum(x-\bar{x})^2 \sum(y-\bar{y})^2}}$	lineare Beziehung der Daten	$-1 < r < 1$ Produkt-Moment-Koeffizient	
Determinationskoeffizient R^2	PRE-Interpretation	$SAQ_{\text{erklärt}} / SAQ_y$	lineare Beziehung der Daten	Prozent erklärter Varianz	$0 < R^2 < 1$
II Nominalskalierte Daten					
Chi-Quadrat χ^2	Abweichung von Unabhängigkeit	$\chi^2 = \sum_{i,j} \dfrac{\left(n_{ij} - \tilde{n}_{ij}\right)^2}{\tilde{n}_{ij}}$	erwartete Zellhäufigkeit > 5; für df = 1 Korrekturfaktor	Fläche unter Kurve exakt bestimmbar	Größe abhängig von N
Phi Φ	basiert auf χ^2	$\Phi = \dfrac{(ad-bc)}{\sqrt{klmn}}$, $\Phi = \sqrt{\dfrac{\chi^2}{N}}$	Vierfeldertafel	Produkt-Moment-Koeffizient	keine Interpretation

Kontingenz-koeffizient C	basiert auf χ^2	$C = \sqrt{\dfrac{\chi^2}{N+\chi^2}} = \sqrt{\dfrac{\Phi^2}{1+\Phi^2}}$		bleibt immer kleiner als 1
Cramers V	basiert auf χ^2	$V = \sqrt{\dfrac{\chi^2}{N \cdot \min(r-1, s-1)}}$	nur für nichtquadratische Tabellen	keine Interpretation
Lambda λ	PRE-Maß (auf der Basis der Modalwerte)	$\lambda = \dfrac{\left(\sum d_u\right) - D_a}{N - D_a}$	Abhängige und unabge. Variable muss identifiziert werden.	hat intuitive Bedeutung (% Fehlerreduktion)	=0 auch, wenn ein Zusammenhang besteht
Goodmann-Kruskals τ	PRE-Maß (auf der Basis von Zufallszahlen)				Kann nicht per Hand ausgerechnet werden.

III Ordinalskalierte Daten

			Kann als PRE-Maß interpretiert werden	Lässt Asymmetrie unberücksichtigt
Gamma γ	paarweiser Vergleich	$\gamma = \dfrac{N_c - N_d}{N_c + N_d}$		
Tau Maße : τ_β	paarweiser Vergleich	$\tau_\beta = \dfrac{N_c - N_d}{\sqrt{N_c + N_d + T_x} \cdot \sqrt{N_c + N_d + T_y}}$	Bestes Maß gegenseitiger Assoziation.	Begrenzte PRE-Interpretation
Tau Maße : τ_γ	paarweiser Vergleich	$\tau_\gamma = \dfrac{N_c - N_d}{\frac{1}{2} N^2 \cdot \frac{m-1}{m}}$	Wie τ_β, aber für Tabellen beliebiger Dimension	
Somers d_{xy}, d_{yx}	paarweiser Vergleich	$d_{xy} = \dfrac{N_c - N_d}{N_c + N_d + T_x}$, $d_{yx} = \dfrac{N_c - N_d}{N_c + N_d + T_y}$	Paare mit gemischter Bindung werden ausgeschlossen.	

12.8 Korrelation ist nicht Kausalität

Ein grundsätzliches Problem, das nicht nur die metrischen, sondern alle Zusammenhangsmaße betrifft, ist der Unterschied zwischen Korrelation und Kausalität, bzw. allgemeiner zwischen einem statistischen und einem inhaltlichen Zusammenhang. Wenn man statistisch misst, dass zwei Variable zusammenhängen, dann könnte man versucht sein, diesen Zusammenhang dafür zu nutzen, durch Veränderung der einen Variable auf die andere Variable Einfluss zu nehmen. Das gelingt nur, wenn der statistische Zusammenhang einen tatsächlichen Ursache – Wirkungs - Zusammenhang beschreibt. Es gibt drei mögliche Fehlerquellen, die dazu führen können, dass das nicht so ist.

1. Zufall: mit Datenbeständen, die groß genug sind, und nach einer Anzahl von statistischen Untersuchungen, die ebenfalls groß ist, wird man immer irgendwann irgendeinen Zusammenhang feststellen. Das liegt daran, dass man i.A. nur ein 95% - Konfidenzintervall nimmt und deshalb die eine oder andere statistische Maßzahl eben doch einen Zusammenhang anzeigt, obwohl sie nur zufällig zustande gekommen ist (in durchschnittlich 1 von 20 Fällen bei einem α-Niveau von 5%).

2. Richtung: Man kann über die Richtung des Zusammenhangs nichts wissen. Beeinflusst das Bildungsniveau die Schichteinstufung oder umgekehrt? Es kann einerseits sein, dass man über die Ausbildung einen Beruf erlangen kann, der in eine bestimmte gesellschaftliche Schicht führt. Andererseits kann es aber auch sein, dass man die gesellschaftliche Schicht des Elternhauses „geerbt" hat, etwa durch Vererbung eines Hofes oder einer Firma, und dieses Erbe notwendig mit einem bestimmten Bildungsniveau verbunden ist, etwa, um die Firma leiten zu können. In diesem Fall hat die Schichtzugehörigkeit das Bildungsniveau bestimmt und nicht umgekehrt. Ohne eine Theorie kann man nicht bestimmen, was Ursache und was Wirkung ist.

3. Scheinkausalität: Die dritte Art des Zusammenhangs ist jedoch die häufigste und gefährlichste. Sie heißt Scheinkausalität. Sie kommt dadurch zustande, dass zwei Merkmale sich zwar in derselben Weise ändern, dass sie aber untereinander gar keine Ver-

bindung haben, sondern beide mit einem dritten Merkmal verbunden sind, das eine Beziehung zu jedem der beiden ersten Merkmale besitzt.

Zwei der bekanntesten Beispiele dafür: einmal die frühere Vermutung, dass Frauen besser Auto fahren, weil sie weniger Unfälle machen. Die Anzahl der Unfälle pro Frau und pro Mann sind unterschiedlich, und zwar signifikant. Beides liegt aber an einer dritten Variable: der Anzahl der gefahrenen km pro Person. Vor allem im LKW-Verkehr, aber auch in vielen Angestelltenberufen überwiegen die Männer, also gerade in Berufssparten, in denen sehr viel Auto gefahren wird. Die dritte Variable, die unerkannt im Spiel ist, sind also die gefahrenen km. Die Unfallhäufigkeit wird um so größer, je mehr km gefahren werden. Ebenso hängt das Geschlecht mit den gefahrenen km zusammen: Frauen fahren im Durchschnitt pro Person weniger Auto. Es verhindert also keine Unfälle, wenn man alle LKW-Fahrer durch LKW-Fahrerinnen ersetzen, denn dann müssen die Frauen genau so viele km fahren.

Das zweite Beispiel dieser Art beweist, dass tatsächlich der Storch die Kinder bringt. In einer Untersuchung in Finnland am Anfang des Jahrhunderts wurde nachgewiesen, dass in Gegenden, in denen viele Störche gesichtet wurden, auch prozentual mehr Kinder geboren wurden als in Gegenden, in denen die Störche rar waren. Es wird nun ebenso wenig nützen, wieder mehr Störche anzusiedeln, um die sinkenden Geburtenzahlen aufzufangen. Denn auch hier ist eine dritte Variable im Spiel, die auf die beiden untersuchten jeweils einwirkt, so dass es aussieht, als wären sie selbst verbunden. Es ist die Urbanisierung, also die Tatsache, dass immer mehr Menschen in städtischen Ballungsgebieten leben. In diesen Gebieten sinkt sowohl die Zahl der Störche, weil ihnen Nistplätze fehlen. In diesen Gebieten sinkt aber ebenfalls die Geburtenrate, aus verschiedene Gründen, u.a. bessere Freizeitangebote, freiere Moralvorstellungen, höhere Scheidungsraten usw.

Um diese Effekte auch statistisch weiter aufzuklären, muss man offensichtlich anfangen, nicht nur zwei, sondern mindestens drei oder noch mehr Variable gemeinsam statistisch zu untersuchen. Das ist der Hauptgegenstand einer weiterführenden Veranstaltung Statistik II mit dem Thema der multivariaten Statistik.

Die Beispiele zeigen, dass die Statistik tatsächlich nur ein Hilfsmittel bleibt, auch wenn sie eine genauere Beschreibung empirischer Sachverhalte ermöglicht. Ohne eine gehaltvolle Theorie über die untersuchten Zusammenhänge nützen statistisch ermittelte Kennzahlen nichts. Aber ohne die statistischen Hilfsmittel kann man auch keine Theorie an empirischen Daten überprüfen. Dass diese Möglichkeit der Überprüfung nicht auf Scharlatanerie beruht, sondern auf nachvollziehbaren Berechnungen, sollte dieses Buch vermitteln. Man kann zwar aus statistischen Berechnungen zu verschiedenen Schlüssen gelangen. Man denke an die verschiedenen Sicherheitsniveaus oder an die in diesem Kapitel demonstrierte Möglichkeit, statt mit den Originaldaten mit daraus berechneten Werten zu rechnen. In diesem Buch sollte ein bisschen von dem Handwerkszeug vermittelt worden sein, um statistische Werte, die man anzweifelt, immanent mit statistischem Verständnis und mit den Mitteln der Statistik selbst zu hinterfragen. Man hat das auch einmal „statistical literacy" genannt.

Weitere Literatur zu diesem Kapitel: Clauß u.a. 1995^2: 74-77, 85-90, 299-309, Hochstädter 128-138, Kühnel/Krebs: 382-443

Übungsaufgaben:
Die folgende Tabelle enthält die Größe verschiedener Wohnungen in Dresden (in qm) und die monatliche Miete, die für diese Wohnungen bezahlt werden muss (in DM).

qm	55	30	95	70	110	85	140	65
Miete	690	350	850	1200	1450	1050	1600	650

1. Berechnen Sie die Standardabweichung der Variablen „qm" und „Miete" und ihre Kovarianz. Bestimmen Sie mit diesen Angaben die Größe der Korrelation zwischen Wohnungsgröße und Miete dieser 8 Fälle. Können Sie das Ergebnis verallgemeinern?
2. Um wie viel DM steigt die Miete „durchschnittlich" pro qm?

Literatur

Benninghaus, H. (1990): Einführung in die sozialwissenschaftliche Datenanlyse. München: Oldenbourg

Blalock, H.M. (1979): Social Statistics. N.Y. : McGraw-HillBortz, J. (1989): Statistik für Sozialwissenschaften. Berlin: Springer

Clauß, G., Ebner, H. (1992)^7: Statistik für Soziologen, Pädagogen, Psychologen und Mediziner. Thun: Harri Deutsch

Clauß, G., Finze, F., Partzsch, L. (1995)^2: Statistik. Für Soziologen, Pädagogen, Psychologen und Mediziner. Thun: Harri Deutsch

Diekmann, A. (1995): Empirische Sozialforschung. Reinbek: Rowohlt

Eckey, H.-F., Kosfeld, R., Dreger, C. (2000)^2: Statistik. Grundlagen, Methoden. Beispiele. Wiesbaden: Gabler

Ehrenberg, A. (1986): Statistik oder der Umgang mit Daten. Weinheim: VCH

Engel, A., Möhring, M., Troitzsch, K. (1995): Sozialwissenschaftliche Datenanalyse. Mannheim: BI Wissenschaft

Fahrmeir, L. u.a. (1999)^2: Statistik. Der Weg zur Datenanalyse. Berlin: Springer

Healey, Joseph F., Babbie, E.; Halley, F. (1997): Exploring Social Issues. Using SPSS for Windows. Thousand Oaks

Hochstädter, D. (1996)^8: Statistische Methodenlehre. Thun: Harri Deutsch

Kern, H. (1982): Empirische Sozialforschung. Ursprünge, Ansätze, Entwicklungslinien. München:Beck

Knapp, T. (1996): Learning Statistics Through Playing Cards. London: Sage

Krämer, W. (1992)^2: Statistik verstehen. Eine Gebrauchsanweisung. Frankfurt: Campus

Kraul, M., Troitzsch, K., Wirrer, R. (1995): Lehrerinnen und Lehrer an Gymnasien. Ms. Halle, April 1995

Kühnel, S., Krebs, D. (2001): Statistik für Sozialwissenschaften.. Reinbek:rowohlt

Liebetrau, A. (1983): Measures of association. London: Sage

Lüdemann, C. (1995): Ökologisches Handeln und Schwellenwerte. Ergebnisse einer Studie zum Recycling-Verhalten. In: Zuma-Nachrichten 37:63-75

Mohr, L.B. (1990): Understanding Significance Testing. London: Sage

Roeser, J. (1995): Was Frauen und Männer vor dem Bildschirm erleben. Düsseldorf

Sachs, L. (1982): Statistische Methoden. Berlin: Springer

Schlittgen, R. (1996)^6: Einführung in die Statistik. München: Oldenbourg

Sensch, J. (1995): Statistische Modelle in der Historischen Sozialforschung I: Allgemeine Grundlagen – Deskriptivstatistik – Auswahlbibliographie. HSR-Historical Social Research Supplement Nr. 7 (1995)

Sixtl, F. (1993): Der Mythos des Mittelwerts. Neue Methodenlehre der Statistik. München: Oldenbourg

Thome, H. (1990): Grundkurs Statistik für Historiker Teil II: Induktive Statistik und Regressionsanalyse. HSR - Historical Social Research Supplement Nr. 3 (1990)

Thome, H. (1989): Grundkurs Statistik für Historiker Teil I: Deskriptive Statistik. HSR - Historical Social Research Supplement Nr. 2 (1989)

Lösungen zu den Übungsaufgaben

Kapitel 3

1. a) nominal, b) intervall, c) nominal (kann man nicht mit rechnen!), d) ordinal (es gibt allerdings in der Schulleistungsmessung eine intensive Diskussion über die Skalenqualität der 6 deutschen Stufen; meist werden Punktesysteme zusätzlich eingesetzt, um intervallskalierte Schulleistungen zu erhalten), e) intervall, f) rational, g) nominal, h) rational (aber diskret!).

2. a) Einkommen in DM – metrisch, quantitativ, stetig
   Gering-/Normal-/Besserverdiener - ordinal, qualitativ, diskret
   b) Anzahl Stunden – metrisch quantitativ, stetig
   allein, in der Gruppe, mit Nachhilfe – ordinal, qualitativ, diskret
   c) km/h – metrisch, quantitativ, stetig
   Zügig, normal, mit Pausen - ordinal, qualitativ, diskret
   d) Anzahl Zigaretten / Tag – metrisch, quantitativ, stetig
   kein Raucher, Gelegenheitsraucher, Raucher, Kettenraucher – ordinal, qualitativ, diskret

Kapitel 4

1. a)

Stundenzahl	Abs. Häuf.	Rel. Häuf.
0	2	0,1
4	2	0,1
6	3	0,15
12	2	0,1
16	3	0,15
20	4	0,2
30	2	0,1
40	2	0,1
SUMME	20	1

b)

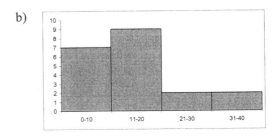

2.

Video / Bestanden?	Nein	Ja	SUMME
Nicht gesehen	6	4	10
Einmal gesehen	3	7	10
Zweimal gesehen	2	8	10
SUMME	11	19	30

Kapitel 5

1. a) Modus, b) Modus, Median, Mittelwert, c) Modus, Median, d) Modus, Median

2. Wenn die Datensätze vereinigt werden, lässt sich der Mittelwert der neuen Verteilung berechnen, indem der Mittelwert aus den zwei Teilgruppen gemittelt wird:

$$\overline{x} = \frac{5 \cdot 100 + 10 \cdot 100}{200} = 7,5$$

Ein neuer Median oder Modus kann nicht bestimmt werden, da man nicht weiss, wie das Merkmal in den Ausgangsdatensätzen verteilt ist.

Kapitel 6

1. Da hier 20 Daten vorliegen, umfasst jedes Quartil genau 5 Fälle. Deshalb ist der Wert des 1. Quartils genau der zwischen dem Wert des 5. und des 6. Fall gemittelte Wert und der Wert des 3. Quartils entsprechend der zwischen dem Wert des 15. und 16. Falls gemittelte Wert. Da Fall 5 und 6 beide den Wert 6 haben, ist auch $Q_1 = 6$, ebenso folgt $Q_3 = 20$. Dann muss der Quartilsabstand $Q_A = (20-6)/2 = 7$ sein. $Q_A = 7$ bedeutet, dass der Fernsehkonsum der im mittleren Bereich liegenden 50% der Befragten um bis zu 14 h unterschiedlich ist.

2. Mittelwert der Ursprungsdaten = 4,0625, Standardabweichung der Ursprungsdaten = 2,1438

x	x standardisiert.
1	(1 – 4,0625) / 2,1438 = -1,429
2	(2 – 4,0625) / 2,1438 = -0,962
3	(3 – 4,0625) / 2,1438 = -0,496

4	$(4 - 4{,}0625) / 2{,}1438 = -0{,}029$
5	$(5 - 4{,}0625) / 2{,}1438 = 0{,}437$
6	$(6 - 4{,}0625) / 2{,}1438 = 0{,}904$
7	$(7 - 4{,}0625) / 2{,}1438 = 1{,}370$

Kapitel 7
1. Für N(0,1) liegt der z_α-Wert für α = 95% bei 1,645 (Tabelle 7.2), darüber liegen die eifrigsten 5%. Die Rücktransformation auf die in der Aufgabe vorgegeben N(10,6) lautet 1,645 · 6+ 10 = 19,87.
Die Studentin musste sich also fast 20 Stunden vorbereiten, um zu den eifrigsten 5% der Studierenden zu gehören.
2. a) Für einen Frauenanteil von p= 0,2 ergibt sich nach Tabelle 7.5 der Binomialverteilung für Stichproben der Größe n = 20 ein Wert von 0,002 = 0,2% für den Anteil der Stichproben mit genau k = 10 zehn Frauen.
b) Ein Frauenanteil von 0,7 entspricht einem Männeranteil p = 0,3. Nach derselben Tabelle ergibt sich ein Wert von 0,03 = 3,1% für den Anteil von Stichproben mit genau 10 Männern, also ebenfalls 10 Frauen (bei einer Gesamtzahl von 20) in der Stichprobe.

Kapitel 8
1.a) Die Wahrscheinlichkeit, bei einem Würfelwurf eine bestimmte Zahl zu erzielen, liegt bei 1/6. Durch die Bedingung eines logischen "Oder" werden die Wahrscheinlichkeiten, beim ersten Wurf eine 5 "oder" eine 6 zu werfen, addiert; die Gesamtwahrscheinlichkeit beträgt daher 2/6 =1/3.
b) Es existieren insgesamt drei Möglichkeiten, mit zwei Würfelwürfen eine Summe von mehr als oder gleich 11 zu erreichen: durch eine Fünf beim ersten und eine Sechs beim zweiten Wurf, durch die umgekehrte Situation sowie durch zwei Sechsen. Die Gesamtzahl aller möglichen verschiedenen Ergebnisse bei zwei hintereinander folgenden Würfen ist 36. Da die relative Häufigkeit gleich der Wahrscheinlichkeit ist, ist die gesuchte Wahrscheinlichkeit 3/36 = 1/12.
2. Die z-Transformation des Werts 133 ergibt (133 − 100) / 20 = 1,65. Bis zu diesem Wert liegen unter der Standardnormalvertei-

lung 95 % der Fläche (S.131), und genauso auch bei der Normalverteilung N(100,20). Dementsprechend liegt die Wahrscheinlichkeit auf einen IQ >= 133 bei 100 - 95 = 5%.

Kapitel 9
1. Es müssen zunächst die Standardfehler berechnet werden:

Standardfehler West $s_{West} = 1{,}467/\sqrt{2284} = 1{,}467/47{,}79 = 0{,}0307$.

Standardfehler Ost $s_{Ost} = 1{,}512/\sqrt{1081} = 1{,}512/32{,}88 = 0{,}046$.

Damit ergeben sich folgende Konfidenzintervalle:

West: [-1,96·0,0307+3,92;3,92+0,0307·1,96]= [3,86 ; 3,98]
Ost: [-1,96·0,046+3,35;3,35+0,046·1,96] =   [3,26 ; 3,44].

Die Mittelwerte der beiden Ländergruppen unterscheiden sich signifikant zum Niveau 5% von einander auch in der Grundgesamtheit, da die Mittelwerte der einen Gruppe jeweils außerhalb des 95%- Konfidenzintervalls des Mittelwertes der anderen Gruppe liegen.

2. Hier muss nach LaPlace approximiert werden:

$$B(2102;0{,}048) \approx N(0{,}048; \sqrt{\frac{0{,}048(1-0{,}048)}{2102}}) \approx N(0{,}048; 0{,}0047)$$

Für das 95%-Konfidenzintervall gilt dann:
[-1,96·0,0047+0,048;1,96·0,0047+0,048] = [0,0388;0,0572]
d.h. mit 95% Sicherheit liegt der Anteil der „pessimistischen" Jugendlichen zwischen 3,88% und 5,72% (in absoluten Zahlen: zwischen 81 und 120).

Kapitel 10
1.

$$\phi = \frac{|507 \cdot 334 - 982 \cdot 368|}{\sqrt{(507+368)(982+334)(507+982)(368+334)}} = -0{,}175$$

$$\chi^2_{emp} = n \cdot \Phi^2 = 2191 \cdot -0{,}175^2 = 67{,}4$$

Der Zusammenhang ist nicht zufällig, da $\chi^2_{emp} = 67,4 > 3,84 = \chi^2_1$. Aber er ist schwach, da Φ klein ist.

2. Die Behauptung kann durch die vorliegenden Daten nicht gestützt werden, da hier voreilig der Schluss auf Frauen und Männer im Allgemeinen gezogen wird. Zu diesem Schluss müsste ein Zusammenhangsmaß der Vierfeldertafel (Frauen/Männer, viel/wenig) berechnet und auf Signifikanz geprüft werden. Bei der geringen Anzahl Daten und der geringen Differenz von 20% wäre eher keine Signifikanz zu erwarten. Zudem könnte das Maß darüber Auskunft geben, wie stark der Zusammenhang wäre.

Kapitel 11

1. a) Summe der konkordanten Paare Nc = 3(7+5) + 35 = 36 + 15 = 51, Summe der diskordanten Paare Nd = 1(1+7) + 3·1 = 8 + 3 = 11, Gamma = (51-11)/(51+11) = 0,64. Gamma weist damit einen stärkeren (mehr als mittelstarken) Zusammenhang auf. Ein Wert von ca. 2/3 bedeutet, dass man bei ca. 2/3 aller nicht gebundenen Paare aus der Differenz bei dem einen Merkmal auf dieselbe Differenz bei dem anderen Merkmal schließen kann.

b) Nach der Formel gilt für die Varianz der Differenz S = Nc - Nd: $s_S^2 = 1/18 \cdot 20 \cdot (20-1) \cdot (2 \cdot 20-5) = 738,9$, und für die Standardabweichung $s_S = \sqrt{738,9} = 27,18$. Damit ist der standardisierte Wert von S (der Testwert) $(Nc - Nd)/s_S = (51-11)/27,18 = 40/27,18 = 1,47$. Dieser Wert ist kleiner als 1,96, der kritischen Grenze, innerhalb derer 95% aller zufällig zustande gekommenen Differenzen S (standardisiert) liegen. Damit kann man auf der Grundlage dieser 20 Daten nicht behaupten, dass in der Grundgesamtheit überhaupt ein Zusammenhang besteht. Der in a) festgestellte starke Zusammenhang ist zufällig. Das gilt um so stärker für ein höheres Sicherheitsniveau, z.B. 99%.

Kapitel 12

1. Variable qm: Mittelwert: 81,25,
Varianz = 8187,5 / 7 = 1169,643
Variable Miete: Mittelwert: 980,00
Varianz = 1265400 / 7 = 180771,4

Standardabweichung qm = $\sqrt{1169{,}34}$ = 34,2

Standardabweichung Miete = $\sqrt{180771{,}4}$ = 425,17

Zur Berechnung der Kovarianz sind die Tabelle 12.2 entsprechenden Berechnungen durchzuführen. Dann ergibt sich
Kovarianz zwischen qm und Miete = 91200 / 7 = 13028,6.
Damit ist die
Korrelation r zwischen qm und Miete = 13028,6/(34,2_425,17)
= 0,896.

Um die Korrelation zu verallgemeinern, muss die Tabelle für die Signifikanz von r (Tabelle 12.3) herangezogen werden. Die Freiheitsgrade betragen hier n - 2 = 6. Die Tabelle sagt aus, dass für 5 Freiheitsgrade durch Zufall für ein Fehler-Niveau von 5% r schon Werte bis 0,75 annehmen kann. Da die berechnete Korrelation darüber liegt, kann der festgestellte Zusammenhang „je größer die Wohnung, desto höher die Miete" verallgemeinert werden.

2. Der Regressionskoeffizient b aus der Regressionsgerade 'Miete = a + b · qm' gibt an, um wie viel die Miete „durchschnittlich" pro qm steigt. Aus der Definition der Regressionsgeraden ergibt sich, dass $b = cov_{xy}/ s_x^2$. Aus der Beziehung zwischen R^2 und r ergibt sich, dass $r = cov_{xy}/ (s_x \cdot s_y)$. Also kann man berechnen $b = r \cdot s_y / s_x$. In diesem Fall also

b = 0,896 · 425,17 / 34, 2 = 11,14 DM.

Glossar

abhängige Variable 187
absolute Häufigkeit 43
Abstand 70
Abstandsquadrat 77
Achsenabschnitt 254
Additionssatz des
  Mittelwerts 75
ALLBUS 27
Anteilswerte 177
arithmetisches Mittel 71
Ausreißer 100
Balkendiagramm 50
bedingte Verteilung 58
Berufsprestige 112
bimodal 79
Binomialverteilung 140
Bivariate Verteilung 57
Boxplot 97
Chi^2 – Verteilung 137
Chi-Quadrat-empirisch 195
concordant 216
Cramer's V 201
deskriptive Statistik 21
Dichotomisierung 230
Dichtefunktion 55, 124
discordant 216
Drittvariablen 237
Durchschnittliche
  Abweichung 102
Ereignisraum 153
erklärte Abstandsquadrate
  257
erwartete Häufigkeit 194
Erwartungswert 161
Extremwerte 100
fehlende Werte 49

Fehlerreduktion PRE 233
flach 83
Freiheitsgrad 137
Freiheitsgrade 197
Gamma 219
Gauß 124
gebunden 216
geometrisches Mittel 92
Gerade 254
Gewichtung 74
Gleichverteilung 83
Goodman und Kruskals
  Gamma 219
Grundgesamtheit 120
Häufigkeits-Verteilung 43
Histogramm 51
Index 75
Induktion 20
Inferenz-Statistik 21
inverser Zusammenhang
  214
Kategorisierung 231
Kausalität 271
Kendalls Tau 220
Kennwert 64
Konfidenzintervall 169
Kontingenzkoeffizient C
  200
Kontingenztafel 193
Korrelation 249
Kovarianz 111
Kreuztabelle 57
kumulierte Verteilung 47
Kurtosis 108
L – förmige Verteilung 84
Lambda 203

Laplace, Satz von 146
lineare Transformation 88
linearer Zusammenhang 236
linkssteil 81
logarithmische Transformation 89
Median 67
Messwertklassen 45
Mittelwert 71
Modus 65
monotone Funktion 88
monotoner Zusammenhang 236
nichtlinearer Zusammenhang 236
Nichtlinearität 235
Normalverteilung 125
Parameter 64
Phi – Koeffizient 199
Polygonzug 51
positiver Zusammenhang 214
PRE-Konzept 233
Prozentsatzdifferenz 190
prozentuale Häufigkeit 46
Punktwolke 111
Quadrant 110
Quartil 97
Quartilsabstand 97
Querschnittsanalyse 28
Quetelet 118
Randverteilung 57
Rangkorrelationskoeffizient 264
Rangkorrelationsmaße 210
rechtssteil 81
Regressionsgerade 255

Regressionskoeffizient 255
Relationen von Paaren 216
relative Häufigkeit 46
repräsentativ 166
Residuum 81
robust 70
Rohdaten 41
Sample-Größe 179
SAQ 103
Säulendiagramm 59
Scheinkausalität 271
Schiefe 108
schwacher Zusammenhang 198
Schwankungsintervall 134
signifikant 175
Simspons D 114
Somer's d 221
Sozialstruktur 63
Spannweite 94
Standardabweichung 105
Standard-Demografie 31
Standardfehler 126
standardisierte Fragen 31
Standardisierung 107
Standardnormalverteilung 128
starker Zusammenhang 198
statistische Unabhängigkeit 188
statistischer Zusammenhang 188
Steigung 254
Stichprobe 120
Stichprobenverteilung 122
stochastisch unabhängig 156
Streuungsdiagramm 61

subjektive Schichteinstufung 241
Summe der Abstandsquadrate 103
symmetrisch 80
Tau 220
tau - Goodman und Kruskal 204
Test 175
theoretische Verteilung 122
Transformation 88
Trendanalyse 28
t-Verteilung 174
U-förmige Verteilung 83
unabhängige Variable 187
unimodal 79
univariate Statistik 24
Ursache 187
Variabilität 20
Varianz 103
Variationskoeffizient 108
Verallgemeinerung 21
Verteilungsfunktion 48
Vierfeldertafel 190
Wachstumsrate 90
Wahlprognose 117
Wahrscheinlichkeit 153
Wirkung 187
z_α - Wert 132
ZA - Zentralarchiv für empirische Sozialforschung 26
Zelle 57
Zentil 95
Zentraler Grenzwertsatz 126, 164
Zentralwert 67
Zerlegung 74
z-Funktion 128
z-Transformation 128
Zufallsexperiment 153
Zufallsvariable 160
Zusammenhangsmaße 185

Klaus Feldmann
Soziologie kompakt
Eine Einführung
2., durchges. Aufl. 2001. 369 S. mit 59 Abb. Br. € 18,90
ISBN 3-531-23188-X

Dieses Buch wendet sich an Studienanfänger und Studierende mit dem Nebenfach Soziologie. Es bietet eine umfassende und leicht verständliche Einführung in die Grundlagentheorien und zentralen Bereiche der Soziologie. Die ausgewählten Daten, Beispiele und empirischen Untersuchungen beziehen sich primär auf den deutschen Sprachraum. Zusätzlich wurden Vergleiche mit anderen europäischen Staaten, den USA und auch außereuropäischen Ländern einbezogen.

Christian Stegbauer
Reziprozität
Einführung in soziale Formen der Gegenseitigkeit
2002. 182 S. Br. € 19,90
ISBN 3-531-13851-0

Warum senden sich die Menschen gegenseitig Weihnachtskarten? Weshalb kommt es in Wohngemeinschaften zu Konflikten, falls der Eindruck entsteht, nicht jeder beteiligt sich an den Hausarbeiten ungefähr gleich viel wie man selbst? Solche Themen behandelt das einführende Buch. Es wird argumentiert, dass die Ursachen von Gegenseitigkeit nicht mit individuellen Zweck-Mittel-Kalkülen erklärbar sind. Die Art und Weise, wie Gegenseitigkeit ausgestaltet wird, ist immer abhängig von der Beziehung, in der die Austauschpartner zueinander stehen.

Heiner Meulemann
Soziologie von Anfang an
Eine Einführung in Themen, Ergebnisse und Literatur
2001. 428 S. mit 27 Abb. und 22 Tab. Br. € 34,50
ISBN 3-531-13742-5

Diese Einführung will „Soziologie von Anfang an" darstellen. Die Soziologie befasst sich mit der Gesellschaft als einem Produkt sozialen Handelns. Sie beginnt mit dem Begriff des sozialen Handelns und zielt auf die Gesellschaft. Sie versucht, auf dem Weg vom sozialen Handeln zur Gesellschaft die Themen oder Grundbegriffe der Soziologie systematisch darzustellen: soziale Ordnung, soziale Differenzierung, soziale Integration, Sozialstruktur, soziale Ungleichheit, soziale Mobilität und sozialer Wandel.

www.westdeutscherverlag.de

Abraham-Lincoln-Str.46
65189 Wiesbaden
Tel. 06 11. 78 78 - 285
Fax. 06 11. 78 78 - 400

Erhältlich im Buchhandel oder beim Verlag.
Änderungen vorbehalten. Stand: Oktober 2002.